기독교문서선교회 (Christian Literature Center: 약칭 CLC)는 1941년 영국 콜체스터에서 켄 아담스에 의해 시작되었으며 국제 본부는 미국 필라델피아에 있습니다. 국제 CLC는 59개 나라에서 180개의 본부를 두고, 약 650여 명의 선교사들이 이동 도서차량 40대를 이용하여 문서 보급에 힘쓰고 있으며 이메일 주문을 통해 130여 국으로 책을 공급하고 있습니다. 한국 CLC는 청교도적 복음주의 신학과 신앙 서적을 출판하는 문서선교기관으로서, 한 영혼이라도 구원되길 소망하면서 주님이 오시는 그날까지 최선을 다할 것입니다.

감수의 글

이 신 열 박사
고신대학교 조직신학 교수, 개혁주의학술원장, 『창조와 섭리』의 저자

수잔 E. 슈라이너 박사는 리샤르 스토페르(Richard Stauffer) 이후 랜달 자크만(Randall Zachman)과 더불어 칼빈의 창조론에 관한 최고의 단행본을 우리에게 선물로 안겨 주었다. 자크만은 로마가톨릭 신학자로서 칼빈의 창조론을 유비의 관점에서 연구하는 우리 시대의 대표적 칼빈 연구가 가운데 한 사람이다. 그는 칼빈의 원전을 많이 인용하면서 독자를 16세기 제네바 종교개혁자의 작품 세계 속으로 초대한다.

이와 달리 슈라이너는 칼빈의 창조론을 연구하면서 먼저 창조가 어떤 역사적 맥락 속에서 이해되어 왔는가에 우리의 시선을 집중시킨다. 이 점에 있어서 개인적으로 나는 자크만보다 슈라이너를 선호한다. 슈라이너는 중세의 수많은 원전에 대한 해박한 지식을 바탕으로 중세 창조론을 두루 섭렵하고 이를 체계적으로 개괄하는 작업에 임한다.

그리고 이 작업을 토대로 칼빈의 창조론이 교리사에서 차지하는 위치를 분명하게 보여 주었다. 이런 방식으로 슈라이너는 칼빈 신학이 지닌 전통적이며 보수적인 측면을 특별히 강조하는 가운데 16세기 종교개혁의 맥락에서 창조론에 대한 칼빈의 공헌을 논한다.

슈라이너는 칼빈의 창조론을 좁은 맥락에서 조망하지 않고 섭리론과 연관 지어 이해할 뿐 아니라 한 걸음 더 나아가서 칼빈의 인간과 사회 이해에도 적용한다. 슈라이너는 창조론이 그 자체로서 충분히 매력적인 교리라는 사실을 인정하면서도 이 교리를 다른 교리로부터 분리하여 고립시키는 우를 범하지 않았다. 이 점에 있어서 이 단행본은 앞서 언급된 스토페

르와 자크만과 차별화된다고 볼 수 있다.

  원래 듀크대학교에 박사학위 논문으로 제출된 이 책에서 저자는 그의 칼빈 창조론 해석에 근거하여 인간과 사회 이해 또한 두루 섭렵하는 놀라운 작업을 적은 분량의 지면에 성공적으로 수행했다. 이 책을 대하면서 간결함을 자신의 학문 활동에 있어서 중요한 덕목 중 하나로 삼았던 칼빈 자신을 떠올리지 않을 수 없었다.

  이런 이유에서 나는 이 책을 읽는 동안 20세기 칼빈 연구가로서 저자의 칼빈 이해에서 16세기 제네바의 종교개혁자 모습이 되살아나는 듯한 강한 인상을 받았다. 저자에게 이 단행본은 창조론에서 출발하여 칼빈 신학 전반에 걸쳐 엄청난 성과를 효과적으로 담아낸 보화와 같이 빛나는 책이다.

  지난 20년 동안 이 책을 읽어 왔던 많은 칼빈 연구가도 이 책에서 칼빈 연구의 보화를 발견해 왔다. 앞으로 이 번역본을 통해 우리나라의 독자들도 칼빈의 창조론에 나타난 하나님의 영광의 풍요로움을 체험하는 가운데 걸작 중 걸작을 대하는 기쁨과 행복을 누리게 될 것을 확신한다. 저자가 제시하는 칼빈의 창조론을 파악하는 가운데 칼빈 신학은 물론이고 중세와 칼빈 당대의 종교개혁 신학을 이해하는 일석이조의 효과가 제공될 것이다.

  목회학 석사(M.Div) 과정을 마친 후 조직신학 전공으로 신학 석사 학위(Th.M.)와 기독교교육학 전공으로 교육학 박사 학위(Ph.D.)를 취득한 박광현 박사가 슈라이너의 대표작을 번역한 것은 의미가 깊다. 그는 특히 신학 석사 과정에서 미학을 주제로 학위 논문을, 교육학 박사 과정에서 창조 교육에 관한 주제로 학위 논문을 작성하였다. 그는 창조론에 대한 남다른 관심과 식견을 지닌 이로 이 단행본을 번역하기에 아주 적합한 사람이라고 생각한다.

  나도 이 책을 번역하고 싶었지만, 실천에 옮길 기회가 없었는데, 치밀하고 꼼꼼한 번역으로 이를 성취한 번역자에게 큰 박수갈채를 보낸다. 앞으로 이 책이 칼빈 연구, 특히 그의 창조론 연구에 기폭제와 같은 훌륭한 역할을 해낼 것을 기대하며 칼빈 신학을 추구하는 모든 이에게 일독을 권한다.

추천사 1

김 문 훈 목사
포도원교회 담임

좋은 책은 새로운 행복을 가져다주며 인생을 바꾸기도 한다. 이것은 그리스도인들도 마찬가지일 것이다. 유익한 신앙의 책을 만나는 것은 하나님께 영광 돌리는 삶의 방향을 제시하며, 하나님과 성경에 대한 바른 지식을 갖게 한다.

수잔 E. 슈라이너(Susan Schreiner)의 『하나님의 영광의 극장』(*The Theater of His Glory*)은 혼란한 시대를 살아가는 그리스도인들에게 하나님의 창조와 섭리에 대한 바른 이해와 하나님께 영광 돌리는 삶의 길을 제시하는 책이라 생각한다.

이 책은 하나님의 창조와 섭리에 관해 초기 교회와 교부들의 전통과 중세의 신학 논쟁에서 형성된 칼빈의 사상을 교회사적으로 잘 논술하고 있다. 루터, 츠빙글리, 크리소스토무스 등의 종교개혁자들과 비교를 통해 칼빈의 창조신학을 더욱 선명하게 드러낸다. 하나님의 명령대로 행하는 천사들에 대한 논의는 개혁주의의 성경적 천사론을 잘 보여 준다.

타락 전과 후의 하나님의 형상인 인간에 대한 논의는 인간 영혼과 본성에 대한 이해의 지평을 넓혀 준다. 자연법과 사회에 대한 논의는 세상을 다스리시는 하나님의 섭리를 보다 설득력 있게 제시한다. 교회의 구속과 회복이 역사와 사회의 구속과 회복으로 나아가는 모습을 통해 적극적인 그리스도인의 삶의 방향을 잘 제시해 준다고 생각한다.

이 시대는 그릇된 사상과 세계관이 난무한다. 인본주의적 사상과 진화론적 세계관은 문화와 공교육을 장악하여 하나님의 창조와 섭리에 기초한 기독교 세계관에 반하는 무신론적 세상을 만들고 있다. 이런 혼탁한 시대 가운데 『하나님의 영광의 극장』은 하나님의 창조 세계를 바르게 제시하여 바른 신앙과 기독교 세계관 형성에 큰 도움을 주리라 생각한다. 이 책은 목회자들과 신학생들에게는 신학의 지평을 넓혀 주고, 성도들에게는 창조, 타락, 구속, 완성으로 이어지는 칼빈의 성경적 기독교 세계관을 보여 줄 것이다.

이 책의 한국어판 출판은 참으로 큰 유익을 주리라 의심하지 않는다. 번역으로 수고한 포도원교회 박광현 박사의 정성에 진심으로 감사드리며, 그 노고를 치하한다. 이 번역서가 역자의 바람대로 칼빈의 창조신학 이해와 기독교 세계관 형성에 큰 도움이 되기를 소망한다.

추천사 2

안 인 섭 박사
총신대학교 역사신학 교수

잘 알려진 것처럼 기독교적 세계관의 기본 구조는 창조-타락-구속이다. 중세 말 로마교회는 구원을 위한 패러다임에서 중재자를 교황주의로 삼았다. 따라서 성경에 근거해 오직 믿음으로 의롭게 된다는 개인 구원의 바른 가르침을 다시 발견한 것이 종교개혁이다.

그러나 교회가 개인 구원에 배타적으로 치우치다 보면 창조 세계와 사회 속에서 복음의 의미가 무엇인지를 간과하기 쉽다. 그렇게 되면 현대 세계가 직면하고 있는 위기에 대해 기독교는 신학적 응답을 하기 어렵다는 것이 딜레마였다.

16세기 문맥에서 창조론은 신학적 화두가 아니었다. 이런 맥락에서 칼빈의 창조신학을 체계적으로 정리하고 있는 이 책은 그 의미가 매우 크다고 할 것이다. 슈라이너는 창조 질서를 만드셨고 섭리하에서 질서를 유지하시는 하나님에 대한 지식이 칼빈의 신학에서 얼마나 중요한지를 명쾌하게 정리하고 있다. 칼빈의 신학에서 하나님의 창조는 타락한 인간과 세계 속에서도 여전히 작동하고 있고 그것은 하나님의 통치 영역에 있다.

슈라이너는 지금까지 구원론과 교회론에 집중되어 있던 칼빈과 16세기 신학의 연구 주제를 창조신학으로 확장해 냈다. 슈라이너는 자연신학, 자연법 그리고 일반은총의 영역에서 칼빈의 창조신학의 중심 구조를 밝히고 있다. 특히, 저자는 칼빈의 창조신학을 수직적으로 고대부터 중세로 이어 오는 기독교 신학 전통과 연속선상에서 설명하고 있다.

제1장에서는 섭리를 창조주 하나님에 대한 지식의 한 부분으로 명확하게 설명해 내고 있으며 가장 많은 페이지를 할애하고 있다.

제2장에서는 다른 연구들은 많이 다루지 않았던 칼빈의 천사론을 정리하고 있다. 기존의 기독교 전통에서 제시했던 천사론을 제한적으로 수용하면서도 성경과 배치되는 것이나 사변적인 것을 배제하면서 천사의 역할을 하나님의 섭리를 성취하는 것으로 설명하고 있다.

제3장에서는 전통적인 신학적 논쟁인 타락 후 하나님의 형상 존재 여부를 다루고 있다. 칼빈은 타락한 후 인간은 스스로 하나님의 지식을 습득할 수는 없지만, 타락 후에도 하나님의 형상의 남은 부분은 인간을 인간 되게 하는 역할을 한다고 말한다.

제4장에서는 양심을 매개로 자연법과 사회적 삶에 대한 칼빈의 신학을 다룬다. 슈라이너는 칼빈에 있어서 타락한 인간에게도 하나님의 형상이 남아 있어서 하나님이 이것을 사랑하심으로 사회를 유지하며, 인간의 양심과 이성이 시민 사회의 질서를 유지할 수 있게 한다고 밝힌다.

제5장에서는 칼빈의 신학에서 창조와 구속의 신학적 관계를 정리하고 있다. 기존의 칼빈 연구들은 구원론에서 칭의와 성화의 관계에 집중해 왔지만, 슈라이너는 칼빈이 하나님의 구원에 있어서 자연과 인간 사회의 구속과의 관계에 대해서 무엇을 강조하는지를 심도 있게 정리해 주었다. 결국, 칼빈의 구원론은 하나님의 창조 목적의 회복과 직결된다. 칼빈은 자연의 회복은 피조물의 머리가 되는 인간의 회복에 뒤따르되, 점진적으로 그리고 종말론적으로 완성된다고 보았다.

결국, 슈라이너는 이 책에서 그리스도인이라면 왜 사회 속에서 하나님의 질서를 세우는 일이 중요한지를 설득력 있게 강조하고 있다. 비록 현세에서 세상 구원의 완성을 달성할 수 없고 그것은 종말에 가서야 이루어지겠지만, 그런데도 이 사회와 창조 세계 안에서 지속해서 일하시는 하나님에 의해 이 세상은 하나님의 영광을 드러내게 된다는 것이다.

요즘 전 세계는 코로나19와 같은 21세기형 전염병으로 고통받고 있다. 또한, 지구의 기후 변화로 찾아온 이상 기후와 홍수 및 태풍 등으로 온 세계는 두려움에 떨고 있다.

이와 같은 현대 사회의 질문에 기독교는 어떻게 체계적인 해답을 제시할 수 있을까?

슈라이너의 이 책은 이 시대의 질문에 대해 기독교가 구조적인 응답을 제시할 수 있는 내용을 담고 있다. 그러므로 오늘 기독교인의 두 손에 이 책이 쥐어져 읽히게 된다면 매우 유익할 것이라고 기대한다.

추천사 3

유 태 화 박사
백석대학교 신학대학원 조직신학 교수

　미국 시카고대학교 신학부에서 역사신학과 조직신학을 담당하는 수잔 E. 슈라이너(Susan E. Schreiner)가 집필하고 리처드 멀러의 서문을 담아 출간된 책 『하나님의 영광의 극장』을 읽으면서 최근에 내가 쓴 『살리는 것은 영이니 육은 무익하니라』라는 책이 떠올랐다.

　이 책의 한국어 부제가 "칼빈의 창조신학과 기독교 세계관"이고, 내가 쓴 책의 부제는 "영육이원론으로 고통하는 한국 교회"인데, 역사신학적 논구와 조직신학적 접근으로 구별되기는 하지만 드러난 신학적 근간이 매우 근접해 있다는 사실이 흥미로웠다. 내가 주로 아브라함 카이퍼와 헤르만 바빙크의 가치관을 배경에 두고 작업했다면, 수잔 E. 슈라이너는 칼빈의 세계관을 그가 직면했던 이슈와 관련지으면서 드러냈다는 점에서, 사상적 연속성이 드러나는 것은 매우 자연스러운 일이다.

　특별히 수잔 E. 슈라이너는 칼빈의 기독교 세계관적 윤곽을 끌어내는 작업을 수행하면서, 칼빈의 창조론에서부터 시작한다.

　인간의 타락과 그에 기인한 자연의 혼란을 인지했던 칼빈은 자연신학(natural theology)은 반대했으나 하나님의 계시 행위로서 창조 세계를 존중하는 자연신학(theology of nature)은 적극적으로 수용했다. 전자는 인간의 타락, 즉 하나님 형상의 전적 오염을 인정하지 않는 기저에서부터 신학을 전개하려는 시도를 감행한다면, 후자는 인간의 전적 타락을 인정하고, 따라서 하나님의 형상이 오염되고 왜곡되었다는 사실을 인정하는 기저에서부터 신학을 전개하기 때문이다.

수잔 E. 슈라이너의 작품 세계에 비추어 볼 때, 칼빈은 창조·타락·구속·완성이라는 성경의 대하서사 구조 내에서 하나님의 창조물로서 자연을 신적 섭리의 대상으로 매우 중요하게 간주했고, 그런 기저를 잃지 않고 섭리신학을 전개했다.

창조주는 또한 섭리 주 하나님이시기에, 타락에도 불구하고 창조 질서를 보존하고 유지하는 일을 중단하지 않으시는 분이 칼빈이 이해한 하나님이다. 수잔 E. 슈라이너는 칼빈의 기독교 세계관을 끌어냄에 있어서 물활론(Hylozoism)의 가능성을 애초부터 불식시키기 위하여 천사들의 존재와 사역에 관심을 기울인다.

칼빈에 있어서 천사는 한편으로 하나님의 직접 통치의 대상이기도 하고, 다른 한편으로 하나님의 섭리적 일을 봉사하는 피조물이기도 하다. 비록 그리스도 예수의 인격과 사역의 중심성을 유지함으로써 중세와 불연속성을 견지할지라도, 칼빈은 천사들이 자연 질서와 인간의 규범적 삶과 교회를 보호하는 일과 관련하여 봉사하는 것으로 언급한다.

한편으로 중세와 거리를 두면서, 다른 한편으로는 수용적 입장을 보임으로써 천사와의 관계성에서 그리스도 예수의 비교 불가한 탁월성을 일깨울 뿐만 아니라 천사조차도 섭리적 봉사의 직무를 수행하는 영(ministering spirits)으로 규정하는 히브리서 기자의 관점을 잘 포착한 것으로 이해된다.

하나님께서 창조하신 가시적 세계에서 천사가 그 배면으로 물러나고, 하나님의 형상으로서 인간이 보이는 세계의 전면에 배치된다. 인간은 타락에도 불구하고 하나님의 형상을 완전히 상실하지 않은 존재로서 세상에서의 하나님 섭리의 중요한 중개자로서 역할을 지속해서 수행할 수 있다.

특별히 타락에도 불구하고 인간의 양심에 반영된 신의식의 잔존과 하나님의 창조 세계 안에 노정된 창조 질서를 반영하는 자연법이 작동할 가능성에 대해 열린 사고를 가진 신학자가 바로 칼빈이기 때문이다. 타락에도 불구하고 수행되는 인간의 이런 역할은 사실 하나님의 섭리적 활동인 법의 제정, 교육, 경제, 문화적 활동에서 분별력 있게 드러나는 것으로 이해했기 때문이다. 이런 차원의 신적 섭리는 일반은총이라는 말과 거의 등가어로 받아들여질 수 있을 것이다.

물론, 칼빈은 기독교 세계관을 말하면서 구속된 인간의 위상에 대해 명확한 입장을 갖고 있었다. 구속으로 인해 하나님의 형상이 회복되고 인간의 마음이 마땅히 기능해야 하는 방향이 노정되었기 때문이다. 그리스도인은 중생한 마음에 내주하시는 성령의 인도를 존중하면서, 책에 기록된 말씀을 따라 자신의 삶을 꾀할 뿐만 아니라, 중생한 눈으로 하나님께서 창조하신 자연 세계를 보면서 하나님의 섭리적 경륜을 포괄적으로 찾아 자신의 삶을 꾀하는 자로 세워지게 된다.

성경에서는 물론이거니와 일반 역사 안에서도 하나님의 뜻을 발견할 가능성을 적극적으로 모색하기에 교회 안에서만 아니라, 세상 속에서도 하나님께서 능동적으로 섭리하시고 활동하신다는 사실을 확신하면서, 칼빈은 그리스도인의 구체적인 삶을 노정했고, 이런 점에서 (십)계명의 중심과 자연법의 상호연속성을 보았다.

특별히 수잔 E. 슈라이너는 인간의 영혼불멸이 기독교의 목표가 아니라 부활한 인간의 실존이라는 사실을 강조하면서, 신구약 성경에 반영된 유대교적 종말론 비전을 품은 신학자로서 칼빈을 해석하는 것이 옳다는 입장을 뚜렷하게 제시하는데, 이는 특별히 헤르만 바빙크의 신학과 일맥상통하는 매우 적절한 것이다. 부활한 인간의 실존에 상응하는 방식으로 하나님의 창조 세계가 새로워지고 자연 세계의 온전하고 영광스러운 회복이 있을 것이라는 종말론적 비전을 품었던 신학자가 칼빈이었다는 말이다.

실은 칼빈을 플라톤적 이원론자로 보려는 흐름이 없지 않으나, 그의 주석을 전반적으로 고려할 때, 자연과 역사, 그리고 그 안에서 인간이 가진 기억까지 구속을 통한 회복의 범주에 포괄하는 그런 신학자로 이해하는 것이 적절한 판단이 아닐까 싶다.

이런 점에서 수잔 E. 슈라이너의 칼빈 연구서는 칼 바르트와 에밀 부르너의 자연신학 논란을 불식시킬 뿐만 아니라 아브라함 카이퍼나 헤르만 바빙크를 신칼빈주의자라고 더 이상 부를 필요가 없는 지점을 열어 주는 매우 독특한 공헌을 한다고 판단되어, 개혁신학에 관심이 있는 분에게 집중력 있는 일독을 권하고 싶다.

추천사 4

이 승 구 박사
합동신학대학원대학교 조직신학 교수, 한국복음주의신학회 회장

아주 좋은 칼빈 연구서가 우리말로 소개된다. 이런 일에 대해 우리는 감사하면서 그 의미가 어떤 것인지를 잘 생각해 보아야 한다. 한국 교회는 19세기 말에 이 땅에 있게 되면서부터 성경과 함께 칼빈을 강조해 왔다고 해도 과언이 아니다.

첫째 세대는 칼빈을 소개하고 칼빈의 말을 잘 전해 주는 일을 감당했다. 이 땅에 칼빈의 글이 전혀 없을 때부터 칼빈을 소개하고 논의해 왔다.

둘째 세대는 칼빈의 글을 구체적으로 소개하는 작업을 했다. 처음에는 영어에서 중역했으나 근자에 박건택 교수님같이 불어에서 직접 번역하기도 하고, 문병호 교수님같이 라틴어에서 번역하는 일도 했다.

셋째 세대는 칼빈을 구체적으로 연구하는 일을 감당했다. 그 전부터 계속된 작업이었지만 특히 2009년 칼빈 탄생 500주년과 2017년 종교개혁 500주년을 기념하면서 한국 학자들이 칼빈을 깊이 연구하고 그 함의를 드러내고 우리 상황에 적용했다. 이는 지금도 계속되고 있다.

넷째 세대는 이와 연관해서 그동안 서구에서 이루어진 좋은 칼빈 연구를 우리말로 소개하는 일을 감당하고 있다. 이경직 교수, 김병훈 교수 등 여러분에 의해 이루어지고 있다.

이 책은 수잔 E. 슈라이너의 연구서로 칼빈의 창조, 섭리, 자연, 그리고 창조 질서 이해를 위한 아주 좋은 연구서이다. 1994년에 욥기에 대한 칼

빈의 주해를 연구한 『지혜를 어디서 발견할 수 있을까?』(*Where Shall Wisdom Be Found: Calvin's Exegesis of Job from Medieval and Modern Perspectives* [Chicago: Chicago University Press, 2017])를 낼 때만 해도 시카고대학교 신학부(Divinity School)의 부교수였으나, 이제는 시카고대학교 신학부의 명예교수(Professor Emerita of the History of Christianity and Theology)가 된 수잔 E. 슈라이너의 첫 번째 책(1991)이다. 그녀는 이 책으로 유명한 학자가 되었다고 볼 수 있다. 이 귀한 책이 우리말로 소개되는 것은 매우 의미 있는 일이다.

그녀는 이 주제를 정확히 분석했을 뿐만 아니라, 칼빈이 늘 강조하던 생각인 이 세상은 "하나님의 영광의 극장"이라는 말을 책의 제목으로 제시하여 모든 사람이 이를 명심하도록 한 큰 공을 세웠다. 그 이후에 이와 비슷한 제목을 지닌 책들이 또 나타났을 정도이다.

예를 들면, 존 파이퍼와 데이비드 마티스의 『하나님의 극장에서 칼빈과 함께』(*With Calvin in the Theater of God: The Glory of Christ and Everyday Life* [Wheaton, IL: Crossway, 2010]), W. 데이비드 O. 테일러의 『하나님의 영광의 극장』(*The Theater of God's Glory: Calvin, Creation, and the Liturgical Arts* [Grand Rapids: Baker, 1994])이다.

슈라이너의 책은 무엇보다 칼빈이 자연과 섭리에 대해 말하려고 하는 바에 충실하다. 하버드대학교에서 목회학 석사를 한 사람이지만 듀크대학교에서 연구한 이 귀한 논문은 한동안 칼빈을 일정한 방향으로 이끌고 나가는 해석(경향 비판)이 주도했던 칼빈 학계에 다시 칼빈 자신의 목소리를 부활시킨 스타인메츠(Steinmetz) 학파의 산물이라고도 할 수 있다.

그렇기에 칼빈의 자연관을 이해할 수 있는 좋은 자료이기도 하고, 또 한편으로 기울어 가는 운동장을 바로잡는 학계의 오랜 노력을 잘 관찰할 수 있는 책이기도 하다.

이 책을 읽고 나서 칼빈의 입장에 근거한 정확한 표현을 하는 사람들이 더 많아졌으면 한다. 하나님께서 원하시는 방식으로 자연을 바라보는 사람들은 이 자연에서 하나님의 영광을 바라보며, 하나님께서 창조 때 자연에 부여하신 폭넓은 질서를 발견할 수 있다.

그러나 믿지 않는 사람들은 눈이 어두워 그것을 발견할 수 없다. 그러니 칼빈의 자연신학이라는 말을 사용하지 않는 것이 좋다. 이 땅에도 이 요점을 분명히 드러내는 사람들이 더 많아지기를 바라면서 이 책을 추천한다.

추천사 5

조 성 국 박사
고신대학교 기독교교육과 명예교수, 전 고신대학교 부총장, 기독교세계관대학원 원장

　슈라이너 교수는 하버드대학교와 듀크대학교에서 수학하고 시카고대학교 신학대학에서 가르쳐 왔음에도, 칼빈의 탁월성을 확신했고, 종교개혁 이전 및 종교개혁 시대 신학과 철학 배경에서, 그리고 현대 신학자의 해석과 비교하면서, 칼빈의 해석의 탁월성을 학문적으로 논하여 드러낸 연구 문헌들로 잘 알려진, 미국의 역사신학 학자이다. 슈라이너 교수는 이 책에서 칼빈의 자연신학(창조신학)을 그런 방법으로 논했다.

　슈라이너 교수는 이 책에서 창조와 섭리, 천사, 인간, 그리고 세계와 사회의 자연법을 주제로 다루었다. 칼빈의 세계 이해를, 하나님이 창조 세계에 질서를 부여하셨고, 인간의 타락에도 불구하고 섭리를 통해 보존하시며, 구속을 통해 훼손된 질서를 회복하시는 역사적 발전 과정 전체에서, 하나님의 영광을 드러내는 것이라고 보았고, 그 전체를 한편의 우주적인 영화 상영에 비유했다.

　이 책은 칼빈과 종교개혁 시대 연구자들에게 인정받아 온 연구서이다. 비록 시대의 간격은 크지만, 전통적 신학 주제인 기독교 신앙과 교회에 관한 관심보다, 자연과 인간과 사회에 관한 관심이 더 주목받는 오늘날, 칼빈의 신학 사상을 통해 이런 주제들에 대한 성경적 이해를 구하는 개신교 지성인들에게 기초적 도움을 줄 수 있는 책이다.

　16세기에 칼빈이 성경적 관점에서 그리스 철학과 중세 종교철학을 비평하고 성경적 신학을 확립함으로써 이후 개혁교회와 장로교회가 세워졌다.

19세기와 20세기에는 칼빈주의자들이 칼빈의 길을 따라 반기독교적인 근대 세계관을 비평하고 기독교 세계관을 확립하는 교육 운동을 주도했다. 이에 비추어 이 책이 다루고 있는 칼빈의 자연신학 사상은 기독교 세계관 연구의 기초적 자료가 된다고 할 수 있다.

 이 책이 박광현 박사의 번역으로 출간되어 기쁘게 생각한다. 그는 고신대학교 기독교 교육학과 박사 과정에서 "기독교 세계관과 창조 교육"을 연구했다. 관련 주제인 자신의 학위 논문 주제를 심화하여 연구해 가는 과정에, 신학과에 개설된 창조신학 강좌를 수강하면서 교의학자 이신열 교수의 지도를 받아 이 책을 접하고 번역에서도 도움을 받았다.

 비록 이 책이 박사 학위 논문이어서 지식 수준이 높고 논증 방법으로 기술되어 학술 문헌 특유의 딱딱함은 있으나, 슈라이너 교수가 각 장 마지막 부분에 요약을 쉽게 잘 정리해서 핵심을 이해하기에는 어려움이 없을 것이다. 이 책이 신학과 기독교 교육학 그리고 기독교 세계관을 공부하는 많은 이에게 읽힐 수 있게 되어 기쁘게 생각한다.

하나님의 영광의 극장

- 칼빈의 창조신학과 기독교 세계관 -

Theater of His Glory: Nature & the Natural Order in the Thought of John Calvin
Written by Susan E. Schreiner
Translated by Kwang Hyun Park

Copyright 1991 by Labyrinth Press.
Originally published in English under the title
Theater of His Glory: Nature & the Natural Order in the Thought of John Calvin
by Baker Academic, a division of Baker Publishing Group,
Grand Rapids, Michigan, 49516, U.S.A.
All rights reserved.

Translated and printed by permission of Baker Publishing Group.
Korean Edition Copyright © 2024 by Christian Literature Center, Seoul, Korea.

하나님의 영광의 극장
칼빈의 창조신학과 기독교 세계관

2024년 1월 25일 초판 발행

| 엮 은 이 | 수잔 E. 슈라이너 |
| 옮 긴 이 | 박광현 |

편 집	전희정
디 자 인	박성준, 서민정
펴 낸 곳	(사)기독교문서선교회
등 록	제16-25호(1980.1.18.)
주 소	서울특별시 동대문구 천호대로 71길 39
전 화	02-586-8761~3(본사) 031-942-8761(영업부)
팩 스	02-523-0131(본사) 031-942-8763(영업부)
이 메 일	clckor@gmail.com
홈페이지	www.clcbook.com
송금계좌	기업은행 073-000308-04-020 (사)기독교문서선교회
일련번호	2024-02

ISBN 978-89-341-2643-0 (93230)

이 책의 저작권은 Baker Publishing Group과 (사)기독교문서선교회가 소유합니다. 신저작권법에 의하여 한국 내에서 보호받는 저작물이므로 무단 전재와 무단 복제를 금합니다.

Theater of His Glory: Nature & the Natural Order in the Thought of John Calvin

하나님의 영광의 극장

칼빈의
창조신학과
기독교 세계관

이 신 열 감수

수잔 E. 슈라이너 지음

박 광 현 옮김

CLC

목차

감수의 글	**이신열 박사** │ 고신대학교 조직신학 교수	1
추천사 1	**김문훈 목사** │ 포도원교회 담임	3
추천사 2	**안인섭 박사** │ 총신대학교 역사신학 교수	5
추천사 3	**유태화 박사** │ 백석대학교 신학대학원 조직신학 교수	8
추천사 4	**이승구 박사** │ 합동신학대학원대학교 조직신학 교수	12
추천사 5	**조성국 박사** │ 고신대학교 기독교교육과 명예교수	15

서문	22
감사의 글	25
역자 서문	27

도입	32
1. 연구의 관점	34

제1장 섭리: 극장의 주 무대   42

1. 역사적 배경	44
2. 칼빈의 창조 이해	61
3. 칼빈의 섭리교리: 논쟁적 맥락	63
4. 스토아주의, 범신론, 자연주의의 오류들	64
5. 쾌락주의(Epicurean)의 오류: 너무 멀리 계신 하나님	70
6. 깨어지기 쉽고 불안정한 창조 질서의 속성	76
7. 타락과 창조 세계의 위태로운 특성	91
8. 섭리와 이차적 인과관계(secondary causality)	96
9. 하나님의 섭리에 대한 칼빈의 이해	100
10. 결론	109

제2장 하나님의 명령대로 행하는 천사들   **113**
  1. 역사적 배경: 고대와 중세의 천사론   115
  2. 천사들의 존재와 본질   130
  3. 타락하지 않은 천사들의 역할   132
  4. 천사들의 한계   138
  5. 결론   145

제3장 하나님의 형상: 그를 하나님보다 조금 못하게 하시고   **148**
  1. 역사적 배경   149
  2. 영혼의 본질   161
  3. 타락 전 영혼의 본성   171
  4. 타락 후 영혼의 본질   176
  5. 구원 밖에 있는 자연적 인간   186
  6. 결론   190

제4장 양심의 증언: 자연법과 사회생활   **192**
  1. 역사적 배경   192
  2. 자연과 사회 생활   206
  3. 국가와 질서 있는 생활   214
  4. 자연법과 질서를 향한 통찰   225
  5. 활동적인 생활   234
  6. 결론   242

제5장 해방된 피조물   **245**
  1. 구속에서 우주의 역할   246
  2. 인간 본성의 구속   250
  3. 역사와 사회의 구속   270
  4. 결론   278

제6장 결론   **285**

색인   302

서문

리처드 A. 멀러(Richard A. Muller) 박사
Calvin Theological Seminary 역사신학 교수

리샤르 스토페르(Richard Stauffer)의 논문, 『칼빈의 설교에 나타난 하나님의 창조와 섭리』(*Dieu, la création et la Providence dans la prédication de Calvin*, 1978)를 제외하면, 슈라이너(Schreiner)의 『하나님의 영광의 극장』(*Theater of His Glory*)이 출판되기 전에는, 자연 질서에 관한 칼빈의 사상은 폭넓은 연구의 주제가 되지 않았다.

특히, 슈라이너 교수의 글은 칼빈의 설교에 나타난 창조와 섭리에 관한 중요한 논의뿐 아니라 그의 주해들과 『기독교 강요』에서 관련된 부분들을 탐구한다. 그녀의 글은 교리 역사에 대한 온전한 이해, 칼빈 사상의 배경이 되는 중세와 16세기 상황에 대한 분명한 파악, 그리고 교리와 주해 역사에서 나타난 칼빈의 입장에 대한 정제된 접근을 보여 준다.

제1장에서 슈라이너는 칼빈 사상의 역사적 배경과 "논쟁적 맥락"에 대해서, 하나님의 즉각적이고 주권적인 활동의 강조와 이차적 인과관계(secondary causality)에 대한 견해 사이에 매우 균형 잡힌 분석을 제시한다. 물론 이것은 칼빈이 언급한 아리스토텔레스에 대한 혐오에도 불구하고, 칼빈의 사상 안에 남아 있는 아리스토텔레스주의의 한 예라고 볼 수 있을 것이다. 칼빈은 종종 4중(예를 들어, 첫 번째, 형식적, 물질적, 마지막)의 인과관계 개념에 의지했다.

칼빈은 형식적, 물질적 또는 이차적 인과관계를 강조하지 않고, 자연과 인간이 어떤 독립성을 가지고 있다는 자유주의자들의 주장에 반대하면서도 인간의 책임성을 약화하지 않는 방식으로 섭리에 관한 견해를 발전시켰다. 슈라이너는 16세기 자연주의적 스토아주의와의 논쟁에서 칼빈이 스토아주의의 어떤 측면들에 대해서는 존경을 표하는 아주 미묘한 본문을 제시한다.

처음 세 장은 자연 질서에서 영적 존재들인 천사들과 사람들에 관한 칼빈의 견해를 제시한다. 사실상 칼빈의 천사에 관한 폭넓은 논의는 지금까지 제시되지 않았음을 주목해야 한다. 학계에서 지금까지 침묵해 온 것과는 대조적으로, 슈라이너는 한 장 전체를 이 주제에 할애하여 하나님 백성의 섭리적 보호 안에서 천사들의 역할에 관한 비사변적 교리를 특징적으로 보여 준다.

인간 본성에 관한 장에서, 슈라이너는 바르트-브루너 논쟁의 의심스런 유산에서 탈피하여, 칼빈의 사상을 분별력 있게 후기 중세와 초기 종교개혁 신학의 맥락에 위치시킨다.

슈라이너는 칼빈이 인간의 타락과 죄로 인한 무능함에 대한 아우구스티누스의 심오한 이해를 따르고 있음을 보여 준다. 그러나 슈라이너는 타락한 인간이 이성의 능력과 "자연의 공통의 빛"에서 배울 수 있는 능력에 대한 칼빈의 강조, 심지어 인간은 진리를 향해 나아가고자 열망하지만 주저하고 불완전하다는 것도 인식했다.

더 나아가 바르트 학파의 주장과는 대조적으로 자연 질서, 인간 본성, "자연적" 지식에 관한 칼빈의 접근에 대해 슈라이너는 은혜보다 자연이 시간적으로 우선할 뿐 아니라 논리적 우위에 있다고 이해한다. 자연은 하나님이 활동하시는 극장이고 선하게 창조되었으며 타락한 본성의 문제를 지니며 하나님의 새롭게 하시는 사역에 관한 신적 질서를 드러낸다.

이어지는 장에서는 사회 안의 인간들에 관한 논의를 보여 준다. 제4장과 창조의 회복에 관한 제5장에서, 슈라이너는 자연법 이론과 칼빈 사상의 긍정적인 관계뿐 아니라, 가장 중요하다고 여겨지는 죄의 문제와 그 결과로 인한 무질서 그리고 신적 해결과 세계 안에서 질서의 회복을 말하는 칼빈의 강조를 설득력 있게 보여 준다.

이 질서 있는 활동은 야생의 짐승들이 인간에 대한 두려움으로 억제되는 것과 동일하게 통치자들에 대한 두려움으로 억제되는 사람들에게서도 볼 수 있다.

또한, 구속의 과정을 통한 인간 본성과 창조 질서의 회복에서도 볼 수 있다. 슈라이너가 보여 주는 것같이, 세계의 질서가 전멸되고 대체되기보다는 회복되고 복원될 것이라는 칼빈의 주장은 인간의 구속에 관한 그의 접근과 같은 관점을 보여 준다. 칼빈은 종종 그리스도 안에서 이루어지는 하나님과의 관계 속에서 이루어지는 사람의 성장과 진보를 말한다.

비록 그리스도의 재림까지는 개별적인 사람들과 사회는 불완전할 것이지만, 역사의 과정은 그리스도의 사역을 통해 사회에서 질서의 회복을 증언하며, 자연 질서 또한 그리스도 안에서 회복을 경험했다.

이 책은 이전 학문의 기여와 결핍을 주의 깊게 평가하는 아주 중요한 작품이며, 자연 질서와 그것의 운행에 관해 칼빈의 사상에서 거의 볼 수 없었던 그림을 제공한다. 특히, 창조로부터 역사를 통해 종말에 이르는 자연과 자연 질서에 관한 칼빈의 사상을 연구함으로써, 슈라이너는 칼빈의 사상에 잘 스며들어 있는 자연에 관한 긍정적 접근에 새로운 빛을 제시한다.

이 책의 제목에 반영된 하나님의 영광의 "극장"으로 강조된 주제인 자연 질서는 기독교 전통 및 중세의 배경과 16세기 논쟁에 대한 분명한 이해로 수행된 칼빈 원전의 세밀한 연구에서 분명하게 드러난다.

감사의 글

수잔 E. 슈라이너(Susan E. Schreiner) 박사
The University of Chicago 역사신학·조직신학 교수

이 책은 듀크대학교에서 데이비드 스타인메츠(David C. Steinmetz) 박사에게 지도받은 박사 학위 논문의 수정본이다. 논문의 일부 내용을 보강하고 수정했다.

역사적 배경을 추가한 이유는 역사적 영향력을 확립하기 위함이 아니라 칼빈의 견해와 이전 시대의 기독교 전통을 비교하기 위함이다. 섭리와 관련된 장은 우주론의 역사에 대한 확장된 논의를 포함하고 있다. 천사와 관련된 장은 섭리와 역사에 대한 칼빈의 이해를 바탕으로 천사들의 중요성을 더욱 분명히 인식하고 있다. 마지막으로, 창조 질서에 관한 칼빈의 다양한 논의의 논쟁적 측면들을 더욱 충실하게 설명했다.

이 책은 나의 학위 논문에서 발전했기 때문에, 박사 학위 심사위원이셨던 데이비드 스타인메츠, 에드워드 마허니(Edward Mahoney), 로버트 그레그(Robert Gregg), 칼만 블랜드(Kalman Bland), 아서 퍼거슨(Arthur Ferguson) 교수님께 큰 감사의 빚을 졌다. 듀크대학교 도서관장이셨던 돈 마이클 패리스(Donn Michael Farris)는 훌륭한 도서관 자료들을 이용할 수 있도록 너그럽게 허락해 주셨다.

나를 지지해 주고 비판적 제안을 해 준 친구들과 독자들인 리처드 멀러(Richard Muller), 패트리샤 포티트(Patricia Poteat), 그레고리 로빈스(Grogory Robbins), 콘라드 풀커슨(Conrad Fulkerson), 릭 에덴(Rick Edens), 질 에덴(Jill Edens)에게 감사를 전한다.

데브라 와이너(Debra Weiner)의 주의 깊고 사려 깊은 편집과 J. 사무엘 하몬드(J. Samuel Hammond)의 색인 작업에도 감사의 빚을 졌다. 이 책에 남아 있는 취약점과 오류들은 물론 나의 책임이다.

역자 서문

박 광 현 박사
범어초등학교 교사

　이 책의 저자 수잔 E. 슈라이너(Susan E. Schreiner)는 14세기에서 16세기에 걸친 초기 근대 유럽의 역사를 연구하는 저명한 신학자이다. 그녀의 연구 주제는 르네상스, 종교개혁, 초기 근대 천주교에서부터 작크 엘룰, 디트리히 본회퍼, 칼 바르트 등 20세기 개신교 신학자들을 포함한다.

　슈라이너의 대표 저서로는 칼빈의 창조론을 다룬 『하나님의 영광의 극장』(*The Theater of His Glory*)과 중세부터 현대까지 욥기 해석의 역사를 분석한 『지혜를 어디서 발견할 수 있을까?』(*Where Shall Wisdom be Found?*), 루터, 츠빙글리, 칼빈, 오캄 등의 인식론 및 초기 근대의 확실성의 문제를 다룬 『당신 홀로 지혜로운가?』(*Are You Alone Wise?*) 등이 있다.

　이 책은 칼빈의 창조론, 특히 자연과 자연 질서에 관해 논한다. 슈라이너는 칼빈의 창조론 안에 나타나는 하나님의 섭리, 천사, 자연과 자연 질서, 하나님의 형상, 역사와 사회, 성도의 삶, 우주론적 구원과 회복 등의 주제들을 다룬다.

　라틴어와 불어로 쓰인 칼빈의 설교, 주석, 논문, 편지, 『기독교 강요』 등 그의 원전뿐 아니라 초기 교부, 아우구스티누스, 토마스 아퀴나스를 포함한 중세 신학자들, 그리고 16세기 신학과 철학에서 논의된 창조와 관련된 방대한 양의 원전을 연구하여 칼빈 사상의 형성에 어떤 영향을 주고받았는지 심도 있게 분석한다. 또한, 최근 칼빈 연구자들의 글을 다룬다.

이 책의 몇 가지 특징을 다음과 같다.

첫째, 불어와 라틴어로 쓰인 칼빈의 원전뿐 아니라 기독교 전 역사에 걸쳐 쓰인 창조 관련 원전에 대한 깊은 분석과 세밀한 각주 작업으로 심화 연구에 도움을 준다.

둘째, 칼빈의 창조신학에 나타나는 창조, 타락, 구속, 완성으로 이어지는 기독교 세계관을 선명하게 보여 준다.

셋째, 역사신학, 조직신학, 기독교 교육학의 공통 연구 분야인 창조론과 기독교 세계관을 포괄적으로 다룬다.

이 특징들 가운데 특히 칼빈의 창조론이 성경적 기독교 세계관을 선명하게 제시하고 있는 점이 역자의 관심을 끌었다. 비록 슈라이너는 이 책에서 '기독교 세계관'이란 말은 사용하지 않지만, 책의 목차에서부터 창조, 타락, 구속, 완성으로 이어지는 기독교 세계관적 전망이 눈에 들어온다.

헤르만 도예베르트(Herman Dooyeweerd)가 전개한 개혁주의 철학의 세계법 양상 이론의 기반이 된 창조의 법과 질서에 관한 기초적 개념들을 이 책에서 볼 수 있다. 또한, 기독교 세계관 논의에서 중요한 책으로 평가되는 알버트 월터스(Albert Wolters)의 『창조, 타락, 구속』(Creation Regained)에서 제시되는 창조의 구조와 방향에 대한 개념들 역시 이 책에서 볼 수 있다.

기독교 세계관은 현재의 기독교 공동체뿐 아니라 자라나는 다음세대의 교육을 위해 중요한 주제이다. 기독교교육의 철학, 목표, 내용, 방법 등은 기독교 세계관의 철학적 논의를 통해 도출될 수 있기 때문이다.

성도의 자녀가 학교에서 무신론적 인본주의와 진화론적 과학주의에 기반한 세속적 세계관의 틀 안에서 교육받고 있는 현시점에서, 기독교 학교와 기독교교육의 필요성이 더욱 커지고 있는 상황이다. 기독교 공동체의 견실한 교육을 위해 기독교 세계관의 형성과 이것의 철학적 논의를 통한 교육적 활용 방안이 활발하게 연구되어야 할 것이다.

이 책은 도입과 여섯 개의 장으로 구성되었다.

제1장: 칼빈의 창조와 섭리에 대한 이해
제2장: 천사에 대한 성경적 이해
제3장: 인간의 영혼, 본성, 타락
제4장: 역사, 자연, 사회, 국가, 자연법
제5장: 창조 세계의 구속과 우주적 회복
제6장은 종교개혁자들의 창조 이해와 결론

이 책은 칼빈의 창조론에 대한 깊이 있는 이해뿐 아니라 개혁주의 기독교 세계관의 토대가 되는 칼빈 사상의 중요한 개념과 틀을 선명하게 보여 준다. 칼빈의 창조신학은 창조, 타락, 구속, 완성을 이야기하는 기독교 세계관적 전망을 보여 준다. 우주의 창조에서부터 창조 세계의 우주적 완성을 논하는 칼빈의 창조론이 신학의 영역을 넘어 기독교 세계관의 형성과 기독교교육의 장으로 더욱 확장되기를 기대해 본다.

칼빈의 성경적 사상이 씨앗이 되어 개혁주의 신학과 철학이 꽃필 수 있었듯이, 칼빈의 창조신학이 개혁주의 기독교 세계관의 형성에도 중요한 역할을 하리라 기대해 본다.

하나님의 인도하심에 감사드린다. 이 책의 번역에 도움을 주시고 감수해 주신 이신열 교수님과 기독교 세계관과 개혁주의 철학의 중요성을 가르쳐 주신 조성국 교수님께 감사드린다.

목회의 관점에서 추천사를 써 주신 포도원교회 김문훈 목사님께 감사드린다. 역사신학, 조직신학, 그리고 기독교 세계관의 관점에서 이 책에 대해 깊이 있게 설명해 주신 총신대학교 안인섭 교수님, 백석대학교 유태화 교수님, 그리고 합동신학대학원대학교 이승구 교수님께 감사드린다. 감수의 글과 다양한 관점을 담고 있는 다섯 편의 추천사는 이 책의 의미 파악과 내용 이해에 큰 도움이 되리라 생각한다.

오랫동안 기도의 빚을 지고 있는 고향 기북교회 성도님들과 송재천 목사님, 포도원교회 성도님들과 김문훈 목사님께 감사의 마음을 전한다. 또한, 이 책의 출간과 편집을 위해 수고해 주신 기독교문서선교회(CLC) 대표 박영호 목사님께 감사드린다. 사랑하고 존경하는 백운화 권사님과 고 박춘식 장로님, 기북포도밭의 형제와 자매, 옆에서 응원해 준 사랑하는 일금, 상준, 상우에게 감사의 마음을 전한다.

칼빈의 창조신학 이해와 기독교 세계관 형성을 위해 쓰임 받는 책이 되기를 소망한다.

> 주께서 만물을 지으신지라 만물이 주의 뜻대로 있었고 또 지으심을 받았나이다 … 모든 피조물이 이르되 보좌에 앉으신 이와 어린 양에게 찬송과 존귀와 영광과 권능을 세세토록 돌릴지어다(계 4:11; 5:13).

양산 오봉산 자락에서

<일러두기>

* 성경 구절은 개역개정판을 사용했다.
* 각주에 나오는 책, 논문 등은 원서 제목을 그대로 표기했다.
* 인명, 지명, 학파, 전문용어 등의 고유명사는 첫 등장 시 괄호 안에 원어로 표기해 두었다.
* 영어 이외의 불어, 독일어, 라틴어 등의 외래어는 (괄호) 또는 저자가 사용한 [각괄호] 안에 표기해 두었다.

도입

'정통'(orthodox) 기독교 전통에 따르면, 하나님이 '창조 질서'를 만드셨다. 이 창조 질서 안에는 천사, 인간의 영혼과 몸, 우주, 그리고 자연법이 포함된다. 이 모든 질서와 자연은 하나님이 유지하시고 지시하시는 섭리의 인도 아래에 있다.

기독교 주석가들은 창세기와 로마서 해설에서 자연 질서 일부분은 타락 때 함께 부패하게 되었다고 설명한다. 천상의 피조물 중 일부분은 타락한 천사 루시퍼를 따랐다. 아담의 죄로 초자연적 선물들은 파괴되었고 영혼의 자연적 선물들도 부패하게 되었다. 우주는 지금 부패로 고통당하고 타락의 짐 아래에서 괴로워하고 있다.

아우구스티누스(Augustine)의 전통에서 타락 이후 죄를 억제하고 무너진 인간관계를 다스리기 위한 통치는 하나님이 시작하셨다고 본다. 이 통치는 하나님이 유지하시는 창조 질서의 한 부분이 되었다. 창조 질서는 계속되어 태양은 여전히 비추고 별들은 운행하며 식물들이 계속 자란다는 것은 참으로 신학적 의미가 있다. 타락하지 않은 천사들은 하나님을 찬송하며, 타락으로 말미암아 피로 물든 인류의 역사를 다스리기 위해 돕는다.

인간의 양심은 여전히 옳음과 그름을 구분하고 법의 필요성을 인식한다. 천사들과 선택받은 자들 그리고 우주는 지금 구원을 기다린다. 그러므로 창조는 온전하게 남았고 하나님이 돌보시는 대상이 되었다.

창조는 교회의 전통에서 계속 신학의 중심 주제가 되어 왔다. 또한, 창조는 종종 논쟁적 주제가 되었다. 초기의 교부들은 '유출설'(emanationism)과 세상이 영원하다는 주장에 반대해 '무로부터의 창조'(creatio ex nihilo)를 옹호했다. 교부들은 영지주의(Gnostics)의 이원론에 반대해 구약성경의 창조자와 구원자를 동일시했다. 아우구스티누스는 마니교(Manichees)의 이원론에 반대해 불변하시는 하나님을 옹호했고, 창조의 실재와 성경의 역사를 확증했으며, 창조 영역에 합당한 의미를 밝히기 위해 창세기의 문자적 해석을 추구했다.

초기 기독교 금욕주의(asceticism)에 대한 호소에도 불구하고, 교회는 이런 논쟁들을 통해 창조의 근본적 선함을 옹호했다. 그러나 이원론적 이단들은 교회를 계속 힘들게 했다.

12세기에 이노센트(Innocent) 3세는 물질적 세상을 사탄에게로 강등시키는 카타리(Cathari) 이단과 싸웠다.

13세기에는 급진적 아리스토텔레스주의의 침투에 맞서 창조, 불멸, 섭리에 관한 전통 교리를 방어해야 하는 새로운 문제들에 직면했다. 이 문제들과 다른 많은 논쟁을 통해 교회는 무로부터의 창조, 영혼의 불멸, 특별한 일들에 관한 하나님의 지식, 창조의 선함, 그리고 지구의 영역 안에서 섭리의 실재를 주장했다.

16세기에 창조교리는 가톨릭과 개신교 사이에서 논쟁의 초점은 아니었다. 16세기의 주된 논의는 칭의, 성찬, 권위, 성경 해석, 구원의 확실성에 관한 것이었다. 창조에 관한 전제들은 루터파, 칼빈파, 츠빙글리파, 급진적 개혁자들 사이의 토론에서 더욱 분명히 나타났다. 세계 안에서 신적 현존의 양태, 영혼의 속성, 하나님의 섭리 특성에 관한 추정은 성찬, 자연 질서에서 하나님의 접근 가능성,[1] 불멸, 그리고 교회와 세상 사이의 관계에 관한 토론에서 찾을 수 있다.

---

1 데이비드 C. 스타인메츠(David C. Steinmetz)는 루터의 성찬 교리에 표현된 그리스도의 승천 후 세상에서의 현존에 관한 루터 교리의 영향을 분석했다. *Luther in Context* (Bloomington: Indiana U. Press, 1986), 81-83.

더욱이 창조에 관한 주제는 토론이나 논쟁과 무관한 사람들에게도 신학의 중심 주제로 남아 있었다. 16세기 신학자들은 창조 질서와 창조에 관해 상술하는 오래된 신학적 전통을 물려받았다. 천사, 섭리, 자연, 통치, 영혼, 자연적 이성, 그리고 자연법에 관한 논의는 주석과 조직신학 관련 글에도 포함되었다.

16세기 창조에 관한 견해와 가톨릭과 개신교 안에서의 이들의 영향은 이 책의 범위를 넘어선다. 이런 주제들에 관한 책은 앞으로 집필될 필요가 있다고 생각한다.

1. 연구의 관점

이 책은 칼빈의 자연과 자연 질서에 대한 이해를 고찰함으로써 16세기의 창조에 관한 연구에 기여하기 위해 쓰여졌다. 이 책에서는 칼빈의 사상에서 독립적으로 연구되어 온 자연신학(natural theology), 자연법(natural law), 일반은총(common grace)을 포함하는 몇 가지 주제를 다룰 것이다. 이 주제들과 다른 주제들을 다루면서, 칼빈의 창조에 관한 전반적 이해와 그의 글에 계속 나타나는 창조에 관한 견해를 일관성 있게 만드는 반복되는 근본 주제들을 밝히기 위해 노력할 것이다.

칼빈의 사상을 그의 동료 개혁자들과 비교하는 연구는 학자들에게 일반적 연구 방법이지만, 이번 연구에서는 주된 방법이 아니다. 다른 개혁자들과도 비교하겠지만, 칼빈의 창조 주제들에 관한 논의를 주로 고대와 중세 전통의 관점에서 다루고자 한다.

제1장에서 제4장까지는 이전의 사상가들이 이 주제들을 논의한 방식을 설명하는 간략한 스케치와 함께 시작할 것이다. 불멸과 섭리 같은 몇몇 주제의 경우에는, 더 초기의 토론들이 칼빈의 논쟁 안에 반영될 것이다.

그러나 이 연구의 주된 관심은 영향의 경계선을 긋거나 칼빈의 특정 주장이 어떤 저자로부터 비롯되었는가를 입증하는 것이 아니다. 이 역사적 문맥들의 목적은 칼빈이 어떤 전통적인 질문들과 입장들을 반복하고, 토론하며, 무시하고, 거절했는가를 결정하는 것이다.

이런 일반적인 비교를 통해 칼빈이 교회의 과거 가르침들과 연속선상에 있다는 것을 보여 주고자 한다. 칼빈도 무로부터의 창조, 자연과 역사에 대한 하나님의 직접적이고 중재적인 섭리, 창조의 선함, 자연의 계시적 기능, 우주적 구속 등의 교리들을 가르쳤다. 리샤르 스토페르(Richard Stauffer)의 중요한 글이 설명한 것처럼, 이 교리들의 많은 부분이 칼빈의 설교에 나타난다.[2]

칼빈은 종종 이런 가르침들을 논쟁의 과정에서 논의했다. 칼빈에 따르면, 창조에 관한 전통적 교리의 많은 부분이 재세례파(Anabaptists), 자유주의자(Libertines), 그리고 이탈리아와 프랑스 합리주의자(rationalists)에 의해 16세기 동안 위협을 받았다.

칼빈이 전통적인 기독교 교리들을 전제하고 사용하는 동안, 그의 사상은 특별한 강조로 특징지어진다. 창조에 관한 그의 논의들의 중심은 질서의 개념이다. 죠셉 보하텍(Josef Bohatec)의 글 이후로, 칼빈 연구자들은 그 개혁자의 사상에서 "질서를 향한 열정"(Pathos der Ordnung)을 인식했다. 보하텍은 법, 사회, 국가에 대한 논의에서 칼빈의 "질서를 향한 열정"에 집중했다.

보하텍은 유기적 사고(organic thinking)가 칼빈의 사유에 있어서 근본적인 것이라고 주장했다. 결론적으로 사회, 자연법, 국가에 관한 칼빈의 논쟁들은 무질서에 대한 그의 두려움뿐 아니라 일치, 조화, 질서를 향한 열망을 반영한다.[3]

---

2 Richard Stauffer, Dieu, la création et la Providence dans la prédication du Calvin (Berne: Peter Lang, 1978)
3 Josef Bohatec, Calvin und das Recht (Feudingen: Buchdruck und Verlags-Anstalt, 1934); idem, Budé und Calvin: Studien Zur Gedankenwelt Des französischen Frühhumanismus (Graz: Böhlau, 1950); idem, Calvins Lehre von Staat und Kirche (Breslau: Marcus, 1937)

웰리스(Wallace)와 리샤르 같은 학자들은 칼빈의 신학에서 질서의 개념을 분석해 왔다. 하나님의 형상(*imago Dei*) 회복(renewal)은 인간 영혼의 질서 회복이다.[4]

밀너(Milner)는 질서의 개념이 칼빈의 교회론을 좌우한다고 주장한다. 밀너는 칼빈의 사유를 일치시키는 원리는 "성령과 말씀 사이의 절대적 상관 관계(absolute correlation)와 성령과 말씀의 다양한 현현의 우발적 상관 관계(contingent correlation)"라고 주장한다.[5] 이런 현현들은 하나님의 안수례(*ordinationes Dei*)이며, 역사적 영역에서 질서를 회복하기 위해 일하는 교회를 포함한다.

이 연구는 질서를 향한 탐색의 동기가 되는 원리를 칼빈의 섭리교리에서 찾을 수 있다고 주장한다. 칼빈은 '중세' 후기의 세계가 허물어졌다고 느꼈다. 변화의 관문들은 열렸고 모든 것을 휩쓸어 버릴 것처럼 위협했다.

칼빈은 이런 혼돈에 직면한 독자들에게 하나님의 말씀을 굳게 붙잡으라고 격려했다. 아침 별들이 함께 노래하게 하고 하나님의 아들들이 기쁨의 소리를 지르게 하는 하나님의 말씀은 16세기의 어둠에서도 빛을 발할 수 있다고 믿었다. 따라서 칼빈의 관심은 창조 질서 안에 활동하는 하나님의 섭리교리를 근거로 그 시대의 사건들을 해석하는 것이었다.

칼빈은 섭리에 대한 믿음으로 우주 영역과 사회 영역을 해석했다. 그는 이 실재적 영역 안에는 안정과 질서의 내재적 요소를 포함하고 있지 않다고 추정했다. 특별히 타락 이후에 그들의 지속적인 생존은 혼돈으로 떨어지는 그들을 붙잡아 계속 유지하고 억제하는 하나님의 섭리에 의존한다.

---

[4] Ronald S. Wallace, *Calvin's Doctrine of the Christian Life* (Edinburgh & London: Oliver and Boyd 1959); Lucien Joseph Richard, *The Spirituality of John Calvin* (Stlanta: John Knox, 1974). See also: T. F. Torrance, *Calvin's Doctrine of Man* (London: Lutterworth, 1949).
[5] Benjamin Charles Milner, Jr., *Calvin's Doctrine of the Chruch* (Leiden: E.J. Brill, 1970), 190.

칼빈의 창조교리에서 질서와 관련된 중심 주제는 여러 번 언급되고 있다. 이 주제들은 창조에서 볼 수 있는 하나님의 신실하심, 창조는 하나님의 활동 무대라는 믿음, 자연의 계시적 기능, 타락 후 인간 본성의 잔존, 사회적 삶의 보존, 그리고 우주의 회복이다.

그의 주석과 논쟁적 글쓰기 과정에서, 칼빈의 논의는 상당히 발전하게 된다. 그의 주석들과 『기독교 강요』(Institutes)의 다른 판들에서 창조 주제들이 더욱 주목을 얻게 되었다는 사실을 통해 이것을 알 수 있다.

그러나 이 연구를 통해 칼빈의 발전이 창조에 관한 더 이전의 주장들을 철회하게 한 것이 아니라, 오히려 자연의 불안정성, 영혼의 불멸, 양심과 자연적 이성의 역할, 자연법의 기능, 천사의 중재, 그리고 섭리에 관한 굳건한 교리의 필요성을 강조했음을 알 수 있다. 하나님의 영광을 반영하는 우주, 자연법과 사회에 관한 논의, 하나님의 적극적 섭리에 대한 믿음, 이 세 영역의 창조 주제에 관한 진술을 추적함으로써 칼빈의 글에서 이 주제들이 점차 강조되고 있음을 알 수 있다.

하나님의 지혜, 능력, 선함, 섭리가 반영된 우주에 대한 묘사는 칼빈의 초기 사상에서부터 시작된다. 1535년에 출판된 올리베탄(Olivetan)의 『성경 번역에 대한 서문』(Praefationes bibliis gallicis Petri Roberti Olivetani)에서 칼빈은 창조 세계의 모든 아름다움이 하나님의 자연에 대한 신적 계시라고 묘사한다.[6]

『기독교 강요』 1539년 판에서 자연에 대한 묘사들이 다시 나타난다. 여기에서 칼빈은 천둥 번개, 바다, 지구는 성경의 가르침 없이는 우리를 유익하게 할 수 없다고 설명한다.[7] 칼빈은 욥기, 이사야, 시편에 관한 주석과 설교에서 성경의 자연 형상화에 관한 논의를 지속한다. 이런 책에서 발견되는 창조 주제들의 반영은 『기독교 강요』 1559년 판에서 결실을 맺는다.

---

6   Praefationes bibliis gallicis Petri Roberti Olivetani, CO 9:793-795.
7   Inst. (1539) CO 1:286-291.

칼빈은 하나님의 영광이 반영된 세계를 보여 주기 위해 시편 104편을 계속 언급한다. 모든 특정한 자연적, 역사적 사건들과 직접 관련된 신적 섭리를 보여 주기 위해 시편과 이사야가 인용된다. 마지막으로, 하나님의 의지와 섭리가 종종 이성과 경험적 증거를 초월한다는 욥기에 대한 그의 해설이 『기독교 강요』 1559년 판의 섭리에 관한 해설에서 반복된다.[8]

초기 신념에 대한 계속된 재진술이 자연법과 사회 생활에 관한 칼빈의 논의 안에서 포착된다. 세네카의 『관용론』(De clementia)에 대한 논평은 칼빈이 사람을 사회적 동물로 묘사하고, 국가를 법에 의해 결속된 사람들의 모임으로 정의하며, 자연적 평등과 "자연에 따르는" 자연적 속성들에 호소하는 몇몇 논의를 포함한다.[9]

『기독교 강요』 1536년 판은 양심과 자연법이 모든 사람의 마음에 강하게 각인되었다는 주장뿐 아니라 정부와 법의 필요성에 대한 광범위한 논의를 포함한다.[10] 1536년과 1539년 판에서 칼빈은 성문법을 양심과 자연법에서 지금은 불분명한 것들을 가르치는 전통적 원리로 표현했다.[11]

이 원리는 로마서와 모세오경에 관한 그의 주석뿐 아니라 그 후의 『기독교 강요』에서 변함없이 이어졌다.[12] 신명기에 관한 설교들뿐 아니라 모세오경에 관한 설교들은 칼빈이 재산, 법, 정부, 도덕성에 관한 그의 견해를 제시하기 위해 자연의 명령에 종종 의지한다는 것을 보여 준다.

8 　*Inst.* (1559) Ⅰ.17.1-2, 특별한 표기가 없는 경우, 『기독교 강요』 1559년 판에서 인용할 것이다.
9 　*Calvin's Commentary on Seneca's "De clementia"*, Introduction, translation, and notes by F.L. Battles and A.M. Hugo (Leiden: J.J. Brill, 1969), 19.2, 41ff., 50ff., 87.19ff., 112.6ff.
10 　*Inst.* (1536), OS Ⅰ.39-40.
11 　*Inst.* (1536), OS Ⅰ.39; Inst. (1539) Ⅲ.2, CO 1:371-2.
12 　Comm. on Rom. 2:14; T.H.L. Parker, *Iohannis Calvini Commentarius in Epistolam Pauli ad Romanos*, Vol. 22 of *Studies in the History of Christian Thought* (Leiden: E.J. Brill, 1981), P.45. Co 49:37-38; sermon on Deut. 19:14-15, Co 27:568; sermon on Job 28:1-9, CO 34:503; Harmony on the Five Books of Moses, CO 24:209-260; *Inst.* Ⅱ.81-2; Ⅳ.20.16.

이 원리를 전개하는 다음 예는 칼빈의 섭리에 관한 진술에서 볼 수 있다. 하나님의 직접 섭리를 옹호하기 위한 칼빈의 관심은 세네카의 『관용론』 논평에서 표현되었다. 여기에서 칼빈은 하나님을 게으르고 인간의 일에 무관심한 분으로 묘사하는 쾌락주의(Epicuean) 철학을 강하게 비판했다.[13] 이에 관한 관심은 『기독교 강요』 1536년 판에 나타났다. 여기에서 칼빈은 그가 논쟁했던 궤변론자들(Sophists)을 다음과 같이 비판한다.

> 우리가 하나님을 전능하며 모든 것의 창조자라 부를 때, 궤변론자들이 상상하는 텅 비고, 분리되고, 게으른 신이 아니라, 모든 것 안에서 일하시고 모든 것을 다스리시는 하나님의 전능성을 깊이 생각해야 한다.[14]

1539년 판은 이 같은 원리의 지속과 확장을 포함한다. 여기에서 칼빈은 하나님을 게으르다고 주장하는 "쾌락주의자들"과 운명을 믿는 "스토아주의자들"(Stoics)에 반대해 그들을 겨냥한 논쟁을 이어 갔다.[15] 마지막으로, 『기독교 강요』 1559년 판은 이들의 오류에 반대하는 내용을 담은 섭리에 관한 가장 완전한 설명과 가장 확장된 논의를 포함한다.[16]

대체로 『기독교 강요』 후기의 판들 안에 첨가된 창조 주제들은 칼빈과 다양한 그룹 사이의 논쟁을 반영한다. 다시 유행하는 쾌락주의, 스토아주의, 아리스토텔레스주의와의 논쟁에서, 칼빈은 섭리와 이차적 인과관계(secondary causality)에 대한 그의 견해를 분명히 밝혔다. 칼빈은 재세례파들, 자유주의자들, 합리주의자들에 반대해[17] 불멸에 대한 기독교의 믿음을 방

---

13 *Calvin's Commentary on Seneca's "De clementia,"* 6.9ff.
14 *Inst.* (1536), OS Ⅰ.756.
15 *Inst.* (1536) ⅩⅥ.38-41, CO 1:889-891.
16 *Inst.* Ⅰ.16-18,
17 이 책에서 "합리주의자"(rationalist)라는 용어는 보하텍(Bohatec)의 *Budé Und Calvin*과 헨리 부쏜(Henri Busson)의 *Le rationalisme dans la littérature Française de la Renaissance 1533-1601* (Paris: J.Vrin, 1957)에서 연구된 돌렛(Dolet), 라블레(Rabelais) 같은 사상가

어했고, 신격화의 잘못된 견해와 불멸을 구분했다.

『기독교 강요』 1543년 판에서 칼빈은 천사들과 마귀들에 관해 한 부분을 첨가했고, 자유주의자들에 반대하여 쓴 글에서 상세한 설명으로 그들의 존재를 옹호했다. 재세례파들과의 논쟁은 칼빈이 역사에서 하나님의 계시와 교회와 세상의 관계에 대한 자신의 견해를 더욱 분명히 표현하는 계기가 되었다.

이런 논쟁에서 칼빈의 성경 해석 작업은 결정적으로 중요한 역할을 했다. 특히, 창세기, 이사야, 욥기, 시편에 관한 칼빈의 주석과 설교가 그러했다. 이 책들의 창조와 관련된 본문을 통해 섭리적 주제와 우주적 주제를 자세히 설명했다. 칼빈은 그의 글을 통해서 창조에 관한 이해에 살을 붙였다. 비록 그의 사유는 급진적 방식으로 바뀌지 않았지만 깊어졌다.

이 모든 글에서 칼빈은 하나님의 영광이 개인 영혼의 운명 너머로 확장되며 창조 세계 전체를 포함하고 있음을 다음과 같이 가르친다.

> 하나님은 그분 자신을 잊지 않고 그분의 영광을 우선적으로 유지하기 위해 창조 세계 전체를 하나님의 영광을 위한 목적으로 창조하셨으며, 창조 세계가 그분의 영광의 극장이 되도록 우리의 구원에 관심을 가지신다.[18]

칼빈은 죄가 자연의 영역을 전멸시키지 못했고 창조 안에서 하나님의 목적을 좌절시키지도 못했다고 주장한다. 신적 불멸성은 창조의 원래 목적이 철회될 수 없음을 보증한다. 자연 질서는 하나님의 보존 대상, 그의 영광의 반영, 그리고 회복의 대상을 남아 있게 한다.

칼빈은 선택받은 자들의 불멸을 통해 하나님의 신실하심 안에서 창조 세계의 보존과 회복의 병행을 발견할 수 있다고 주장한다. 따라서 하나님은 선택받은 자들을 구원하실 뿐 아니라 자연의 온전함을 유지하시고, 우

들을 언급하기 위해 사용될 것이다.
18 *Consensus Genevensis* CO 8:294. See also *Inst.* Ⅰ.5.1-2, 8.10: Ⅰ.6.2-4; Ⅰ.14.20

주와 역사를 다스리시며, "그의 작품들"을 되찾으신다.

　칼빈의 신학에서 신자들은 창조 세계를 향한 하나님의 목적 안에 적극적으로 포함된다. 그들은 사회를 다스리고, 교회를 세우고, 자연을 통해 하나님을 묵상하고(contemplate), 사회 질서를 회복한다. 이 모든 활동은 신적 섭리의 직접적 인도 아래에서 발생한다. 우리가 살펴볼 첫 번째 주제는 섭리이다.

제1장

섭리: 극장의 주 무대

학자들은 칼빈의 섭리교리의 중요성을 오래전부터 인식해 오고 있었다. 그러나 보하텍(Bohatec)의 글, 〈칼빈의 섭리론〉(Calvins Vorsehungslehre) 이전의 슈바이처(Schweizer), 리츨(Ritschl), 시베르그(Seeberg) 등의 역사학자들은 섭리의 개념을 칼빈의 신학 체계 안에서 위치(place)의 관점으로 분석했다.[1]

보하텍은 칼빈의 다른 교리들과는 독립된 방식으로 섭리에 접근했다. 그는 기원, 배경, 섭리의 '특징'을 중심으로 검토했다. 특별히 결정론(determinism)과 하나님의 통치 유용성 등의 주제들을 중심으로 연구했다.

그 결과 보하텍은 예정이 실제로 칼빈의 중심 교리이지만 교리상의 시작점은 아니라고 보았다. 보하텍은 섭리가 근본적 교리 또는 "원교리"(root doctrine, Stammlehre)라고 주장한다. 왜냐하면, 섭리 안에서 예정의 전제, 율법, 그리스도의 사역, 그리고 은혜의 방편을 발견할 수 있기 때문이다.[2]

---

1 Alexander Schweizer, *Die Glaubenslehre der evangelisch-reformierten Kirche*, 2 vols.(Zurich: Orell, Fussli, 1844-47); M. Scheibe, *Calvins Prädestinationslehre*, (Halle: max Niemeyer, 1897); Albrecht Ritschl, "Geschichtliche Studien zur christlichen Lehre von Gott," *Jahrbücher für deutsche Theologie* (1868):67-133; Reinhold Seeberg, *Lehrbuch der Dogmengeschichte*, 5th ed., 4 vols. (Basel: B. Schwabe 1954), VI.2.

2 Josef Bohatec, "Calvins Vorsehungslehre," in *Calvinstudien. Festschrift zum 400. Geburtstage Johann Calvins* (Leipzig: Rudolf Haupt, 1909), 414. 보하텍은 여기에서 알브레히트 리츨(Albrecht Ritschl)의 의견에 동의한다. "Geschichtliche Studien zur christlichen Lehre von Gott," 108, 그는 섭리를 칼빈의 근본적 교리로 이해한다. Cf. Paul Jacobs, *Prädestination und Verantwortlichkeit bei Calvin* (Neukirchen, Kreis Moers: Buchhandlung des Erziehungsvereins, 1973), 69; Emile Doumergue, *Jean Calvin-Les hommes et les choses de son temps*,

오늘날 칼빈 연구자들은 그의 신학에서 "중심 교리"를 찾는 것에 좀 더 조심스럽다. 그럼에도 섭리는 진정 원교리이며, 오히려 "극장의 주 무대"임을 이 글의 연구 과정에서 보게 될 것이다.

이 책에서는 섭리를 예정 또는 그리스도의 사역 관점이 아니라 창조의 관점에서 근본적 교리로 검토할 것이다. 창조 질서는 칼빈의 신학에서 하나님의 영광의 극장이며 신적 반영과 활동의 무대로 기능한다. 섭리는 무대의 틀과 같다. 칼빈의 창조신학을 지배하는 모든 주제는 그의 섭리교리 안에서 분명히 설명된다. 그 주제들은 질서를 향한 열정, 혼돈의 공포, 하나님의 능력과 주권, 그리고 창조 세계를 향한 하나님의 신실하심이다.

섭리에 대한 개념은 칼빈의 사상에서 점점 더 중요해졌다. 세네카의 『관용론』(De clementia)에 대한 해설에서 섭리에 대한 가장 초기의 표현을 찾을 수 있다. 칼빈은 섭리를 단지 산발적으로 언급했고, 섭리를 예정교리와 결합했다.

1539년과 1559년 사이에 칼빈은 자연과 역사에서 신적 통치에 대한 이해를 발전시켰다. 아래의 분석이 보여 주는 것처럼, 칼빈은 자유주의자, 점술가, 스토아주의자, 쾌락주의자를 대항하는 논쟁 과정에서 섭리에 대한 그의 견해를 발전시켰다. 두 권의 성경 해석, 즉 시편에 관한 주석과 욥기 설교가 결정적이었다. 마지막으로, 『기독교 강요』 1559년 판에서 섭리는 예정에서 분리되어 창조주 하나님의 지식의 한 부분으로 충분히 표현될 수 있었다.

칼빈은 16세기의 신학자로서 창조교리와 섭리교리에 관한 오래된 전통을 물려받았다. 초기 교회에서 이 주제들은 논쟁을 불러일으키는 신념들이 아니었다. 그러나 이 주제들은 주로 세계의 영원성을 주장하는 그리스 사상, 영지주의 이원론, 후에 아베로에스주의자들(Averroists)에 의해 서방 안으로 재도입되어 아리스토텔레스주의(Aristotelianism) 등 비기독교 철학자들에 의해 야기된 도전에 반응하여 방어되었으며 점차 정의되었다.

---

7 vols. (Lausanne: G. Bridel et Cie, 1897-1927), IV:111-118, 351-416.

칼빈이 어느 요소들을 반영하고 있는지 보기 위해 이 책에서는 이런 논쟁들의 주된 발전을 간략하게 논의할 것이다. 주로 이레니우스(Irenaeus), 크리소스토무스(Chrysostom), 아우구스티누스(Augustine), 토마스 아퀴나스(Thomas Acquinas), 그리고 유명론자들(Nominalists)의 반응에 한정하고자 한다.

1. 역사적 배경

안디옥의 데오빌로(Theophilus of Antioch)는 그리스 올림피아 전통의 신화에 대한 기독교 창조교리의 우월성을 확립하기 위해 창조가 무로부터 이루어졌음을 분명하게 주장한 초기 교회 교부들 가운데 한 사람이었다.[3] 데오빌로는 세계의 영원성을 주장하는 그리스의 사상에 반대하여, 세계가 하나님께 의존하는 증거로 무로부터의 창조(*creatio ex nihilo*) 개념을 사용했다.

오리겐(Origen), 다소의 디오도르(Diodore of Tarsus), 락탄티우스(Lactantius), 바질(Basil)의 글에서 볼 수 있는 것처럼, 교부의 변증 전통에서 세계의 영원성을 주장하는 그리스의 사상에 반대하는 논쟁들은 흔히 볼 수 있었다.[4]

그러나 초기 기독교 사상가들은 세계의 영원성을 주장하는 그리스의 사상에 반대하는 창조의 실재성을 확립하고자 했을 뿐 아니라, 창조 질서를

---

[3] Theopholus of Antioch, *Autol.*, Ⅱ.2, cited by Jaroslaw Pelican, "Creation and Causality in the History of Christian Thought," *Journal of Religion* 40 (Oct. 1960):246-255. See also Glenn F. Chesnut, *The First Christian Histories: Eusebius, Socrates, Sozomen, Theodoret, and Evagrius* (Macon: Mercer, 1986). 창조교리와 섭리교리의 역사는 다음 자료를 참조하라: Lloyd G. Patterson, *God and History in Early Christian Thought* (New York: Seabury, 1967) and Leo Scheffczyk, *Creation and Providence*, tr. Richard Strachan (New York: Herder and Herder, 1970).

[4] Henry Austryn Wolfson, "Patristic Arguments Against the Eternity of the World," *Harvard Theological Review* 59 (1966):351-367, reprinted in *Studies in the History of Philosophy and Religion*, ed. Isidore Twersky and George H. Williams, 2 vols. (Cambridge, MA: Harvard U. Press, 1973), Ⅰ:182-198.

빛 되신 하나님과 반대편에 서 있는 악하고 무지한 데미우르고스(Demiurge)의 일로 보는 영지주의적 신념과 싸워야 했다. 이레니우스와 같은 신학자들은 영지주의에 맞서면서 하나님의 일치성, 창조의 선함, 하나님의 역사적 섭리의 완전한 실재성을 옹호했다.

이레니우스는 창조주로부터 구원자를 분리하는 영지주의에 반대해 창조하시고 구원하시는 한 분 하나님의 일치를 주장했다. 요한복음 서사(Prologue)의 주장에 근거하여, "모든 것을 그의 말씀으로 만드신 오직 한 분 하나님만이 존재하심"을 주장했다.[5]

요한복음 1:4의 "모든 것들"이라는 구절은 영지주의의 영적 우주(*Pleroma*)가 아니라 물리적, 시간적, 역사적 영역에 대한 언급이라고 주장했다.[6] 또한, 그는 이 세계는 선하며 선한 창조주 하나님의 작품이라고 주장했다.

이레니우스는 하나님의 일치성과 창조의 선함을 강조하며 구원을 창조 세계에 대한 하나님의 되찾으심 또는 구속하심으로 묘사했다. 하나님의 형상(*imago Dei*)을 잃어버렸기 때문에, (창조 세계의 머리에 위치한) 인간은 지금 사탄의 부당한 독재 아래 놓이게 되었다. 하나님은 그리스도의 피를 통해 지금 그 형상을 되찾으시며 인류에게 회복의 선물을 수여하신다.[7]

그러나 이레니우스에 따르면, 하나님은 인류뿐 아니라 창조 세계의 모든 것을 되찾으신다. 하나님이 베푸시는 구원의 전 포괄적 성격을 유지하기 위해, 단지 더 낮은 수준의 창조의 신(Creator god)을 언급하는 영지주의의 공격에 반대해 그는 구약성경을 옹호했다.

이레니우스는 구약성경의 옹호를 위해 유형론과 예언에 관한 전통적 주장들을 사용했다. 그것은 구약의 인물들과 사건들은 신약성경을 가리켜

---

5 Irenaeus, *Adv. haer.* II.9.1; III.11.1; V.1.1
6 Ibid., III.11.1.
7 Ibid., V.2.

예언했고, 하나님의 섭리에 의해 인도함을 받았다는 것이다.[8]

구약성경과 신약성경 간의 유일한 차이는 하나님에 의해 제정된 서로 다른 특정 시기의 종교제도에 근거한다. 이레니우스는 하나님의 창조와 구원 사역의 영역에 관한 그의 구약성경의 관점으로, 창조로부터 재림까지 확장된 전 포괄적인 신적 계획의 광대한 일체성을 묘사했다. 이를 통해 이레니우스는 창조와 구원 사이의 연속성에 의존하는 섭리의 관점을 상세히 설명했다.

이레니우스의 회복(recapitulation)교리는 하나님 사역의 역사적 연속성 안에서 가장 강하게 표현되었다. 이레니우스의 신학에서 하나님은 선택받은 영혼들을 구원하기 위해 "낯선" 세상으로 오신 것이 아니다. 오히려 주님은 자신의 창조 세계를 구원하기 위해 오셨다.[9] 역사 안에서 하나님의 중재는 타락을 반전시켰으며 원래의 창조 세계를 회복한다. 이레니우스는 인간과 우주의 모든 영역이 원래의 상태로 회복될 것으로 믿었다.

> 그것을 세우신 분이 진실하고 신실하시기 때문에, 창조 질서의 실재와 본질은 사라지지 않을 것이다. 그러나 죄를 발생시키고 그 안에서 인간이 노쇠해 가는 세상의 구조는 사라질 것이다.[10]

이레니우스는 천년왕국에서 우주의 물질적 회복은 시간적-물질적(temporal-material) 창조 세계에 대한 지지로서 기능한다고 보았다. 비록 교회는 이레니우스가 주장한 천년왕국주의(millenarianism)에 대해 경계했지만, 그럼에도 창조 세계와 섭리에 대한 이레니우스의 옹호는 기독교 전통에서 필수적인 부분이 되었다. 이 연구를 통해서 칼빈의 신학이 이레니우스의

---

8   Ibid., IV.32.2.
9   Ibid., V.19.1.
10 Ibid., V.36.1.

사상을 뚜렷이 반영하는 것을 보게 될 것이다.

이레니우스 이후 섭리에 대한 가장 광범위한 논의는 존 크리소스토무스에 의해 이루어졌다. 크리소스토무스는 고난, 특히 교회가 고난에 직면한 상황에서 섭리를 방어하는 데 주된 관심이 있었다. 섭리와 고난에 대한 크리소스토무스의 견해는 그의 글 전반에서 발견되지만, 이 연구는 〈악으로 유혹받는 자들에게〉(Ad eos qui scandalizati sunt)와 〈악령에 의해 흔들리는 스티기리우스에게〉(Ad Stagirium a daemone vexatum)라는 두 논문에 한정하여 살펴볼 것이다.[11]

크리소스토무스는 〈분개한 사람들에게〉(To those who are scandalized)라는 편지에서 자연의 놀라움은 신적 섭리의 실재를 증명한다고 주장했다. 그는 하나님의 손에 의해 다스려지고 있는 증거인 자연의 질서, 조화, 아름다움, 유용성을 계속해서 극찬했다.

그는 별들을 보며 놀라워했다. 별들의 선명함, 다양성, 그리고 항해자들을 안내하는 유용함은 하나님의 섭리 아래 있음을 증명한다.[12] 계절의 변화와 천체의 움직임은 하나님의 영광을 반영한다. 크리소스토무스는 바람, 바다, 식물, 허브, 동물, 산, 계곡, 나무 이 모두는 그들의 창조주의 선함과 무한한 섭리를 드러낸다고 보았다.[13]

세계는 하나님의 지속적 유지와 직접적 섭리 없이는 한순간도 존재할 수 없다. 크리소스토무스에게 세계는 하나님의 일반적 돌봄뿐 아니라 섭리 안에서 하나님의 지속적 창조 행위를 증거한다.[14]

---

11 Chrysostom, *Ad eos qui scandalizati sunt*는 PG 52:479-528와 *Sources chrétiennes*, intr. and tr. Anne-marie Malingery (Paris: Les editions du Cerf, 1961), vol. 79에서 볼 수 있다. 이 교개는 1658년에 처음으로 분리되어 편집되었다 *Ad Stagirium a daemone vexatum* PG 47:429ff.

12 Ibid.,VII.3-6.

13 Ibid.,VII.26. Cf. Seneca, *De providentia* I.2-5. 섭리의 증거로 창조의 활용에 관한 스토아주의의 견해는 다음을 참조하라. M. Spanneut, *Le Stoïsisme des Pères de l'Église* (Paris, 1957).

14 Chrysostom, *Ad pop. Antioch* IX.4.

크리소스토무스는 비록 조화롭고 아름다운 자연 질서는 신적 섭리를 반영하지만, 역사에서의 질서는 하나님 통치의 실재를 쉽게 증명하지 않는다고 경고했다.[15] 역사의 사건들을 볼 때 사람들은 "분개한다." 정의로운 자들은 시련과 불의로 고통당하지만 악한 자들은 종종 번성한다. 크리소스토무스는 역사의 가증스러운 속성으로 말미암는 고통으로 불안하게 된 스티기리우스(Stagirius)와 성도들에게 성경과 그 시대를 관통하는 섭리를 옹호했다.

크리소스토무스는 섭리를 옹호하기 위해 근본적으로 두 가지 주장을 제시했다.

첫째, 크리소스토무스의 "고통의 신학"(theology of suffering)으로 불리는 주장이다. 그는 고통과 유혹의 도덕적 유용성에 대해 거듭 주장했다. 심지어 크리소스토무스는 마귀의 공격이 영적 진보를 위한 기회가 될 수 있음을 스티기리우스에게 설명했다.[16] 아브라함, 요셉, 바울, 누구보다 욥은 고통을 수단으로 삼아 영적 진보를 이루었던 사람들의 본보기이다.[17]

크리소스토무스에 따르면 교회의 고통은 이 사람들의 고통과 아주 유사하다.[18] 기독교인들은 고통을 통해 하나님께 영광을 돌리고, 거짓 신자들과 참된 신자들이 구분되며, 영생을 얻을 수 있다. 또 크리소스토무스는 의로운 자들은 보상을 받게 될 것이며, 악한 자들은 고통을 회심의 수단으로 활용하는 데 실패했기에 다가오는 내세에서 처벌받을 것이라고 주장했다.

둘째, 섭리를 옹호하기 위한 크리소스토무스의 하나님의 불가해성에 대한 주장이다. 우리는 역사의 영역 안에서 하나님의 특별한 목적 또는 계획

---

15   Chrysostom, *Ad eos qui scandalizati sunt* IXff.
16   Chrysostom, *Ad Stagirium* Ⅰ.3; Ⅰ.4; Ⅰ.10.
17   Chrysostom, *Ad eos qui scandalizati sunt* X - XIII.
18   Ibid., XXIII- XXIV.

을 이해할 수 없다.[19] 크리소스토무스는 하나님이 너무 높으시며 너무 멀리 계시며 또한 무한하시므로, 그분의 목적은 인간 이성으로 이해할 수 없다고 보았다.[20] 심지어 천사들도 무한하고 불가해한 하나님의 형언할 수 없는 섭리를 꿰뚫어 볼 수 없다.[21] 신적 섭리의 불가해성 앞에서, 모든 존재는 호기심 가득한 질문들과 인간에게 일어나는 사건들의 원인을 찾으려는 시도를 스스로 멈춰야 한다.

크리소스토무스는 이런 제한으로 성도들의 믿음이 보존되고 하나님을 신뢰하게 되어, 그들이 하나님과 피조물 사이의 무한한 간격을 인정하게 될 것이라고 주장한다. 우리는 지금 단지 거울로 희미하게 멀리서 보고 있다. 우리는 사후에 마침내 하나님의 길을 이해하고 얼굴과 얼굴을 맞대어 볼 수 있을 것이다.[22]

그러므로 하나님으로부터 오는 계시는 눈으로 보는 것보다 더욱 믿을 만하다고 크리소스토무스는 설명한다.[23] 그의 신학에서 "역사의 스캔들"에 대한 적절한 반응은 로마서 11:33에 나타난다.

> 깊도다 하나님의 지혜와 지식의 풍성함이여, 그의 판단은 헤아리지 못할 것이며 그의 길은 찾지 못할 것이로다(롬 11:33).[24]

아우구스티누스 역시 창조와 섭리에 대한 기독교 교리들을 더 잘 표현하기 위해 노력했다. 그는 하나님의 변치 않는 속성과 창조 세계의 실재

19　Ibid., IX.7.
20　Ibid., X.7.
21　Ibid., II.1.
22　Ibid., II.14.
23　Ibid., I.4-6.
24　Ibid., II.4; *Ad Stagirium* I.5.

와 선함을 보호하는 창세기 1장에서 3장까지의 문자적 해석을 찾기 위해 노력했다. 아우구스티누스는 그의 논문 『창세기 문자적 주석』(*De Genesis ad litteram*)에서 이것을 이루어 냈다.[25]

아우구스티누스의 가장 초기의 창세기에 관한 주석인 『마니교도 논박 창세기 해설』(*De Genesi contra Manichaeos*)에서부터 마니교가 제기한 오래된 질문에 직면했다.

"창세전에 하나님은 무엇을 하고 계셨는가?"

아우구스티누스는 문자적 주석(Literal Commentary)에서 이 조롱에 대해 세 개의 성경 본문을 근거로 대답했다.

첫째, 창세기 1:1-2:3은 시간적 연속을 암시한다.
둘째, 아우구스티누스는 고대 라틴 성경을 근거로 집회서 18:1을 "영존하시는 하나님이 한 번에 모든 것을 창조하셨다"라는 뜻으로 해석했다.
셋째, 창세기 2:4, "이것은 천지가 창조될 때 하늘과 땅의 내력이니 여호와 하나님이 땅과 하늘을 만드시던 날에"이다.

아우구스티누스는 이 본문들에서의 모순을 창조의 두 번의 "순간" 또는 "양상"으로 구분함으로써 해결했다.[26] 창세기 1:1-2:3은 창조의 첫 번째 양상을 묘사한다. 집회서 18:1에 따르면, 첫 번째 창조는 동시적이었고 따

---

25 이어지는 부분은 나의 다음 에세이에서 발췌했다. "Eve as Mother: Reaching for the Reality of History in Augustine's Later Exegesis of Genesis," in *Genesis 1-3 in the History of Exgesis* (Lewiston, NY: Edwin Mellen, 1988), 135-186.

26 Augustine, *De Genesi ad litteram libri duodecim* (*The literal Meaning of Genesis: Commentary in Twelve Books*)[hereafter *De Genesi ad litteram*]. Ⅴ.11.27-Ⅻ.12.28; Bibliotheque augustinienne, 아가스(P. Agaesse)와 솔리낙(A. Solignac)에 의한 프랑스어 역본과 각주가 있는 라틴어 본문 (Paris: Études augustiniennes, 1949-), vol. 48-49 [hereafter B.A.], 680-682; Jean Guitton, *Le temps et l'éternité chez Plotin et saint Augustin*, 3rd ed. (Paris: J. Vrin, 1959), 146ff.

라서 비시간적이었다. 이 창조의 "순간에" 하나님은 모든 것을 말씀을 통해 존재하게 하셨다(창세기 1:1의 "태초에"라는 구절과 일치한다).[27]

이 창조의 동시성은 창세기 2:4의 한 "날"(day)로 나타난다.[28] 『고백록』(*Confessions*)과 『하나님의 도성』(*City of God*)에서와 같이, 아우구스티누스는 세상과 함께 시간과 변화가 창조되었고, 창조 전에는 시간이 존재하지 않았음을 주장할 수 있었다.[29]

아우구스티누스는 존재에 관한 형이상학으로 오직 하나님만이 진실로 "존재자(Is)"이시며 시간적이고 변화하는 우주 위에 변치 않으심을 설명했다.[30] 하나님은 시간이 아니라 영원으로 시간의 과정 너머 창조에 "선행하신다." 아우구스티누스에 따르면, 창세기 1:1-2:3에 관련된 질서는 시간의 연속이 아니라 "원인들의 연속"(*connexio causarum*)이다.[31]

아우구스티우스에게 "6일"은 시간적 간격이 아니라 천사적 지식의 표현이다. "아침"은 말씀 안에서 창조된 것들에 관한 지식을 나타내며, 반면에 "저녁"은 창조된 것들 안에 있는 지식을 나타낸다.[32]

아우구스티누스에 따르면, 창세기에 묘사된 모든 식물, 동물, 야채는 세상의 원초적 요소 안에 있는 "인과관계" 또는 "근본 원인" 안에서 동시적으로 창조되었다.[33] 그 인과적 이유는 모든 것 안에 잠재적으로 존재하는

---

27 Augustine, *De Genesi ad litteram* IV.23.51.-24.54;VI.3.4.
28 Ibid., V.3.1-6.
29 Ibid., V.5.12.
30 Augustine, *De civ. Dei* XII.13.17,20; R.W. Dyson, "St. Augustine's Remarks on Time," *The Downside Review* 100 (1982): 221-230.
31 Augustine, *De Genesi ad Kitteram* V.5.12.
32 Ibid.,IV.22.39; IV32.50. See also: G. Pelland, *Cinq études d'Augustin sur le début de la Genèse* (Tournai: Desclée, 1972), 189ff.;Solignac, "Exégè et Métaphysique Genèse 1:1-3 chez saint Augustin," *In Principio, Centre d'études des religions du livre* (Paris: Études augustiniennes, 1973), 164-171; Jacques de Blic, "Le processus de la création d'après saint Augustin," *Mélanges offerts au R.P. Ferdinand Cavallera* (Toulouse, 1948), 179-189.
33 Augustine, *De Genesi ad litteram* V.23.44-46.

데, 각 피조물이 미래의 연속적 시간 안에서 발전될 때, 자신들 안에 힘과 법을 포함한다.³⁴

배종이성설(seminal reasons, 역자주-하나님이 물질의 원질을 무로부터 창조하시어 발전력 있는 씨앗을 그 안에 심으셨기에, 감각 세계의 물체는 일정한 구조와 발전 법칙을 가지게 되고, 그 씨앗에서 발전 형성되었다고 설명하는 이론)은 아우구스티누스 창조교리 안에서 두 가지 측면에서 매개적 역할을 했다. 인과적 이유들은 창세기에서 두 개의 창조 이야기를 결합했으며 존재의 초월적이고 자연적인 영역들을 결합했다.

아우구스티누스는 성경에는 과장되거나 실수로 여겨질 만한 요소가 없다고 믿었기 때문에, 두 개의 창조 이야기가 창조에 관한 다른 진리를 가르친다고 주장했다. 아우구스티누스는 첫 번째 이야기가 동시적인 비시간적 창조를 묘사하는 반면, 두 번째 이야기는 하나님의 보존(*administratio*) 또는 섭리로 다스려지는 진정한 시간적 발달의 시작을 이야기한다고 주장했다.

또한, 아우구스티누스는 창세기 2:2-3에서 묘사된 "쉬셨다"와 요한복음 5:17에서 하나님의 계속 일하심에 관한 구절을 조화되도록 해석하기 위해 인과적 이유를 사용했다. 전자의 구절은 지금은 완성된 동시적인 창조를 언급하며, 반면에 후자는 시간의 영역 안에서 인과적 이유의 발전에 관한 섭리의 지속적인 다스림을 묘사한다.³⁵ 이 해석적 묘안은 아우구스티누스가 비시간적 영역에서 시간적 영역으로 움직일 수 있도록 해 주었다.³⁶

이 시간적 영역으로의 움직임으로, 아우구스티누스는 초월적인 것과 자연적인 것 사이의 접촉을 확신했다. 그러나 아우구스티누스는 창조 행위를 하나님 한 분에게만 열정적으로 제한했고, 하나님과 자연과 역사의 세계 사이에 존재하는 중재와 인과관계에 관해 최소한의 수준만을 허용했다.

---

34   Ibid., IV.33.51-52; V.23.44-45.
35   Ibid., V.4.11; VI.6.19-VII.20; V.20.40.
36   Guitton, *Le temps et l'éternité chez Plotin et saint Augustin*, 187-188; B.A. 48, 678-680.

자연적 인과관계에 대한 아우구스티누스의 이해에서, 인과적 이유는 하나님으로부터 독립적이지는 않지만 활발한 역할을 한다.

그 "이유"는 활동과 활력의 원리를 가지고 있어서 태초 안에 그들 안으로 들어온 "수"(numbers)와 "법"(laws)에 따라 현재 발전하고 펼쳐지고 있다. 아우구스티누스의 관점에서, 인과적 이유는 자연에서의 활동, 합리성, 안정, 그리고 질서를 설명한다.[37] 그럼에도 창조 세계는 매 순간 계속 하나님께 의존한다.

> 창조 세계는 창조주의 힘, 전능, 모든 것을 지탱하는 능력으로 유지된다. 만약 이 힘이 피조물을 다스리기를 멈춘다면, 이런 종들(species)은 즉시 존재하기를 멈추고 모든 자연은 붕괴될 것이다. 왜냐하면, 하나님이 통치를 철회하신다면, 세계는 잠시도 유지될 수 없기 때문이다.[38]

---

[37] 인과적 이유(causal reasons)에 관한 이론은 다음을 참조하라. B.A. 48, 653-668; Michael McKeough, "The Meaning of the Rationes Seminales in St. Augustine," Ph.D. dissertation, Dept. of Phil., Catholic U. of America, 1956; Jules Brady, "St. Augustine's Theory of Seminal Reasons," *The New Scholasticism* 38 (1964):141-158; Chritopher J. O'Toole, "The Philosophy of Creation in the Writings of St. Augustine," Ph.D dissertation, Dept. of Phil., Catholic U. of America, 1944, 70ff. 학자들은 인과적 이유가 수동적 원리인지 또는 능동적 원리인지와 아우구스티누스의 철학이 자연에 대한 정적(static) 견해 또는 진화적 견해를 지지하는가에 대해 논의해 왔다. 인과적 이유의 적극적 역할을 옹호하는 견해는 다음 학자들을 참조하라. 브레디(Brady), 맥코우프(McKeough), 길슨(Gilson), 그리고 후기의 오툴레(O'Toole)는 (비록 완전히 부인하는 것은 아니지만) 효과적 원인들로 인과적 이유의 역할을 최소화했다. 그러나 그들은 아우구스티누스의 이론은 사실상 진화적으로 볼 수 없다고 주장한다. 왜냐하면, 이성(rationes)은 새로운 행태들을 존재하게 할 수 없기 때문이다. 이성의 모든 미래의 영향은 그들의 창조 순간에 형태(form)로 고정되었다. 그러나 길슨은 이성이 활동과 발전의 원리를 가지고 있음을 인정한다. 어떤 피조물도 창조적 효력(creative efficacy)을 가지고 있지 않다. See: E. Gilson, *Introduction à l'étude de saint Augustinus* (Paris: J.Vrin, 1929), 270-271.

[38] Augustine, *De Genesi ad litteram* IV.12.32.

아우구스티누스는 하나님의 현세적 섭리를 논할 때, 하나님의 지속적 통치와 천사의 중재적 역할 둘 다를 주장했다. 아우구스티누스는 『창세기 문자적 주석』(*De Genesis ad litteram*)에서 역사의 과정에서 천사들이 하나님의 명령을 수행한다고 주장했다.[39]

그러므로 아우구스티누스는 하나님과 세계 사이의 플로티노스식(Plotinian) 중재자들을 상정하지 않았고, 하나님이 모든 실체를 창조하셨으며 그것이 존재하도록 유지하신다고 믿었다. 하나님은 피조물들의 활동, 인과율의 전개, 천사들의 사역을 통해 창조 세계를 다스리신다.

아우구스티누스는 이 이론으로 하나님의 창조 행위와 함께 시작된 되돌릴 수 없는 선형의 시간 안에서 작동하는 신적 섭리를 확고히 했다.[40] 아우구스티누스는 『하나님의 도성』(*City of God*)에서 두 도성의 진행 과정 안에서 섭리를 추적했다. 아우구스티누스는 문자적 해석으로 하나님이 그곳에서 변함이 없으시며, 창세기 1장에서 3장은 문자 그대로 인간 역사 안에서 하나님의 섭리 계획의 시작이라고 주장했다.

창조와 섭리에 관한 이 근본적 교리들은 13세기에 세계의 영원성을 주장하고 섭리를 제한하는 사상이 재유입됨으로 다시 도전을 받았다. 자연에 대한 아베로에스주의자 논쟁과 아리스토텔레스 글의 재발견은 서방 기독교가 세계에 대한 하나님의 창조교리와 섭리교리를 정의하고 방어하게 했다.

1260년과 1265년 사이에 오늘날 '라틴 아베로에스주의'(Latin Averroism) 또는 '급진적 아리스토텔레스주의'(Radical Aristotelianism)로 알려진 새로운 운동이 파리대학교의 교수회 안에서 발전했다.[41] 브라방의 시거(Siger

---

39　Ibid., V.20.41; Ⅷ.24.45; Ⅸ.14.25- X V.28; XII.36.69.
40　See also: William Christian, "Augustine on the Creation of the world," *Harvard Theological Review* 47 (1953):1-25; Alois Wachtel, *Beiträge zur Geschichtstheologie des Aurelius Augustinus* (Bonn:Ludwig Röhrscheid, 1960), 27-100.
41　Hohn F. Wippel, "The Condemnations of 1270 and 1277 at Paris," *Journal of Medieval and Renaissance Studies* (1972):169-2-1. 위펠(Wippel)은 1250년과 1270년 사이에 발전한 세 가지 철학 운동을 밝혔다. 이 글은 이 단체들 가운데 두 번째 그룹에 한정한다.

of Brabant)와 다키아의 보에티우스(Boethius of Dacia)가 선두적 주창자들이었다.

아리스토텔레스에 관한 아베로에스의 주석에서 라틴 아베로에스주의자들은 지성의 단일성, 세계의 영원성, 자유의지의 거부, 신적 섭리의 제한과 같은 비판적 교리들을 도출했다. 그들은 철학의 자율성을 옹호했고, 기독교의 믿음과 같은 신앙과는 화해할 필요가 없다고 주장했다.

이런 아베로에스주의 이론들을 논박했던 사람들 가운데 보나벤트라(Bonaventure)와 토마스 아퀴나스가 있었다. 1267년과 1268년에 보나벤트라는 몇 가지 철학적 오류에 대해 경고했다.[42]

보나벤트라는 세계의 영원성, 하나님은 무로부터 창조할 수 없었다는 주장, 지식의 단일성, 불멸의 부정, 그리고 천체들에 따라 의지가 결정된다는 주장을 핵심적 오류로 보았다.[43] 『헥사메론 모음집』(*Collationes in Hexaemeron*, 1273)으로 알려진 그의 연속된 발표에서, 보나벤트라는 "철학자들의 오류"는 하나님이 단지 자신만을 알 뿐이라는 견해에서 기인한 것으로 보았다..

보나벤트라에 따르면, 신적 전형들이 일차적 원인 안에 있음을 거부하는 아리스토텔레스의 사상은 하나님이 특별한 일에 대한 지식이 없다는 오류를 만들었다. 이 신적 사유에 대한 거부는 하나님이 "자신 안에 그것들을 알 수 있는 지식을 가지고 있지 않다"[44]라는 특별한 일에 대한 신적 섭리의 거부로 나타났다.

그 그룹은 '라틴 아베로에스주의', '비정통적 아리스토텔레스주의', 또는 위펠에 의해 '금진적 아리스토텔레스주의'로 불렸다. See also, F. Van Steenberghen, *La Philosophie au XIII siècle* (Louvain, 1966), 356ff.

42 Bonaventure, *Collationes de decem praeceptis* (Quaracchi, 1882-1902), V.514; idem, *Collationes de septem donis Spiritus sancti*, V.497, 43; ibid., cited by Wippel, "The Condemnations," 180.

43 Wippel, "The Condemnations," 180ff.

44 Bonaventure, *Collationes in Hexaemeron* VI.205

또한, 토마스 아퀴나스는 아베로에스주의를 반박하고, 기독교의 창조교리와 섭리교리를 옹호했다. 토마스 아퀴나스는 『신학대전』(Summa Theologiae)에서 기독교의 무로부터의 창조교리를 주장했다.[45] 더욱이 토마스 아퀴나스는 세계의 창조는 보일 수 없으며, 무로부터의 창조는 오직 계시에 근거해서 확증될 수 있다고 주장했다.[46]

토마스 아퀴나스는 세계가 존재하도록 보존되기 위해 신적 섭리가 필요하다고 주장한다.

> 모든 피조물의 실재(esse)는 하나님께 온전히 의존되어 있어서, 하나님의 능력에 의해 유지되지 않는다면 한순간도 존재할 수 없고 무로 변하게 될 것이다.[47]

창조의 하나님을 향한 의존성을 설명하기 위해, 토마스 아퀴나스는 본질과 존재 사이의 참여와 구분의 교리를 상세하게 설명했다. 피조물은 자신 안에 존재에 필요한 근거를 가지고 있지 않다. 그러므로 피조물은 그들의 제1원인(First Cause)에 참여해야만 한다. 토마스 아퀴나스는 초기의 글, 『하나님의 권능』(De Potentia Dei, 1265-1266)에서 다음과 같이 주장한다.

> 모든 존재는 필연적으로 그들 자신이 아닌 다른 존재로부터 시작되어야 하며, 그것에 참여함으로 존재하게 된다.
>
> 참여를 통해 사물에 속하게 되는 것은 그것의 실체가 아니다.[48]

45　Aquinas, ST. Ia.45.1., SCG II 16.1ff.
46　Ibid., Ia.46.2, SCG III.65.8.
47　Ibid., S.T. Ia.104.1. 토마스 아퀴나스는 그레고리의 *Moralia* XVI에서 인용한다.
48　Aquinas, *Quaestiones disputatae de potentia Dei* III.5; Cf. SCG I.22.9, II.15.5, III.65.7, III.66.7.

그의 논문 『개별 실체에 관하여』(De substantiis separatis, 1271-1273)에서 토마스 아퀴나스는 섭리가 있다는 것은 존재의 참여에 근거해 논의될 수 있다고 주장했다. 모든 존재가 자신이 아닌 첫 번째의 존재에 그 기원을 두는 것과 같이, 모든 선은 자신의 선이 아닌, 첫 번째의 선에 그 기원을 둔다.[49]

결론적으로 개별자들의 질서는 첫 번째의 절대 진리로부터 파생되었음이 틀림없다. 토마스 아퀴나스는 섭리가 하나님에 의해 제정된 질서이며, 신적 섭리가 모든 것을 다스린다고 결론지었다.[50]

토마스 아퀴나스는 『신학대전』(Summa Theologiae)에서 존재로 유지되기 위해 창조의 존재론적 우발성(ontological contigency)이 하나님의 지속적 섭리를 요구한다고 설명한다.

> 공기와 태양빛의 관계처럼 모든 창조 세계는 하나님과의 관계 안에 있다. 태양이 빛의 속성을 나누어 주는 반면, 공기는 태양의 속성을 공유함으로써 밝아지게 된다. 마찬가지로 하나님은 홀로 그분의 실재인 본질로 존재하시는 반면, 모든 피조물은 여기에 참여함으로써 존재한다. 예를 들어, 피조물의 본질은 그것의 실재가 아니다. 이런 이유로 아우구스티누스는 만약 하나님의 능력이 그분이 다스리시는 피조물에게서 한순간 떠나게 된다면, 피조물은 즉각 존재하기를 멈추게 되며, 그들의 속성은 붕괴될 것이라고 보았다.[51]

토마스 아퀴나스는 마이모니데스(Maimonides)와 아베로에스주의자들에 반대해, 하나님의 지식과 섭리는 더욱이 타락할 수 있는 현세적 영역의 특정한 사람들에게까지 확장된다고 주장했다.[52] 그는 일반적 종(species)뿐 아

49　Aquinas, *De substantiis separatis*, C.15.
50　John O. Riedl, "The Nature of Angels," in *Essays in Thomism*, ed. Robert E. Brennan(New York: Sheed & Ward, 1942), 139.
51　Aquinas, S.T. Ia.104.1.
52　Ibid., Ia.22.2. 토마스 아퀴나스는 마이모니데스가 인간의 지적 능력 때문에 부패하기

니라 개별적인 모든 것도 신적 섭리의 대상이라고 주장한다.

> 하나님의 인과관계는 첫 번째의 효과적 원인이며, 부패하거나 부패하지 않는 모든 것의 특별한 원리일 뿐 아니라 특이성의 원천을 포괄한다. 따라서 존재하는 모든 것은 어떤 방식으로든 끝까지 하나님과 직접 연관된다.[53]

또한, 토마스 아퀴나스는 하나님이 모든 것에 대해 직접 섭리와 함께 이차적 원인을 사용하신다는 것을 확고히 했다. 토마스 아퀴나스에 따르면, 하나님은 모든 것에 대해 직접 섭리를 행사하신다.

왜냐하면, "하나님은 그들 각각에 대한 이유를 갖고 계시며, 심지어 가장 작은 것에 이르기까지, 열매를 맺기 위해 어떤 원인을 주셨든지 간에 결실을 볼 힘을 그들에게 주신 분이 바로 하나님이시기 때문이다. 결론적으로 전체 설계와 모든 세부 사항은 하나님의 마음 안에서 계획되었다.[54] 하나님은 이런 원인을 통해 일하심으로써 중재자들을 통해 다스리심"을 토마스 아퀴나스는 주장한다.

> 하나님은 더 높은 것을 통해 더 낮은 것을 다스리시고, 그분의 능력의 어떤 결점이 아니라 그분의 풍성한 선하심으로 하시기에, 인과관계의 위엄은 심지어 창조 세계에까지 전달된다.[55]

신적 섭리 안에서 하나님이 사용하시는 이차적 원인 가운데는 인간의 의지, 천체, 그리고 천사들이 있다.

쉬운 그룹에서 인간을 제외했다고 설명한다. 토마스 아퀴나스의 언급은 중립의 인도자(*Dux neutrorum*)를 가리킨다. III.18(Paris, 1520).
53　Aquinas, S.T. Ia.22.2
54　Ibid., Ia.22.3.
55　Ibid.

급진적 아리스토텔레스주의자들의 견해는 1270년과 1277년에 '파리 정죄'(Parisian condemnations)에서 비난받았다.[56] 비난받았던 제의들 가운데 몇몇은 아베로에스주의의 섭리에 대한 거부와 관련되었다.

1270년에 스티븐 템피어(Stephen Tempier)가 비난받았던 이유 가운데 몇 가지는 다음과 같다.

네 번째, 여기 지구에서 일어나는 모든 것은 천체들의 필요에 따라 지배를 받는다.
열 번째, 하나님은 특이한 일들을 알지 못한다.
열한 번째, 하나님은 자신 이외의 다른 것들은 알지 못한다.
열두 번째, 인간의 행위들은 신적 섭리로 다스려지지 않는다.

무로부터의 창조, 개발자들에 대한 하나님의 지식, 그리고 신적 섭리에 관한 오류들은 1277년에 다시 정죄되었다.

결정론(determinism)에 대한 반응으로, 중세 후기 유명론자(nominalist)는 창조의 지속적 특성과 의존적 특성을 더 강조했다. 절대적 능력(potentia absoluta)과 규정적 능력(potentia ordinate) 사이의 흔한 중세적 구분을 활용하여, 중세 후기 유명론자는 하나님의 자유와 전능성 그리고 창조의 지속을 강조했다.[57] 이런 용어들은 하나님이 완전한 주권과 전능한 힘으로 무엇을 하실 수 있는지와 하나님이 그분의 목적에 따라 창조 세계 안에서 무엇을 하기로 선택하셨는지 사이의 구별을 표현했다.

---

56 Wippel, "The Condemnations," 179ff.
57 유명론의 역사는 다음을 참조하라. William J. Courtenay, "Nominalism and Late Medieval Religion," in *The Pursuit of Holiness in Late Medieval and Renaissance Religion*, ed. C. Trinkaus with H.A. Oberman, "Some Notes on the Theology of Nominalism with Attention to its Relation to the Renaissance," *Harvard Theological Review* 53 (1960):46-76. Francis Oakley, *Omnipotence, Covenant, and Order* (Ithaca: Cornell U. Press, 1984), 48ff.

하나님의 절대적 능력은 그분의 의지 밖에 있는 무엇에 의해서가 아니라 단지 비모순적 원리에 의해 제한된다. 하나님의 의지가 자유롭고 전능하다는 사실은 모든 창조 질서를 철저히 일관성 있게 만든다. 창조 안에서 발견되는 칭의 또는 이차적 원인의 수정된 과정에 대한 내재적 필요는 존재하지 않는다. 느부갓네살 왕에 의해 불 가운데 놓이게 되었던 세 젊은이의 기적적인 생존은 필연적인 것이 아니라 하나님의 동시 발생적인 의지 때문에 열이 불을 뒤따르지 않은 것이라고 피에르 다일리(Pierre d'Ailly)는 이해했다.[58] 마찬가지로 은혜의 창조된 습성은 물이 아래로 흐르거나 봄이 겨울을 뒤따른다는 사실보다 구원을 위해 본질적으로 더 필요한 절대적 능력은 아니다.[59]

그러나 창조의 구조들을 넘어서는 하나님의 자유와 초월은 유명론자들이 창조로 규정된 질서의 안정성과 신뢰성을 의심하게 하지 않았다. 유명론자들은 하나님이 규정적 능력에 의해 확립된 이 구조들에 일치되게 행동하기로 약속하셨음을 강조했다.

유명론 신학에서 하나님은 그분이 약속하신 방식으로 죄인들을 의롭다하기 위하여 자신을 그분의 약속 또는 언약에 제한하신다. 이런 이유로 은혜의 경향이 모든 죄인에게 주입되어야 한다.

비록 자연 질서나 구원의 규정된 과정이 어떤 내재적 필요성을 포함하지는 않지만, 하나님은 교회와 자연의 구조에 대한 헌신에 따라 자신을 제한하신다. 자신의 언약에 대한 하나님의 신실하심 때문에, 유명론 신학은 창조

---

[58] Francis Oakley, "Pierre d'Ailly and the Absolute Power of God," *Harvard Theological Review* 56 (1963):59-73. See also William J. Courtenay, "Covenant and Causality in Pierre d'Ailly," *Speculum* 46(1971):94-119. 코트네이(Courtenay)는 오터쿨(Autrecourt)이 제안한 원인에 관해 다일리는 급진적 결론을 내리기를 원하지 않았다고 주장한다. 코트네이에 따르면, 다일리는 하나님의 의지뿐 아니라 원인 안에서 힘에 의한 자연적 인과관계에서 효과가 도출된다고 주장한다.

[59] Courtenay, "Covenant and Causality in Pierre d'Ailly"; Oakley, "Pierre d'Ailly and the Absolute Power of God"; David C. Steinmetz, "Scholasticism and Radical Reform: Nominalist Motifs in the Theology of Balthasar Hubmaier," *The Mennonite Quarterly Review* 45 (1971):123-143.

질서가 철저하게 일관성 있고 궁극적으로 믿을 만하다고 결론지었다.[60]

2. 칼빈의 창조 이해

칼빈은 선임자들과 동일하게 무로부터의 세상 창조를 단언했다. 칼빈은 하나님이 모든 시간 이전에 성부로부터 나신 말씀을 통해 세상을 창조하셨다는 전통적 가르침을 반복했다. 세상은 능력으로 모든 것을 유지하시는 성자를 통해 만들어졌다.[61]

칼빈에 의하면, 삼위일체 하나님 모두가 창조에 적극적이셨다. 창세기 1:2에 관한 칼빈의 주석은 하나님이 세상을 만드실 때 사용하신 충분히 이해되지 않는 형태가 없는 물질을 유지하기 위해 성령이 필요함을 보여 준다.

"우리가 질서 가운데 유지되고 있는 현재의 세상을 볼 때, 어떻게 그런 무질서한 더미가 유지될 수 있었는지 의구심이 일어날 수 있다. 그래서 모세는 매우 혼돈스럽게 보이는 이 물질이 시간이 지남에 따라 성령의 비밀스런 효과로 안정화되었음"을 설명한다고 칼빈은 이해했다.[62]

칼빈은 세계의 영원성에 반대하는 철학적 증거에 관여하지 않았고, 오히려 아우구스티누스의 초기 논쟁 맥락에서 무로부터의 창조를 단언했다.

창세기 주석의 도입 부분에서, 하나님이 활동하시지 않다가 갑자기 세상을 창조하기로 결심한 생각을 비웃는 사람들에게 칼빈은 창조에 관한 성경

---

60   H.A. Oberman, *Harvest of Medieval Theology* (Cambridge, MA: Harvard U. Press, 1963); Paul Vignaux, *Justification et prédestination au* XIV *siècle. Duns Scot, Pierre d'Auriole, Guillaume d'Occam, Grégoire de Rimini* (Paris: Leroux, 1934).

61   *Inst.* Ⅰ.14.20. See also Richard Stauffer, *Dieu, la création et la Providence dans la prédication de Calvin*, 181.

62   Comm. on Gen. 1:2, CO 23:15-16.

의 설명을 옹호했다. 칼빈은 비웃는 사람들을 반박하면서, 그것에 대해 궁금해하는 자들을 위해 하나님은 지옥을 준비하고 계셨다는 아우구스티누스의 진술을 긍정적으로 인용했다. 또한, 그는 세계의 창조 시간에 관한 마니교의 이론에 반대하는 아우구스티누스의 주장을 전반적으로 반복했다. 칼빈은 하나님이 지구를 놓으신 특정 공간에 관한 마니교의 주장에도 반박했다.[63]

그러나 칼빈은 창세기 1장에서 3장에 대한 아우구스티누스의 해설에는 비판적이었다. 그는 아우구스티누스가 집회서 18:1을 잘못 번역했다고 주장했다. 그리스어 본문은 "영존하시는 분이 모든 것을 한 번에 그리고 동시에 창조하셨다"라는[64] 의미로 이해될 수 없다고 보았다.

칼빈은 세상의 창조가 시간으로부터 자유롭다고 주장할 필요가 없다고 보았다. 창세기 1:5에서 "세상이 한순간에 만들어졌다고 주장하는 사람들의 오류가 분명하게 반박됨"을 볼 수 있다.[65] 칼빈에 따르면, 하나님이 6일 동안 세상을 창조하셨는데, 그것은 하나님의 사역을 인간의 능력에 맞게 조정하기(accommodated) 위함이었다.

하나님은 우리가 잠시 멈춰 마음을 집중하여 그분의 무한한 영광을 깊이 생각할 수 있도록 창조를 연속적 분량으로 분배하셨다. "이렇게 함으로써 우리는 하나님의 사역들을 더 쉽게 묵상할 수 있을 것이다."[66] 더욱이 하나님이 "여섯째 날"에 인간을 만드신 사실은 "하나님이 인간을 만드시기 전, 인간에게 유용하고 유익한 것을 미리 아시고 모든 것을 준비하시는 호의가 넘치는 아버지의 마음과 배려를 보여 준다."[67]

---

63 Argument to Genesis, CO 23:10.
64 Comm. on Gen. 1:5, CO 23:17. See also Stauffer, *Dieu, la création et la Providence dans la prédication de Calvin*, 179.
65 Ibid.
66 Comm. on Gen. 1:26, CO 23:25-26.
67 *Inst.* Ⅰ.14.22.

3. 칼빈의 섭리교리: 논쟁적 맥락

칼빈은 하나님의 지속적 보존과 섭리를 논하면서 그 시대 반대자들의 공격에 직면해야 했다. 칼빈의 섭리를 이해하기 위해 우리가 알아야 할 중요한 사실은 16세기에 섭리교리가 공격받고 있음을 그가 인식했다는 것이다. 결론적으로 칼빈은 그의 주장을 논쟁적 맥락 안에 위치시켰다.

칼빈은 적대자들의 이름을 거의 언급하지 않았고, 스콜라 신학자들과 급진적 종교개혁의 다양한 부류를 세심하게 구분하지 않았기 때문에, 그의 적대자들의 정체를 파악하려는 시도는 종종 미로 속에서 헤매는 것과 같다.

칼빈이 비판하는 대상이 누구인지 알아내 특징화하려는 노력은 정보를 바탕으로 한 제안의 수준을 넘기 어렵다. 칼빈이 적대자들을 세심하게 파악하지 않았던 이유는 그의 논쟁적 양상뿐 아니라 다양한 그룹이 공통의 오류를 범한다는 그의 확신 때문이었다.

칼빈의 관점에서 볼 때, 자유주의자들과 스토아주의 학파 모두는 하나님을 세상에 너무 가까이 두려는 잘못된 노력으로 결국 결정론(determinism)에 빠지게 되었다. 쾌락주의자들(Epicureans)과 궤변론자들(Sophists)은 이와 유사하게 하나님을 그분의 창조 세계에서 너무 멀리 떨어지게 한 오류를 범했다.

그러나 칼빈은 이들을 유연하게 구분했다. 예를 들어, 칼빈은 자유주의자들의 비도덕성을 근거로 그들을 쾌락주의자들로 분류했으며, 쾌락주의의 원자론(atomism)은 자연을 신으로 만들었다. 칼빈이 반대한 관점에 따라 이런 주장을 두 부류로 나눌 수 있다.

첫째, 하나님을 창조 세계 안에 가두려는 주장이다.
둘째, 하나님을 세상에서 분리하여 천국에 계신 한가한 분으로 만드는 주장이다.

4. 스토아주의, 범신론, 자연주의의 오류들

세네카에 관한 칼빈의 초기 논평은 15세기와 16세기 부흥의 한 부분처럼 보인다. 스토아주의의 인기는 스토아주의의 책들과 스토아주의 주장을 인용한 다른 글들이 넓게 유포된 것을 보면 알 수 있다.

레온타인 잔타(Leontine Zanta)의 『르네상스 스토아주의 연속 간행물』(*La Renaissance du Stoicisme au seizieme siecle*)은 16세기 스토아주의 부흥의 가장 포괄적인 연구 가운데 하나로 남아 있다. 잔타에 따르면, 스토아주의는 만연하는 개인주의 정신에 대한 동조였으며, 아리스토텔레스와 스콜라주의에 대한 반동이었고, 다시 유행하는 쾌락주의에 대한 견제의 역할을 했다.[68]

인문주의 학자들은 스토아주의의 주제들에 매료되었다. 그 주제들은 인간으로서의 인간(man *qua* man)의 중요성, 진리에 대한 사랑, 그리고 연구의 자유이다.[69] 더욱이 세속적 연구들이 '기독교 철학'을 위한 준비였다는 부데(Budé)와 에라스무스(Erasmus)와 같은 사상가들의 신념은 스토아주의의 섭리와 도덕성에 관한 견해를 형성하기 위한 이해를 제공했다.[70]

개혁자들은 또한 스토아주의 요소들의 매력을 발견했으며, 일부 스토아주의 교리를 의식적으로 인식하는 가운데 그들의 입장을 발전시켰다. 잔타는 개혁자들이 섭리, 운명, 예정, 악, 도덕성에 관한 그들의 견해를 스토아주의적 믿음의 명백한 인식 안에서 정의했다고 주장한다. 이 주장은 칼

68　Leontine Zanta, *La Renaissance du Stoïcisme au seizième siècle* (Paris: Edouard Champion, 1914). See also Quirinus Breen, *John Calvin: A Study in French Humanism* (Grand Rapids: Eerdmans, 1931); William J. Bouwsma, "The Two Faces of Humanism: Stoicism and Augustinianism in Renaissance Thought," *Itinerarium Italicum*, ed. H.A. Oberman (Leiden: E.J. Brill, 1975), pp 3-60; Henri Busson, *Le rationalisme dans la littérature Française de la Renaissance* 1533-1601.

69　Breen, *John Calvin: A Study in French Humanism*, 67ff; Zanta, *La Renaissance du Stoïcisme*, 47ff.

70　Charles Partee, "The Revitalization of the Concept of 'Christian Philosophy' in Renaissance Humanism," *Christian Scholar's Review* 3/4(1974):360ff.

빈, 누오보, 파테, 가노크지의 연구에 근거해서 지지를 받아 왔다. 비록 개혁자들은 스토아주의에 대한 그들의 도용을 분간했지만, 그들은 섭리와 도덕성에 관한 몇몇 강조된 가르침을 진정 인식하고 있었다.[71]

스토아주의와 칼빈의 관계는 복잡하다. 칼빈은 그들의 사상에서 많은 감탄할 부분을 보았지만, 그들의 범신론(pantheism)과 무정념의 덕목(virtue of passionlessness)을 부인했다.[72] 그러나 스토아주의는 섭리의 실재를 확신했기 때문에, 칼빈은 이 철학이 쾌락주의보다 더 낫다고 보았다.

> 그러나 자연에 최고의 권위를 부여하는 철학자들은 운명을 가장 높은 자리에 두는 자들보다 훨씬 건전하다.[73]

돌레(Dolet)와 라블레(Rabelais) 같은 사람들과 논쟁하면서, 칼빈은 생명과 힘의 독립적 원천으로서의 자연을 신격화하는 것에 반대했다. 그러므로 칼빈은 16세기 인문주의에서 인기 있었던 스토아주의, 쾌락주의, 자연주의를 결코 지지하지 않았다.[74]

71　Zanta, *La Renaissance du Stoïcisme*, 47-73; Victor L. Nuovo, "Calvin's Theology: A Study of Its Sources in Classical Antiquity," Ph.D dissertation, Columbia University, 1964, 136-161; Charles Partee, *Calvin and Classical Philosophy* (Leiden: E.J. Brill, 1977), 104-125; Alexandre Ganoczy and Stefan Scheld, *Herrschaft, Tugend-Vorsehung* (Wiesbaden: Franz Steinner, 1982), 46-53. 16세기 인문주의에서 스토아주의의 의미, 매력, 결점에 관한 상세한 논의는 다음을 참조하라. William J. Bowsma, *Itinerarium Italicum: The Profile of the Italian Renaissance in the Mirror of Its European Transformation*, ed. by Heiko A. Oberman and Thomas A. Brady, Jr., *Studies in Medieval and Renaissance Thought* 14 (Leiden: E. J. brill, 1985), 3-60.
72　Ibid. 칼빈은 세네카의 "*De clementia*" II.151-154에 대한 해설에서 스토아주의의 수난에 관한 가르침을 거부했다. 칼빈과 스토아주의와의 관계에 대해 다음을 참조하라. Charles Partee, *Calvin and Classical Philosophy*, 105-125. 칼빈의 키케로의 사용에 관해 다음을 참조하라. Egil Grislis, "Calvin's Use Cicero in the *Institutes* I :1-5-A Case Study in Theological Method," *Archiv für Reformationsgeschichte* 62 (1971):1-36.
73　Comm. on Dan. 2:21, CO 40:576. Cf. *Inst*. I .5.5.
74　돌레와 라블레에 의한 자연의 신격화 또는 고양에 관해 다음을 참조하라. Josef Bo-

비록 칼빈은 자연이 질서정연하다는 스토아주의의 인식과 모든 것을 포괄하는 그들의 신념에 끌렸지만, 그는 섭리와 스토아주의적 결정론 또는 운명을 구별하고자 노력했다.[75]

칼빈은 '스토아주의' 학파의 오류는 하나님을 자연으로 대체한 것이라고 주장했다. 스토아주의 학자들은 하나님을 세상과 너무 가깝게 두어 자연의 흐름 안에 하나님을 가두기 위해 노력했다. 그렇게 함으로써 그들은 하나님과 자연을 혼동했고, 창조 세계 위의 신적 독립성을 인식하는 데 실패했다. 그렇게 함으로써 모든 것을 다스리는 하나님의 의지는 자연 질서 안에 이차적 원인의 영속적 연결에 집중한 결과 사라지게 되었다.[76]

스토아주의 학자들과는 달리, 칼빈은 "영속적 연결의 필요와 자연 안에 포함된 직접 관련된 원인들의 연속물들을 고안해 내지 않았고, 오히려 하나님이 모든 것의 규정자와 통치자가 되심"을 주장했다.[77] 결론적으로 칼빈은 운명 또는 결정론에 반대했고, 자연과 이차적 원인의 영역 위에 있는 하나님의 초월성을 강조했다.

하나님을 창조 세계와 적절하게 떼어서 생각하는 것에 실패한 결정론에 대한 칼빈의 생각은 자유주의자들을 반대하는 1545년 논문에서 가장 분명하게 나타난다.[78] 칼빈이 비판한 대상은 그가 파리에서 이미 알고 있었던 에노의 퀸틴(Quintin of Hainaut)에 의해 프랑스에서 일어났던 '퀸틴주의 운동'(Quintinist movement)이었다.

조지 윌리엄스(George Williams)는 로이스주의자들(Loists)과 자유주의자들(Libertines) 사이의 관계는 정확히 정의 내릴 수 없지만, 이 두 단체 사이에 유

---

hatec, *Budé und Calvin*, 174ff., 225ff.
75　*Inst.* Ⅰ.16.8.
76　*Inst.* Ⅰ.5.4-6, Ⅰ.16.3. Ⅰ.16.8; Comm. on Acts 17:28, CO 48:405.
77　*Inst.* Ⅰ.16.8.
78　*Contre la secte phantastique et furieuse des Libertins qui se nomment spirituelz*, CO 7:149-248.

사점들이 있는 것은 분명하다고 주장한다. 그는 하나의 보편적 영에 대한 '자유주의' 교리는 우주적 지성에 대한 아베로에스주의자들의 견해에서 간접적으로 기인한 것이라고 설명한다.[79]

칼빈은 퀸틴주의자들이 모든 것에 스며들어 있는 하나의 신적 영의 범신론적 견해를 지니고 있다고 묘사했다. 칼빈은 이 신념이 신적 전능성과 섭리에 대한 결정주의적 이해로 그들을 이끌었고, 그 결과 하나님을 죄의 창시자(author)로 만들고 인간을 모든 책임에서 회피하게 만든다고 생각했다.[80]

자유주의자들을 반대하는 칼빈의 논문에는 결정론에 대한 그의 가장 강한 반박과 이차적 원인에 대한 가장 열정적인 옹호가 포함되어 있다. 창조 세계에 대한 하나님의 섭리적 통치에 대한 칼빈의 이해를 바르게 평가하기 위해서는 이런 진술들이 만들어진 맥락에 주목해야 한다.

칼빈은 유일한 정신(Spirit)이 세계 안에서 모든 것을 했다는 자유주의자들의 신념을 비판함으로써 섭리에 관한 논의를 시작한다.[81] 이런 견해의 함의는 인간이 돌보다 더 많은 의지를 가지고 있지 않다는 것과 하나님이 죄의 창시자라는 것이다. 만약 신적 정신이 모든 것을 했다면, 하나님과

79　George H. Williams, *The Radical Reformation* (Philadelphia: Westminster, 1962), 351ff.
　　윌리엄스는 로이스주의자(Loists), 자유주의자(Libertines), 가족주의자(Famlists), 영론주의자(Spirituals), 성례주의자(Sacramentists)를 포함하는 네덜란드 영성가들을 "16세기의 느슨하게 서로 관련된 '도덕률 폐기 운동'(antinomian movement)으로 그 특징을 묘사한다. 라인강 지방 신비주의의 자기 신격화(self-deification of Rhenish mysticism), 중세 자유심령형제단(Brethren of the Free Spirit)과 다른 단체들의 자유론(libertarianism), 에라스무스의 '교회무관심주의'(ecclesiastical indifferentism), 루터의 '기독교 반유명론'(antinomianism), 최소한 몇몇 지역에서 나타난 파두아(Padua)의 아베로에스주의 등의 다양한 조합이었다. 그들은 유사하게 성례에 가치를 거의 두지 않거나 외적 성례에 중요성을 두지 않았다." 351. 벗손(Busson)은 자유주의자들을 "13세기 독일 신비주의의 후예들"이라고 주장한다. *Le rationalisme*, 297ff.

80　*Contre la secte phantastique et furieuse des Libertins*, CO 7:183-198. See also Allen Verhey and Robert G. Wilkie, "Calvins's Treatise 'Against the Libertines,'" *Calvin Theological Journal* 15(1980):190-219. 자유주의자들의 '범신론' 분석은 다음을 참조하라. Busson, *Le rationalisme*, 305ff.

81　Contre *la secte phantastique et furieuse des Libertins*, CO 7:178ff.

악마 사이에 차이가 없어진다. 결론적으로 사람들은 악을 피하고자 노력하지 않을 것이고, 분별력 없는 야수처럼 그들의 감각적 욕구를 충족시키려 할 것이다.[82]

이러한 도덕적 관심의 맥락 안에서, 칼빈은 신적 섭리의 "적합한" 고려를 옹호한다. 신적 섭리의 적합한 견해는 "하나님이 모든 피조물을 창조하실 때 주신 조건과 특성에 따라" 하나님의 지시하심에 의한 모든 피조물의 우주적 작용을 인정한다.[83]

칼빈은 이 신적 지시를 '자연 질서'와 일치시킨다. 스토아주의에 반대하는 그의 논쟁을 연상시키는 한 진술에서, 칼빈은 자연이 모든 것을 다스리는 여신이 아님을 주장한다. 왜냐하면, 이 통치는 오직 하나님의 의지에만 돌려져야 하기 때문이다.[84]

칼빈은 사도행전 17:24이 범신론적 또는 결정론적 방식으로 해석되어서는 안 된다고 보았다. 왜냐하면, 이 구절은 진실로 하나님이 모든 피조물에 힘과 능력을 주신다는 것을 의미하기 때문이다. "그럼에도 우주적 작용은 하늘과 땅 각각의 피조물이 본연의 본성과 속성을 가지는 것과 유지하는 것, 또는 그 본연의 성향을 따르는 것을 방해하지 않는다."[85]

칼빈은 자연적 또는 이차적 인과관계(secondary causality)의 신실함에 대한 확신으로 이 논문에서 그의 주된 관심인 죄와 도덕적 책임의 문제를 언급한다. 칼빈에 따르면, 사탄과 악한 자들은 신적 의지의 집행자들이며 하나님의 목적을 수행한다. 하나님은 "피조물들이 아무것도 하지 않는" 방식으로 피조물들을 다스리지 않으신다. 인간들은 단지 수동적으로 행하도록 만들어지지 않았다. 왜냐하면, 인간들은 신적 의지의 도구이기 때문이다.

82　Ibid., 178-183ff.
83　Ibid., 186.
84　Ibid.
85　Ibid., 187.

사탄과 악한 자들은 자신들을 위해 행동하지 않는 그런 방식으로 하나님의 도구가 되지 않는다. 하나님이 돌 또는 통나무를 통해 일하시는 것과 같은 방식으로 사악한 인간을 통해 일하신다고 상상해서는 안 된다. 더욱이 하나님이 그들에게 주신 본성의 성질에 따라 그들을 이성적 피조물로 사용하신다. 그러므로 하나님이 악한 자들을 통해 일하신다고 말할 때, 악한 자들은 동시에 그들 자신의 권리로 일하고 있음을 부인하지 않는다.[86]

칼빈은 『기독교 강요』에서 자유주의자들에 반대해 이와 같은 주장을 반복한다. 하나님의 섭리는 인간들의 책임을 완화하지 않고 악을 면하게 해 주지도 않는다.

여기에서 칼빈은 신적 섭리가 이차적 원인을 활용하며, 거룩한 사람들은 중재적 또는 이차적 원인을 간과해서는 안 된다고 강조한다.

하나님의 섭리는 항상 벌거벗은 형태로 나타나는 것이 아니며, 하나님은 어떤 의미에서 사용하실 도구에 옷을 입히신다.[87]

칼빈은 스토아주의와 자유주의에 반대해, 창조 세계의 영역 위에 계신 하나님의 초월성을 옹호했고, 하나님을 사역의 열등한 과정에 얽어매서는 안 된다고 주장한다. 섭리는 "자연의 흐름"이나 모든 것 안에서 일하는 유일한 신적 성령과 동일시되어서는 안 된다.[88]

근본적으로 범신론의 두 그룹은 결국 운명의 교리로 이어지는 거짓된 결정론과 인간이 악에 대한 책임이 없다는 사상으로 귀결된다. 왜냐하면, 자연, 하나님, 성령이 보는 것에 영향을 미치기 때문이다. 이런 결정론의

86　Ibid., 188.
87　*Inst.* Ⅰ.17.4.
88　Ibid., Ⅰ.16.2-3.

함의에 직면했을 때, 칼빈은 인간의 의지뿐 아니라 이차적 원인의 작용을 포함하는 창조 질서의 신실함과 활동을 옹호한다.

칼빈은 여기에서 협력(concursus)교리의 개념을 도입한다. 칼빈은 자유주의자들과의 논쟁에서 유한한 동인의 활동을 주장하지만, 모든 행위 또는 사건 안에서 신적 의지의 긍정적 현존을 고수한다.

보하텍, 두메르, 스트롤 모두는 이런 글에 의지하여 칼빈의 사상이 운명주의적이라는 주장을 반박한다.[89] 그들은 칼빈이 결정론의 함의에 반대해 자신의 주장을 방어했던 본문들을 분석했기에 그들의 결론은 지금까지 유효하다고 평가할 수 있다. 칼빈의 사상이 운명론적 성격을 지닌다는 기소에 대한 무죄선고에 이어 '쾌락주의자'의 오류에 반대하는 논의 역시 중요하게 고려되어야 한다.

5. 쾌락주의(Epicurean)의 오류: 너무 멀리 계신 하나님

칼빈은 하나님을 세상에서 멀리 떨어지게 하는 자들의 오류에 관심이 많았다. 그는 이 근본적 견해를 숙고하는 두 유형의 사상가를 언급한다.

---

[89] Bohatec, "Calvins Vorsehungslehre," 360ff. 보하텍은 칼빈이 의지의 심리적 자유를 인정했다고 주장한다. See also Doumergue, *Jean Calvin-Les hommes et les choses de son temps*, IV:111ff.; Henri Strohl, "La pensée de Calvin sur la providence divine au temps où il était réfugié à Strasbourg," *Revue d'histoire et de philosophie religieuses* 22 (1942):154-169. 중세 후기 사상들과 비교한 칼빈의 사상에서 결정론(determinism)에 관한 논의는 다음을 참조하라. Karl Reuter, *Das Grundverständnis der Theologie Calvins* (Neukirchen: verlag des Erziehungsvereins 1963), 157ff. 칼빈의 결정론에 대한 의문은 맥스 샤이베(Max Scheibe)에 의해 제기되었다. 그는 칼빈의 '운명주의'(fatalism)는 스토아주의의 결정론에 의해 영향을 받았다고 주장한다. *Calvins Prädestinationslehre*.

한 그룹은 궤변론자들로 하나님께 전능성을 부여하지만 그분을 단지 "혼란스러운 움직임의 일반적 원리"로 간주하는 "철학자들"이었다.

칼빈은 『기독교 강요』에서 하나님을 움직임의 원인과 기원인 원동자(primum agens)로 간주하여 창조 세계를 자연의 영속적 법칙에 내맡기는 견해를 비판했다.[90] 이런 이론은 모든 것이 자연의 우주적 법칙에 의해 태어나도록 허용하시는 하나님을 사실로 받아들이게 했다.

칼빈은 반복적으로 이 견해를 하나님을 움직임의 원인과 일치시키는 것과 연관시켰다. 칼빈은 다음과 같이 주장한다.

> 이런 사상가들은 통치를 하나님께 부여하지만, 이것은 혼란스럽고 혼재된 유형이다. 즉, 보편적 움직임으로 몇몇 부분과 함께 우주의 체계를 회전시키고 움직이지만, 모든 개별적 피조물의 행동을 구체적으로 지시하지 않는 하나님이라고 말할 수 있다.[91]

칼빈에게 "보편적" 또는 "우주적" 섭리의 개념은 창조 세계가 우발적으로 움직이도록 허용하거나 또는 인간들이 자유의지에 의해 아무 방향으로 나갈 수 있도록 허용하는 더 큰 오류로 이끈다.[92]

『기독교 강요』 I.15.1-4에서 칼빈이 누구를 언급하고 있는지 정확히 알 수 없다. 그러나 칼빈 연구자들의 몇 가지 제안은 모두 중세 후기와 16세기의 아리스토텔레스주의를 가리킨다.

바르트와 니젤은 『운명에 관하여』(De fato)에서 폼포나찌의 주장과 평가를 포함하는 몇몇 작품을 독자들이 살펴보게 했고, 반면 파티(Partee)는 아

---

90 *Inst.* I.16.3.
91 *Inst.* I.16.4.
92 Ibid.

리스토텔레스에 대한 칼빈의 언급에 주목했다.[93] 파티는 시편 107:43에 관한 주석에 주목했는데, 여기에서 칼빈은 모든 것을 이차적 원인에 돌림으로써 하나님의 섭리를 숨기기 위해 애쓰는 자들의 두목을 아리스토텔레스라고 보았다.[94]

보하텍은 칼빈의 섭리교리 배경 연구에서, 칼빈의 섭리에 관한 진술들은 스콜라주의의 전통에서 아리스토텔레스의 영향에 반대하는 것이라고 주장한다.[95] 스콜라주의 학자들에게 섭리는 아리스토텔레스의 자연철학의 한 부분이었고, 그들은 세상에 대한 신적 규정과 인과관계의 큰 체계 사이의 관계에 관심을 기울였다고 보하텍은 설명한다. 섭리의 개념은 어떻게 하나님이 첫 번째 원인으로서 하위의 중재하는 원인을 움직이고 영향을 주었는지 설명하는 역할을 해 왔다.

보하텍과 뷔송(Busson)은 이탈리아와 프랑스 합리주의(rationalism)의 영향으로 믿음에 가해진 위협을 확인했다.[96] 뷔송은 프랑스에서 일어난 이 운동에 관한 세밀한 분석에서, 1529년과 1539년 사이에 아리스토텔레스에 관한 모든 것이 리옹과 파리에서 출판되었고 파두안 학파(Paduan school) 소속의 아베로에스주의자들(Averroists)에 의해 해설되었음을 보여 준다.

칼빈은 이탈리아 아베로에스주의자들의 가르침에 정면 대응했는데, 특히 영혼과 섭리의 불멸에 관해 그러했다.[97]

---

93 OS III.193. 바르트와 니젤은 가능한 칼빈의 출처들 가운데 하나로 다음을 제안한다. Pomponazzi's *De fato, liberto arbitrio et de praedestinatione* (1520) II.1.5. 이것에 관해 다음을 참조하라. Busson, *La rationalisme*, 52-64.
94 Partee, *Calvin and Classical Philosophy*, p.99.
95 Bohatec, "Calvins Vorsehungslehre," 344ff.
96 Busson, *Le rationalisme*; Bohatec, *Budé und Calvin*, 149ff.
97 Busson, *Le rationalisme*, 123ff. 하나님과 섭리를 "움직임"으로 간주하는 철학적 동일화는 츠빙글리의 글에서 볼 수 있다. 츠빙글리는 그의 설교『섭리에 관하여』(*De Providentia*)에서 중세 후기의 아리스토텔레스주의를 연상시키는 태도로 하나님을 모든 것의 원동자(mover)와 창시자(author)로 묘사했다. "만일 우리가 철학자들이 하늘들, 영역들, 움직임들, 힘에 관해 논의하는 것을 듣는다면, 우리는 마침내 하나의 유일한 첫

하나님을 운동의 원인으로 보는 주장에 반대하는 칼빈의 논쟁은 아베로에스(Averroes)에 의해 영향을 받은 합리주의 운동을 직접 반대하는 것 같다. 하나님의 직접적 창조 활동과 인과적 활동이 첫 번째로 분리된 지능의 산출에 제한된다는 생각은 결국 특이한 일들과 특정한 인간의 행동을 하나님이 알지 못한다는 것과 그분의 다스림을 부인하는 결과로 이어졌다. 위에서 주목한 것처럼, 1270년과 1277년에 후자의 두 명제는 정죄를 받게 되었다.[98]

하나님을 운동 원리와 "우주적 섭리"에 대한 믿음과 동일시한 것에 반대해, 칼빈은 섭리가 신적 행동 안에 있으며 단지 하나님의 힘이 아니라 그분의 결심에 기인한다고 주장한다. 칼빈은 그의 주석에서, 시편 115:3은 어떤 일반적 운동이 아니라 "확실하고 의도적인 의지"를 언급한다고 설명한다.[99] 칼빈은 하나님의 쉼 없는 활동을 강조한다. 주님은 단지 움직임 안에서 그분이 제정하신 자연 질서를 위에서 살펴보시는 것이 아니라, 그분의 사역에 대한 각각의 특별한 돌봄을 수행하신다.

'아베로에스주의'와 아리스토텔레스주의에 대한 칼빈의 비판은 '쾌락주의자들'에 대한 그의 비판과 밀접하게 연관되어 있다. 16세기 쾌락주의의 현상은 복잡하고 규정하기 어렵다. 그럼에도 뷔송, 보하텍, 린하드, 워트 같은 학자들은 반체제인사들로 구성된 이 복잡한 단체를 분석해 왔다.[100]

번째 원동자(κινγτη)에 다다를 수밖에 없다. 이것이 신(Deity)"이다. (*De providentia* CR 93:91 (*Huldreich Zwinglis sämtliche Werke* VI]). 그럼에도 츠빙글리는 하나님을 단순히 모든 것의 생명과 움직임으로 보는 견해와 싸웠다. "이런 견해에서 하나님은 맹목적으로 사물들에게 호흡이나 움직임을 부여하는 분으로 나타나며 또한 호흡하고 움직이는 것들은 맹목적으로 하나님께 움직임과 호흡을 요청한다." 다음을 참조하라. *De vera et false religione*, CR 90 (*Huldreich Zwinglis sämtliche Werke*, III), 647. Transl. found in Zwingli. *Commentary on True and False Religion*, ed, Samuel Macauley Jackson and Clarence Nevin Heller (Durham, NC: Labyrinth, 1981).

98 Wippel, "The Condemnations," 179ff.
99 *Inst.* I.16.3.
100 Busson, *Le rationalisme*; Bohatec, *Budé und Calvin*; Marc Lienhard ed., "1530년부터 1550년까지의 슈트라스부르크의 쾌락주의자들과 16세기 쾌락주의의 문제"(Les Épicuriens à Strasbourg entre 1530 et 1550 et le problème de l'épicurisme au XVI siècle),

다른 한 그룹은 쾌락주의자들로 루시엔 페브르(Lucien Febvre)의 작품 이래로 논쟁적 용어가 된 '이신론자'와 '쾌락주의자'라는 용어는 16세기의 논쟁적 맥락에서 이해되어야 한다.[101] 이른바 영혼의 불멸성을 부인한 합리주의자들은 종종 쾌락주의자들로 불렸다. 라블레(Rabelais)와 돌렛(Dolet)은 이런 부류에 속한 두 명의 인물이었다.[102]

칼빈은 그의 논문 『스캔들』(De scandalis)에서 아그립바(Agrippa), 빌라노바누스(Villanovanus), 돌렛, 라블레, 데페리우스(Des Périers), 안토니 고베안(Antonie Govéan)이 주장한 회의주의, 풍자, 불멸에 대한 거부를 비판했다.[103]

부서(Bucer)는 슈트라스부르크(Strassburg) 도시를 괴롭힌 "쾌락주의자들의 무리"를 언급했다.

린하드(Lienhard)는 슈트라스부르크의 쾌락주의자들에 관한 연구에서, 일반적인 두 단체가 있었음을 밝혔다. 한 단체는 종교적인 면에서는 매우 개인주의적 인문주의자들이며, 또 다른 단체는 부서에 의해 부가된 도덕적 엄격주의(rigorism)에 반기를 든 교양 있는 사람들이었다. 이들의 공통된 사고방식은 교리적 질문들에 대해서는 말을 아끼고, 신앙적 문제들에 대해서는 시민

---

    in *Croyants et sceptiques au* XVI *siècle* (Strasbourg: Librairie Istra, 1981), 17-56; Jean Wirth, "Libertins et Épicuriens: Aspects de l'irréligion au XVI siècle," *Bibliothèque d'Humanisme et Renaissance* 39 (1977):601-627.

101 Lucien Febvre, *Le problème de l'incroyance au* XVI *siècle* (Paris, 1947)

102 *De scandalis* CO 8:43ff. Critical edition found in Jean Calvin, *Des scandales*, ed. Olivier Fatio with C. Rapin (Genea: Librairie Droz, 1984), 138. 라블레의 인문주의적 종교에 관한 논의는 138-139를 참조하라. 쾌락주의자들에 대한 칼빈의 가장 초기의 비판은 다음에서 볼 수 있다. *Commentary on Seneca's* "*De clementia*" 1.6.10(p.31): "쾌락주의자들은 비록 신들의 존재를 부인하지 않았지만, 그것과 아주 유사한 주장을 했다. 그들은 신들이 쾌락을 좋아하고, 게으르며, 자신들의 쾌락이 방해받지 않는 한, 도덕에 신경 쓰지 않는다고 생각했다. 그들은 스토아주의의 섭리를 예언하는 노파로 여겨 조롱했다. 그들은 모든 것이 단지 우연에 의해 발생한다고 생각했다." Cf. Comm. on Dan. 2:21, CO 40:576ff. See also Bohatec, *Budé und Calvin*, 165ff.; Busson, *Le rationalisme*, 106ff. and 233ff.

103 *De scandalis* CO 8:43ff. See also Fatio's comments in *Des scandales*, 137.138.

적 규제에 반대하며, 내면과 영적 종교에 대한 강조로 특징지어진다.[104]

쾌락주의자들에 관한 고대 문서와 그들에 의해 쓰여진 문서의 출판에서 눈에 띄었던 것처럼, 철학적 쾌락주의는 종교개혁 시기에 표면화되었다. 디오제네스 내티우스(Diogenes Laertius), 키케로(Cicero), 누크레티우수(Lucretius)의 글은 15세기와 16세기에 모두 출판됐다. 독자들은 고대 쾌락주의를 드러내고 싸웠던, 락탄티우스(Lactantius)의 『신적 기관』(*Divinae Institutiones*)을 포함한 유용한 교부의 자료들을 가지고 있었다. 그리고 마침내 쾌락주의는 발라(Valla)와 에라스무스(Erasmus)에 의해 기독교와 에피쿠루스(Epicurus)의 화해를 시도하는 모습으로 나타났다.[105]

종교개혁자들은 이 철학적 쾌락주의와 싸워야 했다. 루터, 츠빙글리, 부서 모두는 이 철학의 "무신론적" 가르침에 반대하여 경고했다.[106] 또한, 철학적 쾌락주의는 칼빈의 섭리교리를 형성하는 데 중요한 영향을 미쳤다.

궤변론자들에 대한 그의 언급과는 달리, 키케로의 『신들의 본성에 관하여』(*De natura deorum*)에서 발견되는 칼빈의 쾌락주의에 대한 묘사는 자료에서 적어도 한 번은 쉽게 알아볼 수 있다. 키케로에 따르면, 쾌락주의자들은 신들이 존재하고 축복을 받았지만, 그들은 세계를 창조하지 않았으며, 이 지상 영역의 일에서 자유롭다고 믿었다.

키케로는 벨레이우스(Velleius)에서 다음과 같이 주장한다.

> 휴식이 없다면 행복은 없다. 만약 신이 우주에서 지배자와 통치자로서 거주하고 별들의 운행과 변화하는 계절, 자연의 모든 변화의 연속을 다스리며, 땅과 바다를 굽어보며 생명과 사람들의 선함을 보호해야 한다면, 신은 귀찮

104　Marc Lienhard, "Les Épicuriens à Strasbourg," 17-56.
105　Ibid. See also Partee, *Calvin and Classical Philosophy*, 97-104.
106　Ibid., 38. Cf. Melanchthon, *Philosophiae moralis epitome* CR 16:32; Fritz Büsser, "Zwingli und Laktanz," Zwingliana ⅩⅩⅡ (1971):375-399.

고 수고스러운 모든 종류의 일에 관여하고 있음이 틀림없다. 그러나 행복한 삶은 마음의 평화와 모든 걱정으로부터의 자유로 정의될 수 있다.[107]

칼빈은 창조교리를 변호하며, 하나님을 창조 세계에 무관심한 분으로 묘사하는 이 주장들과 싸웠다. 하나님의 일하심에 관한 '아베로에스주의적' 인식과 역사에서 하나님의 간섭에 대한 '쾌락주의의' 거부는 하나님을 창조 질서에서 멀리 떨어져 있는 분으로 묘사했다.

그러므로 원인들의 상호 연결에서 하나님을 떼어놓은 스토아주의와 대립하는 동안에도, 칼빈은 하나님을 창조 세계에서 분리해 우주가 우연의 지배에 내맡겨지는 것을 허용하지 않았다.

칼빈은 하나님이 창조 세계에 무관심하며 자연이 신적 인도와 관계없이 독립적으로 움직인다는 사상 아래에 놓여 있는 것은 하나님과 창조 세계의 속성에 대한 오해라고 주장했다. 칼빈의 쾌락주의에 관한 관심은 슈트라스부르크와 같은 도시들에 쾌락주의 단체들이 있다는 것 이상을 보여 준다. 이런 비판의 중심에는 섭리뿐 아니라 우주와 하나님에 관해 근본적으로 다른 칼빈의 견해가 자리한다.

먼저 칼빈의 우주론을 살펴보자.

6. 깨어지기 쉽고 불안정한 창조 질서의 속성

칼빈은 교회의 전통과 일치되게, 신적 섭리의 계속된 활동이 없다면 자연은 존재하기를 멈추거나, 완전한 "무질서와 혼돈"으로 해체될 것이라고 주장한다. 시편 104:29은 자연에서 하나님이 떠나가시면 자연은 무로 되돌아

---

107 Cicero, *De natura deorum* I.52.

감을 보여 주는 것으로 칼빈은 해석한다.

자연이 형성된 이후로, 창조 세계가 유지되기 위해서는 하나님의 능력이 필요하다. 창조 세계의 유지는 하나님에 의해 만들어진 원래의 혼돈뿐 아니라 창조의 6일 동안 만든 질서에도 필요하다.

칼빈은 혼돈에서 벗어나게 하신 하나님의 질서가 자연을 더욱 독립적으로 만드는 안정화된 힘이 아니라고 주장한다. 오히려 그 질서 자체는 의존적이어서 하나님의 직접적이고 구체적인 강력한 섭리가 필요하다.

> 만약 혼돈이 가득한 세상이 갑자기 사라지지 않기 위해 숨겨진 하나님의 영감을 필요로 한다면, 아름답고 독특한 이 질서가 누군가로부터 힘을 얻어야만 존속할 수 있지 않겠는가?
> 그러므로 다음의 성경 말씀에 주목하자.
> "주의 영을 보내어 그들을 창조하사 지면을 새롭게 하시나이다"(시 104:30).
> 반면에 주님께서 그의 영을 거두어들인 즉시 모든 것은 먼지로 돌아가 사라지고 만다.[108]

질서 개념은 칼빈 우주론의 중심이다. 칼빈은 멜랑히톤처럼 창조 세계 안의 질서를 하나님, 창조, 섭리의 증거로 종종 주의를 환기했다.[109] 그러나 교부들과 중세의 선임자들과는 달리, 칼빈은 질서를 이해하기 위해 위계적 설계에 의존하지 않았다. 칼빈은 하나님을 모든 존재의 척도(measure)로 묘사하지 않았으며, 자연 질서를 세밀한 존재의 위계 사슬로 묘사하지도 않았다.[110]

---

108 Comm. on Gen. 1:2, CO 23:16. See also Comm. on Nahum 1:5, CO 21:42-43; sermon on Deut. 5:9-14, CO 38:376; Werner Krusche, *Das Wirken des Heiligen Geistes nach Calvin* (Göttingen: Vandenhoek & Ruprecht, 1957), 15ff.
109 See also Günter Gloede, *Theologia naturalis bei Calvin* (Stuttgart: Kohlhammer, 1935), 332-334; Benjamin Charles Milner, *Calvin's Doctrine of the Church*, 1-25; Melanchthon, *Initia doctrinae physicae*, CR 13:200; *Loci praecipui theologici 1559*, MW II/1:220-221.
110 칼빈은 아마 중세 후기의 특징인 위계적 사고방식의 쇠퇴를 인식했을 것이다. 이 쇠

천사들의 속성에 관한 디오니시우스의(Dionysian) 설계를 거부하는 것을 제외하면, 위계적으로 질서 잡힌 우주에 대한 어떤 거부도 칼빈에게 찾을 수 없다. 칼빈은 우주와 사회를 통해 발견되는 '자연 질서'(ordre de nature)는 위계가 아니라 창조 세계의 안정, 규칙, 지속으로 드러난다고 보았다.

칼빈은 항상 이 질서의 내재적 불안정에 강조점을 두었다. 칼빈의 반복되는 우주적 주제들 가운데 하나는 오직 위대한 신적 능력만이 자연에서 발견되는 질서에 대한 책임이 있다는 것이다. 키케로, 세네카, 크리소스토무스를 연상시키는 본문에서 칼빈은 신적 능력의 현존을 보여 주기 위해 별들과 하늘의 질서 있는 운행에 주의를 기울였다.[111]

칼빈은 지구 중심적 세계관을 전제로 주장을 전개했다. 에드워드 로젠(Edward Rosen)과 조셉 라트너(Joseph Ratner) 사이의 열띤 논쟁에도 불구하고, 칼빈이 코페르니쿠스의 글을 읽었다는 증거는 찾을 수 없다.[112]

퇴에 관해 다음을 참조하라. Edward P. Mahoney, "Metaphysical Foundations of the Hierarchy of Being According to Some Late Medieval and Renaissance Philosophers," in *Philosophies of Existence, Ancient and Medieval*, ed. Parvis Morewedge (New York: Fordham, 1982), 179-186, 204-206; C.A. Patrides, "Renaissance Thought on the Celestial Hierarchy: The Decline of a Tradition," *Journal of the History of Ideas* 20 (1959):155-156. 칼빈이 자연 질서의 이해에서 "유동적인" 위계적 구조보다 아우구스티누스의 구조를 채택하지 않은 것은 주목할 만하다. 예를 들어, 아우구스티누스는 하나님의 불변성을 시간과 변화의 영역 위에 있는 최고의 존재와 동일시했다. 반면에 칼빈은 신적 불변성을 자연과 구원 안에서 신뢰의 관점으로 해석했다. See Augustine: *De Genesi ad litteram* VIII.29-30; De civ. Dei XII.2.4-5;Conf. XI.12, XII.7.28. On Calvin see: Inst. Ⅰ.14.1, Ⅰ.14.7-8, 10-14. 칼빈에 대한 아우구스티누스 영향력의 결여는 아우구스티누스가 어떤 교리적 문제들에 대해서는 영향을 주었지만, 철학적 주제들과 주해적 방법론에 대해서는 그렇게 영향을 주지 못했음을 보여 주는 또 다른 예시로 볼 수 있다. 칼빈에 대한 아우구스티누스의 다양한 영향에 관한 일반적 논의는 다음을 참조하라. Lucien Smith, *Saint Augustin dans l'oeuvre de Jean Calvin*, 2 vols. (Assen: van Gorcum, 1957-58), Ⅰ:254-269.

111 Inst. Ⅰ.5.2, Ⅰ.14.21. Cf. Cicero, *De natura deorum*, Ⅱ.15-17; Seneca, *De providentia*, Ⅰ.2-5; Chrysostom, *Ad eos qui scandalizati sunt*, VII.1ff.

112 코페르니쿠스에 대한 칼빈의 지식과 태도에 관한 논의는 다음을 참조하라. (연대순으로 나열되었다.) Edward Rosen, "Calvin's Attitude toward Copernicus," Journal of the History of Idea 21 (1960):431-441; Joseph Ratner, "Some Comments on Rosen's 'Cal-

그러나 중요한 요점은 칼빈이 위험한 우주 안에서 섭리의 필요성을 증명하기 위해 그가 물려받은 전통적 우주론을 어떻게 사용했는가이다. 예를 들어, 별들이 광대하고 굽은 경로에서 서로 충돌하지 않는다는 사실은 칼빈의 마음을 온전히 사로잡았고, 그는 경외심과 놀라움을 표현했다. 칼빈은 질서 있는 천체를 묘사하며, 원래는 별들과 행성들이 충돌하여 혼돈을 일으킬 것으로 예상한다고 보았다. 오직 하나님의 현존만이 그들의 규칙성과 조화를 설명할 수 있다.

다음은 회전하고 있는 천체 질서의 보존에서 파악되는 하나님의 직접 통치의 현존에 대해 칼빈이 강조한 예시이다.

---

vin's Attitude toward Copernicus,'" Journal of the History of Ideas 22 (1961):382-385; E. Rosen, "A Reply to Dr. Ratner," Journal of the History of Iedas 22 (1961):386-388; Rosen, "Calvin n'a pas lu Copernic," Revue de l'histoire des religions 31 (1972):183-185; Pierre Marcel, "Calvin and Copernicus: The Problem Reconsidered," Calvin Theological Journal 15 (1980):233-243; Stauffer, Dieu, la création et la Providence dans la prédication de Calvin, 188. 로젠은 칼빈이 코페르니쿠스에 대해 결코 들어본 적이 없었기 때문에, 코페르니쿠스에 대해 어떤 태도를 보이지 않았다고 주장한다. 반면 우리는 칼빈이 코페르니쿠스에 대해 결코 듣지 못했다는 결론을 내릴 수 없기 때문에(Ratner and Stauffer), 칼빈이 코페르니쿠스의 글을 읽었는지 또는 거부했는지를 증명하는 증거를 우리가 갖고 있지 않음은 분명하다.
종교개혁에서 코페르니쿠스의 응답에 대해 다음을 참조하라. Heinrich Bornkamm, "Kopernikus im Urteil der Reformatoren," Archiv für Reformationsgeschichte 40 (1943):171-183; Robert S. Westman, "The Wittenburg Interpretation of the Copernican Theory," in The Nature of Scienfific Discovery: A Symposium Commemorating the 500th Anniversary of the Birth of Nicholaus Copernicus, ed. Owen Gingerich (Washington, DC; Smithsonian, 1975), 393-429; J.R Christianson, "Copernicus and the Lutherans," Sixteenth Century Journal 4/2 (1973):1-10; John Dillenberger, Protestant Thought and Natural Science (Garden City: Doubleday, 1960), 39ff.; Brian A. Gerrish, The Old Protestantism and the New (Chicago: U. of Chicago Press, 1982), 163-178. 아리스토텔레스와 플라톤적 세계관의 몰락과 코페르니쿠스의 등장에 관해 다음을 참조하라. Edward A. Burtt, Metaphysical Foundations of Modern Physical Science (London: Routledge & Kegan, 1950); H. Butterfield, The Origins of Modern Science, 1300-1800 (London: G. Bell &Sons, 1975); William Cecil Dampier, A History of Science (Cambridge: Cambridge U. Press, 1961).

이 규칙의 첫 번째 부분은 많은 별을 배치하고 명령하여 함께 두신 조물주의 위대함을 생각해 볼 때 전형적인 예가 된다. (우리가 보기에 이보다 더 아름다운 것은 상상할 수 없다.)

조물주는 어떤 별들은 그들의 자리에 고정하여 움직이지 않게 하셨다. 다른 별들은 좀 더 자유로운 경로를 허락하셨지만, 그 별들이 제 위치를 벗어나, 더 먼 우주로 돌아다니지 않게 하셨다. 하나님은 모든 것의 움직임을 잘 조정하셔서 낮과 밤, 월, 년, 일 년의 계절을 측정할 수 있게 하셨다.

하나님은 우리가 매일 관찰하는 날들의 불균등을 매우 비례 있게 하여 혼란이 발생하지 않게 하신다. 아주 큰 덩어리를 유지하고, 빠르게 돌고 있는 천체를 다스리고, 유사한 종류의 것을 유지하는 그의 능력을 관찰할 때, 어떤 혼돈도 발생하지 않는다. 이런 몇 가지 예는 세계의 창조 안에 있는 하나님의 능력을 인식할 수 있게 하는 것이 무엇인지 분명하게 보여 준다.[113]

칼빈은 이런 말로 하나님의 능력과 지혜를 찬양했으며, 천체의 큰 덩어리가 하나님에 의해 지속적인 질서로 유지되고 있음을 증명하고자 했다.

칼빈은 이사야 48:13("내 오른손이 하늘을 폈나니")을 언급하면서 다음과 같이 말한다.

여기에서 '측량하다'라는 단어를 통해 하늘의 광활한 크기를 정확한 비율로 모든 면(sides)을 균등하게 하는 하나님의 놀라운 지혜를 알 수 있다. 질서를 보존함에 있어서 그것들은 지구에 더 가깝지도 않고 더 멀지도 않다. 그리고 이 광대한 우주 안에서 서로 연결되지 않거나 일그러진 것이 하나도 없다. 만약 '펴다'라는 단어를 선호한다 하더라도, 이 단어 또한 지속적으로 움직이는 하늘의 거대한 덩어리를 유지하여 흔들리지 않게 하거나,

---

[113] Inst. I.14.21.

한 측면이 다른 측면보다 더 기울지 않게 하시는 하나님의 지혜와 능력에 대한 놀라운 칭송이 될 것이다.[114]

칼빈의 논의는 자연의 깨어지기 쉽고 불충분한 특성을 전제한다. 칼빈의 시편 104편 해설에서 질서는 스스로 존재하는 것이 아니라 하나님의 즉각적, 지속적, 능력 있는 현존이 필요함을 가르친다. 그러나 칼빈은 자연이 단순히 달려 있고 의존하는 것 이상이라고 생각한다.

또한, 자연은 불안정하다. 물의 이미지, 지구의 위치에 대한 묘사, 그리고 타락의 영향에 관한 그의 진술에 세심한 주의를 기울임으로써, 우리는 창조 세계의 불안정한 측면을 분명하게 볼 수 있다.

칼빈은 전통적인 우주론적 신념에 의지해 불안정하고 깨어지기 쉬운 창조 세계를 보존하시는 하나님을 표현한다.

창세기 1:9의 전통적 주해와 일치되게, 칼빈은 물이 순환하는 요소이며, 땅보다는 더 가볍고 공기보다는 더 무겁다고 주장한다. 그 후 칼빈은 이전의 해설가들이 그랬던 것처럼,[115] 왜 물이 흘러넘쳐서 지구를 덮치지 않는지 묻는다.

비록 저술가들이 이 문제에 대해 다른 해결책을 제시했지만, 칼빈의 대답은 오버진의 윌리엄(William of Auvergne)과 같은 사상가들을 연상시킨다. 윌리엄은 창세기 해설에서, 하나님의 명령 또는 말씀이 물을 제자리에 있도록 유지한다고 주장했다. 그는 물의 자연적 성질은 지구를 뒤덮어야 한다고 강조했다. 육지가 있다는 것은 하나님에 의한 영속적인 기적의 증거이다.[116]

---

114 Comm. on Is. 48:13, CO 37:180.
115 Pierre Duhem, *Le système du Monde. Historie des doctrines cosmologiques de Platon a Copernic* (Paris: Hermann, 1958), IX:88.
116 Ibid., 109ff.

토마스 아퀴나스도 욥기서 해석을 통해 물의 속성은 지구를 뒤덮어야 한다고 주장했다. 육지가 건조하다는 사실은 하나님의 능력 때문이며, 식물과 동물과 사람을 위한 공간을 만들기 위한 하나님의 계획 때문이다.[117]

로마의 에기디우스(Giles of Rome)와 같은 사상가들은 하나님의 기적 또는 능력에의 이런 호소가 불충분하다고 봤다. 그럼에도 그것은 다양한 형태로 지지를 얻기 위해 지속되었다. 예를 들어, 리라의 니콜라스(Nicholas of Lyra)는 하나님이 그분의 능력으로 지구를 움푹 꺼지게 하셔서 그것의 오목한 부분들이 물의 일부를 수용하여 사람과 동물들이 살아갈 장소가 생기도록 하셨다고 주장했다.[118]

칼빈은 왜 물이 지구를 덮지 않는지를 하나님의 기적적인 능력에 의지하여 설명했다. 칼빈은 동물과 인간 사회를 위한 공간을 만들기 위해서는 하나님의 능력으로 물이 지구를 덮치는 것을 막아야 한다고 믿었다. 칼빈은 물의 경계가 유지되는 것을 설명하기 위해 하나님에 의해 부과된 신적 억제를 강조했다.

예레미야 5:22에 관한 그의 해설은 바다가 주님께 복종해야 한다는 믿음뿐 아니라(시 65:7; 89:9; 114:3) 창조가 혼돈의 바다 한가운데서 발생했고 창조 세계가 물로 포위된(창 1:6-7; 잠 8:27-28) 창세기 1:2의 격동의 바다를 기억나게 한다. 칼빈은 성경적 형상을 그의 우주론과 결합하여, 물이 원래 지구를 휩싸고 있어 인류가 거주하기에는 부적합했다고 설명한다.

---

117 Aquinas, *Expositio super Iob ad litteram*, In *Opera omnia iussu impensaque Leonis* XIII.*P.M. edita* (Rome, 1965). IV:5.10.207, 7.10.137-139, 38.8.176-183. 달이 물에 미치는 영향력에 관한 토마스 아퀴나스의 분석은 다음을 참조하라. Duhem, *Le système du monde*, IX.20ff. 두헴은 토마스 아퀴나스의 논문, *De occultis operationibus naturae, ad quendam militem ultramontanum*을 연구했다. 이 글에서 토마스 아퀴나스는 자연체들의 활동은 어떤 내재적 원리와 본질적 원리 그리고 천체에 의해 주입된 능력으로 인해 자연적이라고 설명했다. 물결의 움직임은 물의 요소 때문이 아니라 달의 영향에 의한 것이다.

118 Duhem, *Le système du monde*, IX:148-150.

폭풍이 휘몰아치는 바다보다 더 끔찍한 것은 없다. 격렬한 파도에 큰 놀이 칠 때, 바다는 모든 세상을 제압할 것 같다. 모든 사람의 간담을 서늘하게 하지만, 바다는 항상 하나님께 조용히 순종한다. 왜냐하면, 바다의 울렁임이 아무리 사나울지라도, 바다는 여전히 제한을 받기 때문이다.

지금 누군가 어떻게 그럴 수 있냐고 묻는다면, 오직 기적만이 이것을 설명할 수 있다. 왜냐하면, 다른 요소들과 같이, 바다는 구형의(spherical) 모양이라는 것을 알고 있다. 이 요소가 구체의 형태이기 때문에, 땅보다 더 낮지 않고 더 가볍다는 사실은 바다가 땅[지구] 위에 위치함을 보여 준다.

하나님의 비밀스런 힘과 자극에 의해 제한받는 것이 아니라면, 어떻게 액체이며 한 장소에 멈출 수 없는 바다가 모든 땅에 넘쳐흐르지 않을까?

지금 하나님의 말씀은 비록 우리에게 들리지 않고 대기 중에 울려 퍼지지 않지만, 바다가 듣고 있으며 그것의 한계 안에 제한된다.[119]

---

[119] Comm. on Jer. 5:22, CO 37:631-632. 칼빈은 이 본문에서 하나님의 "영속적 명령"을 언급한다. 하나님은 이 명령으로 바다가 최종적으로 자신의 경계 안에 머무르게 하셨다. 칼빈은 하나님이 물을 그렇게 하도록 의도하시는 한 물은 자신의 경계 안에 머무른다는 것을 분명히 했다. "시편 기자는 우리가 지구의 표면에서 보고 있는 징표와 놀라운 기적을 보고 하나님을 찬양한다. 즉, 하나님은 유동적이며 불안정한 물의 요소를 한군데 모아 단단히 쌓이게 하시며, 그분의 기쁘신 뜻대로 물을 붙잡고 계신다. … 이것에서 인류의 행복에 큰 관심을 기울이시는 하나님이 어떤 보이지 않는 장벽 안에 물을 가두며, 오늘날까지 물을 경계 안에 유지하시는 것을 우리는 확실히 인식할 수 있다. 선지자는 마치 물이 단단한 고체 물질 더미가 된 것처럼, 하나님의 명령에 의해 물이 잠잠해진다고 선포한다." "땅 아래의 물을 계속적으로 묘사하면서, 칼빈은 그렇게 많은 웅덩이, 해협, 만이 매 순간 지구를 삼키지 않는다는 사실은 신적 능력의 또 다른 장엄한 광경을 보여 주는 것으로 이해한다. 비록 몇몇 도시와 지역이 물로 완전히 에워싸이지는 않지만, 육지는 그 자리에서 보존되고 있다." Comm. on Ps. 33:7, CO 31:328. 칼빈은 보통 하나님의 영속적 명령 또는 지시의 개념을 물의 지속적 억제를 위한 필요와 결합시킨다. 하나님은 홍수에서 이 원래의 명령을 "풀어 놓으시거나" 또는 "느슨하게 하셨던" 분명한 사실을 칼빈은 인식하고 있었다. 이런 본문은 칼빈이 전통적인 우주론적 설명을 가지고 있지만, 창조 세계의 불안정과 그것의 하나님을 향한 절대적 의존을 강조하고 있음을 다시 보여 준다. 칼빈의 설교에서 물에 대한 논의는 다음을 참조하라. Stauffer, Dieu, *la création et la Providence dans la prédication de Calvin*, 186-187.

하나님은 창조 때에 지구를 덮었던 물의 일부를 하늘에 매달아 놓으시고 이 위협적 요소 한가운데에 사람을 두셨다. 천체 가운데 있는 물에 대한 믿음은 창세기 1:6에서 유래한다.

> 물 가운데에 궁창이 있어 물과 물로 나뉘라(창 1:6).[120]

이방의 철학자들은 천체의 영역 위에 물이 존재하지 않았다고 재빨리 주장했다. 바질(Basil)은 그들의 반대를 인용했다.

> 만약 궁창의 모양이 구형이고, 시야에 보이는 것처럼, 물이 높은 곳에서 흐른다면, 물이 어떻게 궁창의 볼록한 둘레 부분에 놓일 수 있는지 그들은 우리에게 물었다.[121]

바질은 궁창의 바깥쪽 표면이 완전한 구형일 필요가 없다고 대답했다. 예를 들어, 동굴은 안쪽 모양에 따라 반원의 형태를 가지지만, 꼭대기 부분에는 평평한 표면을 가진다.[122]

존 크리소스토무스는 기독교인들이 성경의 가르침을 겸손히 수용해야 한다고 주장함으로써 철학자들의 반대에 맞섰다.[123]

아우구스티누스는 창세기에 관한 그의 해설을 통해 이 구절과 씨름했다. 『창세기 문자적 주석』(*De Genesis ad litteram*)에서 그는 문자적 해석을 끝까지 주장했다. 아우구스티누스는 만약 물이 작은 입자의 형태라면 "물방울 상태의 물은 대기 중에 있더라도 무겁지 않기 때문에," 물이 가장 높은 하늘 위

---

120 Duhem, *Le système du monde* II.487ff.
121 Basil, *Hexaemeron* III.4.
122 Ibid.; cf. Ambrose, *Hexaemeron* II.3.9-11.
123 Chrysostom, *Hom. in Gen.* IV, cited by Duhem, *Le système du monde* II:490.

에 존재하더라도 그것의 무게는 문제되지 않는다고 설명했다.[124]

칼빈은 세계 안에서 사람의 위험하고 위태로운 위치를 강조하기 위해 아래와 천체의 물에 대한 이 전통적 이론을 사용했다. 칼빈은 인류가 아래와 위에 있는 천제의 물에 의해 둘러싸여 있다고 주장했다. 왜냐하면, 우리가 안전하다는 공상에 빠져 우리의 생명을 유지하시는 하나님의 친절을 멸시하지 않도록 하려고 일부러 우리를 두 무덤 사이에 두셨다.

철학자들이 생명의 원리들 가운데 하나라고 생각하는 물의 요소에 대해서, 하나님의 손에 의해 물이 지금까지 억제되지 않았다면, 물은 위와 아래에서 우리를 죽음으로 위협했을 것이다.[125]

칼빈은 하나님이 능력으로 사람들을 위한 공간을 만드셨다는 전통적 주장에 의지하여 창세기 1:9("천하의 물이 한곳으로 모이고")을 설명한다.

> 물의 이탈이 인간들에게 거주지를 제공했다는 것은 대단한 기적이다. 모세가 물이 태초에 그랬던 것을 설명한 것처럼, 철학자들도 물의 자연적 위치는 전 지구를 덮을 수 있음에 동의한다. 이 요소는 공기보다 무겁고 땅보다 가볍기 때문에, 하나의 요소로 순환하며, 지구의 표면을 뒤덮는 것이 자연스럽다.
>
> 그러나 바다가 더미로 함께 쌓여 인간에게 양보해야 한다는 것은 겉보기에는 자연을 거스른다. 그러므로 하나님은 물이 모이도록 명령하셔서, 지구가 물에 잠기지 않도록 하셨기 때문에, 우리가 마른 땅에 거주하고 있음을 알아야 한다.[126]

---

124 Augustine, *De Genesi ad litteram* II.4.8. See also Duhem, *Le système du monde*, II:490-494.
125 Comm. on Gen 7:11, CO 23:131-132.
126 Comm. on Gen 1:9, CO 23:19.

칼빈은 자연에 관해 서술하면서 물이 지속적으로 인류에게 제기하는 위협을 극적으로 묘사했다. "만약 우리가 높이 치솟은 파도를 바라본다면 세계는 물로 휩싸인다는 것"을 칼빈은 지속해서 독자들에게 상기시킨다. 칼빈은 오직 하나님의 즉각적 능력만이 물이 정해진 경계를 넘어오는 것을 막을 수 있다고 보았다.

물이 그들의 경계 안에 머무른다는 사실은 "자연의 법칙을 넘어서는" 것이며, 만약 하나님이 그 장벽들을 느슨하게 하시면 자연 질서는 순식간에 창조 세계를 멸망시킬 수 있다. 칼빈은 창조 세계가 이 힘으로 계속 위협받고 있음을 우리에게 보여 준다.

칼빈은 격렬한 바다, 맹렬한 폭풍, 소용돌이치는 파도를 계속 묘사하며 그 자체로 불안정한 자연을 독자들에게 상기시킨다. 만약 물이 스스로 움직이게 내버려 둔다면, 물은 "앞으로 돌진하여 지구 전체를 휩쓸 것이다."

하나님이 지구를 멸하기 위해 보내셨던 대홍수는 모든 측면에서 우리를 둘러싸고 있는 물의 지속적 위협에 대한 징후로 보았다. 홍수 기간 동안에 하나님은 천체와 더 낮은 물의 "경계를 느슨하게 하여" 물이 지구를 휩쓸도록 허용하셨다.[127] 시편 33:7, 예레미야 5:22, 욥기 38:11은 우리가 매일 직면하는 물의 위협을 묘사하는 것으로 칼빈은 이해한다.

우주가 불안정한 것처럼 지구의 위치 역시 불안정하다는 특성을 칼빈에게 보여 준다. 하나님의 능력과 섭리를 증명하기 위해 별들의 "움직임"과 물의 "억제"를 칼빈이 어떻게 사용했는지 우리는 보아 왔다. 마찬가지로 지구의 위치는 이 섭리의 필요성을 더 많이 보여 준다. 칼빈은 지구가 의존하고 있는 주변의 요소들보다 더 무거운 덩어리임을 잘 알고 있었다. 왜 별들은 충돌하지 않고, 왜 물은 그 경계 안에 머무르는지에 대해 칼빈이 궁금해했던 것처럼, 지구 안에는 그것이 떠다니는 위치를 안전하게 관

---

127 Comm. on Gen 1:8-9, 7:11, CO 23:18-19. 131.

리하는 어떤 내재적 요소는 존재하지 않는다.

이것은 고대의 우주론적 질문이었다. 아리스토텔레스는 그의 논문 『하늘에 관하여』(De caelo)에서, 이 문제에 대해 다른 사상가들이 제시한 다양한 해결책을 열거했다. 아리스토텔레스는 아낙시메네스(Anaximenes), 아낙사고라스(Anaxagoras), 데모크리투스(Democritus)에게 지구의 평평함이 그것을 움직이지 않게 하는 원인이라고 말했다. 아리스토텔레스에 따르면, 지구가 물 위에 놓여 있다는 이론은 밀레투스의 탈레스(Thales of Miletus)까지 거슬러 올라간다.

탈레스는 나무가 물 위에 떠 있는 것처럼 지구가 떠다닐 수 있다고 주장했다. 그리고 콜로폰의 크세노파네스(Xenophanes of Colophon)는 "지구의 뿌리가 무한하며" 따라서 아래쪽으로 무한하게 연장된다고 주장했다.

마지막으로, 아낙시만드로스(Anaximander)는 지구의 "무심함"(indifference) 때문에 그것의 자리를 유지한다고 주장한 사실을 아리스토텔레스는 전했다. 모든 움직임은 중심에 놓여 있는 무심함에 부적절하며 모든 극한의 지점에서 무심함과 관련된다.[128]

아리스토텔레스는 이런 주장에 동의하지 않았다. 그는 지구가 물 위에 놓여 있다는 이론에 반대해 "공기가 물보다 가벼운 것처럼, 물은 지구보다 더 가볍다"고 주장했다.

"어떻게 그들은 자연적으로 더 가벼운 물질이 더 무거운 것 아래 있다고 생각할 수 있는가?"

아리스토텔레스는 모든 물체가 그들의 "원래의 자리"를 향해 아래로 이동한다고 보았다. 그 "무심함"의 이론은 사실일 수 없다. 왜냐하면, 중심을 향해 움직이는 것은 지구의 고유한 성질 때문이다. 아리스토델레스는 대신 (구형인) 지구의 각 부분의 무게는 세계의 중심을 향해 움직인다고 주

---

128 Aristotle, *De caelo*, II.13, 294a-295b and II.14ff. See also: Leo Elders, *Aristotle's Cosmology* (Assen: Van Gorcum, 1966).

장했다. 그는 지구가 모든 부분과 함께 "자연적 위치" 즉 우주의 중심을 찾는다고 결론지었다.[129]

바질은 이 질문에 정신이 팔려서는 안 된다고 기독교인들에게 경고했다. 그러나 바질은 그의 경고에서 그 문제를 분석한 후 칼빈이 후에 그랬던 것처럼, 하나님의 손이 지구가 제자리에 있도록 유지한다고 결론지었다.

> 만약 공기가 지구의 표면 아래에서 퍼져 나간다고 말한다면, 당신은 어떻게 공기의 부드럽고 투과적인 성질이 무게에 짓눌려도 견딜 수 있는지 또한 공기가 사방으로 빠져나가지 않는 이유를 묻는 질문에 말문이 막힐 것이다. … 만약 물이 지구 아래에 위치한 물질로 가정한다면, 당신은 어떻게 천상적이며 조밀한 몸체(body)가 물을 통과할 수 없고, 대신 무게가 더 무겁지만 약한 성질에 의해 지탱될 수 있는지 질문하게 될 것이다.
>
> 만약 당신이 지구가 아래로 떨어지는 것을 막기 위해 지구보다 더 무거운 다른 몸체가 있다고 제안한다면, 당신은 그것 역시 아래로 떨어지는 것을 막기 위해 지지해 주는 다른 것을 필요로 한다는 것에 주목하게 될 것이다. … 우리는 끝없이 계속 발견되는 다른 기반들을 위한 또 다른 기반을 차례로 고안해야 할 것이다. … 만약 지구가 스스로의 능력으로 서 있다고 인정하며, 지구가 물 위에 놓여 있어, 종교의 사상에서 진정 벗어나지 않는다고 말한다면, 우리는 물체들이 창조자의 능력으로 억제될 수 있음을 인정해야 할 것이다. … 하나님의 손안에 지구의 모든 결말이 있다.[130]

칼빈은 바질보다 훨씬 더 지구가 놓여 있는 원소들, 즉 공기와 물을 명시하기를 마다하지 않았다. 칼빈은 시편 104:5 해설에서, 아리스토텔레스

129　Ibid., II.13.296a.
130　Basil, *Hexaemeron* I.9 (Fathers of the Church, Vol. 46). 칼빈은 창조를 설명하는 주해에 관해 바질과 암브로스 두 사람을 추천한다. *Inst.* I.XIV.20.

의 추론에 제한적 타당성만을 부여했다. 그런 후에 바질을 연상시키는 방식으로 칼빈의 관심은 재빨리 하나님의 능력으로 향한다.

> 지구의 안정성은 하나님의 영광을 선포한다.
> 지구가 공기 한가운데에서 단지 물에 의해서만 지탱된다면, 어떻게 지구는 움직이지 않고도 그 자리를 유지할 수 있을까?
> 땅은 가장 낮은 자리를 차지하고, 세계의 중심이 되며, 자연적으로 거기에 터를 잡았기 때문에, 지구에 관한 자연적 원리로 이것을 설명할 수 있다. 그러나 심지어 이런 생각에도 하나님의 놀라운 능력은 앞을 향해 내비친다.
> 물은 땅보다 더 가벼우므로 만약 물이 다시 땅 위로 솟구친다면, 왜 물은 전 지구를 둘러싸고 뒤덮을 수 없을까?
> 확실히 철학자들은 이것에 관해 하나님의 섭리가 자연 질서에 대응(correctum)하여 인간을 위한 거주지가 있게 하려는 것임을 제외하면 어떤 대답도 할 수 없을 것이다. … 하나님의 손에 의해 유지되지 않는다면 이 세상의 그 어떤 것도 안정될 수 없다.[131]

그러나 칼빈은 그의 설교에서, 철학적 또는 아리스토텔레스의 해결책에 그렇게 존경심을 보이지 않았다. 대신 지구의 위치는 하나님이 유지하시고 제한하시는 지속적 능력이 필요하다는 증거가 된다.

> 가공할 덩어리를 보아라. 이것은 단지 접근할 수 없는 큰 성이나 집이 아니나. 그러나 우리는 그것의 무게가 얼마만큼 나가는지 가늠해 본다. 그것을 지탱할 만한 충분한 토대를 찾는 것은 불가능해 보인다.
> 그리고 땅은 무엇 위에 놓여 있는가?

---

131 Comm. on Ps. 104.5, CO 32:86-87.

물 위에 놓여 있다. 지구는 사실상 공중에 매달려 있고 지구의 온 사방에는 물이 있다는 것은 불가피한 사실이다. 지구를 창조하신 분이 하나님이심을 인정하지 않는 철학자들은 어떻게 물이 지구를 둘러싸고 있는지 그리고 어떻게 모든 것이 공중에 매달려 있는지에 대한 이유들을 실제로 찾아냈다. 그들은 이것에 관해 매우 예민하게 반박해 왔고, 그것에 관한 몇 가지 이유를 추론해 왔다. 그럼에도 그들 스스로가 이것은 자연을 넘어서는 것, 즉 사람이 살 수 있는 어떤 장소를 만들기 위해 물이 뒤로 물러간 사실을 고백했기에 그들의 추론은 제한적일 수밖에 없다. … 자연적으로 그렇게 될 수 없다. 그러므로 여기에는 필연적으로 신적 섭리가 역사하고 있다.[132]

다음 글은 칼빈이 어떻게 이 전통적인 우주론적 이론을 신적 섭리의 증거로 사용했는지 잘 보여 준다.

만약 우리가 지구에 대해 생각해 본다면, 그것은 무엇 위에 세워졌는가? 그것은 물과 공기 위에 세워졌다. 그것의 기초를 보아라. 기초를 놓지 않고서 15피트 높이의 집을 대지 위에 짓는 것은 불가능하다. 그러나 지구가 바닥이 안 보이는 전율하는 깊음 위에 균형을 잡고 세워져 있기에 한순간에 뒤집히고 무질서하게 될 수 있음을 생각해 보아라. 그러므로 이런 조건 안에 지구를 유지하는 하나님의 놀라운 능력이 반드시 존재한다.[133]

칼빈이 보기에 자연은 내재적인 불안정한 속성을 지니고 있다. 그가 자연의 아름다움에 대해 표현했던 지속적인 경탄은 창조 세계를 유지하고, 제한하며, 질서를 부여하고, 지시하시는 하나님의 현존이 그곳에 보인다는 믿음에 근거하고 있다. 자연에 대한 경탄에서 칼빈이 가졌던 기쁨은 칼

---

132 Sermon on Job 38:4-10, CO 35:366-367.
133 Comm. on Ps. 119, CO 32:620.

빈 연구자들에 의해 잘 기록되어 있다. 그러나 이 기쁨은 창조 세계의 내재적 연약성을 전제로 하고 있음을 기억할 필요가 있다.

칼빈은 자연이 질서 있게 스스로 존재할 수 없다고 주장한다. 칼빈이 보기에 창조 세계의 내재적 특성은 질서에 도움이 되지 않는다. 오직 위대한 신적 능력만이 우주에서 우리가 인식하는 장엄한 질서정연함을 보존할 수 있다.

자연의 안정성은 "하나님의 사역 안에서 그의 지속적인 기뻐하심"에 의지한다.[134] 만약 하나님이 그 안에서 기뻐하기를 멈추신다면, 만약 지구에 활력 주기를 멈추신다면, 또는 피조세계에 분노하신다면, 자연의 영역은 무질서로 붕괴될 것이다.

그러므로 칼빈은 자연의 아름다움 뒤에는 그것의 연약함, 의존, 그리고 하나님의 지속적 보존을 필요로 하는 불안정한 속성이 놓여 있다고 보았다. 왜냐하면, 하나님의 섭리가 없다면 별들은 충돌하고, 지구는 아래로 떨어지고, 그리고 물은 밖으로 분출하여 땅을 휩쓸 것이기 때문이다.

7. 타락과 창조 세계의 위태로운 특성

우주의 불안정한 속성은 타락과 함께 매우 위협적인 요소가 되었다. 왜냐하면, 타락과 함께 무질서의 힘이 실제로 세상에 침입해 들어왔기 때문이다. 비록 원래의 조화로운 창조 세계에서도 항상 존재하는 무질서와 혼돈의 가능성을 가지고 있었지만, 실제 무질서는 오직 타락으로 말미암아 들어왔다. 타락과 무질서를 같은 것으로 보는 칼빈의 견해는 아담의 반역을 "모든 공평과 잘 구성된 질서의 전복"으로 정의했던 창세기 해설에서 분명히 드러난다.[135]

---

134 Comm. on Ps. 104:32, CO 32:97.
135 Comm. on Gen. 3:1, CO 23:55.

칼빈은 모든 피조물이 부여된 자리를 가졌던 타락 이전의 세상을 상상했다. 아담은 하와에게 명령했으며 인간은 동물을 다스렸다. 뱀이 하와를 유혹했을 때, 뱀은 "자신의 경계를 넘어섰다." 그리고 아담의 타락은 "모든 질서에 대한 위반"을 드러냈다. 왜냐하면, 인간들은 "그들보다 더 낮은 것"에 의해 반역으로 이끌렸기 때문이다.

불신앙의 행위는 창조 세계 안에서 무질서의 행위였다. 그것은 깨어질 가능성이 있는 질서 있는 하나님의 세계 안으로 무질서가 들어오도록 촉발했다. 인간과 창조 세계의 하나 됨은 타락이 자연 모두에 영향을 미쳤다는 사실에서 볼 수 있다. 칼빈은 자연 자체가 타락 때 변했다는 교회의 전통적 해석과 일치된 주장을 펼쳤다. 지구는 더 이상 비옥하지 않았고 들장미와 메뚜기 같은 것들이 생겨났다.[136]

칼빈은 자연이 타락에서 단지 약해진 것만이 아니라고 해석했다. 그것은 적극적으로 인류에 대항해 반역했다. 그 요소들은 지금 무질서 가운데 있고 인간 존재를 위협한다. 동물들은 원래 순종하는 마음을 부여받았지만, 지금은 거칠고 사나우며 인간에게 위험하다. 처음의 세상은 인간의 안락과 섬김을 위해 만들어졌지만, 지금은 폭동을 일으키고 반역한다. 맹렬한 열기, 폭우의 쇄도, 지진, 유독하고 사나운 동물들, 끔찍한 바람 이 모두는 우리의 죄가 자연에 있는 질서를 뒤집었다는 증거이다.[137]

> 세상에 확실한 것은 아무것도 없고, 모든 것은 무질서의 상태에 있다. … 하늘과 땅은 우리의 죄로 인해 무질서로 내던져졌다. 만약 우리가 하나님

---

[136] Comm. on Gen. 2:20, 3:17-18, 8:22, CO 23:48. 72-73, 141. See also Milner, *Calvin's Doctrine of the Church*, 37-43; Arnold Williams, *The Common Epositor: An Account of the Commentaries on Genesis*, 1527-1663 (Chapel Hill: U. of Noth Carolina Press, 1948), 112-138.

[137] Comm. on Is. 24:5-6, CO 36:402; Comm. on Ps. 8:7, CO 31:94; Comm. on Genesis 2:10, CO 23:40

께 순종함으로 바른 질서 가운데 있었다면, 의심의 여지없이 모든 요소는 우리에게 적합했을 것이며, 원래 그랬던 것처럼, 우리는 세상에서 천상의 조화를 볼 수 있었을 것이다.[138]

타락과 함께 아름답고 깨어지기 쉬운 창조 세계는 위협적 요소를 지니게 되었다. 결론적으로 대양의 물이 해변에서 우리를 위협하는 것처럼, 무질서의 힘은 우리의 발뒤꿈치에서 찰랑거리고 있다. 타락 이후에 무질서의 힘은 너무 위협적이어서 창조 세계가 완전한 혼돈으로 빠지지 않기 위해서는 하나님의 섭리에 따른 즉각적 억제가 훨씬 더 필요하게 되었다.

칼빈은 로마서 해설에서, 세상의 모든 조직은 계속해서 와해되며, 아담의 타락을 뒤따르는 서글픈 혼란으로 세상의 모든 부분은 실패로 끝날 것이며, 다른 곳에 숨겨진 안정만으로는 그것들은 견디지 못할 것이라고 보았다.[139]

무질서는 창조 세계의 물질적 요소뿐 아니라, 도덕적 무질서로 특징지어지는 역사의 영역에도 침투했다. 칼빈이 역사에서 이 위험한 혼돈을 묘사할 때, 우리는 물의 위협적 형상을 다시 마음에 떠올리게 된다. 칼빈은 물이 밖으로 흘러넘쳐 지구를 휩쓸지 않도록 억제하는 일을 하나님이 멈추시면 벌어지는 상황처럼, 세상이 죄악의 홍수로 휩싸이게 될 것이라고 말한다.[140]

마귀가 타락으로 온전한 질서를 전복시킨 것같이, 악한 자들은 지금 사회를 무질서하게 만들려고 시도한다. 칼빈은 정부들의 몰락과 뒤따르는 사회의 혼돈과 혼란의 원인은 분명히 하나님의 진노까지 거슬러 올라간다고 보았다.[141] 칼빈에게 지속적 전쟁, 불의, 혁명, 사회 변동은 타락 이후 세상 안

---

138 Comm. on Jer. 5:25, CO 37:635.
139 Comm. on Rom. 8:20, *Commentarius*, 174.
140 Sermons on Job 1:6-8, 21:7-12, 24:21-26, CO 33:57, CO 34:220, CO 35:171; sermon on Eph. 3:7-9, CO 51:457; Comm. on Ps. 36:6, CO 31:361-362.
141 Comm. on Ps. 17;15, CO 31:167. Comm. on Is. 34;4, CO 36:581, 585-586; sermon on

으로 침투하고 역사의 영역에 스며든 도덕적 무질서의 증거이다.

칼빈은 자연과 역사에서의 무질서는 실재한다고 생각했다. 무질서는 단지 죄의 인지적 또는 지적 영향 때문만은 아니다.[142] 욥과 다윗이 사회의 악에 대해 애통해했을 때, 의인들이 고통당하고 악인들이 악으로 흥청거리는 것을 그들이 실제로 보았다고 칼빈은 생각했다.

칼빈이 종종 그랬던 것처럼, 누군가가 역사와 사회를 바라본다면, "모든 것이 뒤섞인 세상에는 혼란이 가득하다는 것을 인정해야 할 것이다. … 모든 것이 혼돈으로 빠져들고, 무질서가 너무 심해 우리는 크게 놀라게 될 것이다."[143]

그러나 칼빈은 그 사건들이 우연히 일어나거나 신적 통제 밖에 있는 것이 아님을 알고 있었다. 비록 우리는 사건들의 이유를 이해할 수 없을지라도, 하나님은 여전히 무질서의 실제적 힘에 대해 고삐를 쥐고 계신다.

칼빈은 욥기서 해설에서 자연이 하나님의 영광을 반영하는 동안, 역사는 "하나님이 여전히 혼란스러운 일들을 세상에 허락하는" 기간 안에 있다고 설명한다.[144] 그럼에도 칼빈은 이 무질서의 "구름" 위에 모든 사건을 다스리고 혼돈에서 질서를 만드시는 하나님의 규칙이 세워져 있다고 주장한다.

Job 9:23-28, CO 33:450-451.
142 역사에 관한 칼빈의 견해는 다음을 참조하라. Heinrich Berger, *Calvins Geschichtsauffassung* (Zurich: Zwingli-Verlag, 1599); Bohatec, *Budé und Calvin*, 280-300; idem, "Gott und die Geschichte nach Calvin," *Philosophia Reformata* (1936):129-161; Charles Trinkaus, "Renaissance Problems in Calvin's Theloogy," *Studies in the Renaissance*, ed. W. Peery (Austin: U. of Teas Press, 1954) Ⅰ:59-80. 트린카우스(Trinkaus)는 역사 안에서 섭리를 바라보는 인식론적 문제들에 칼빈이 주안점을 두었다고 강조한다.
143 Sermon on Job 24:19-25, CO 34:397-398.
144 Sermon on Job 5:3-7, 9:23-28, CO 33:221, 450; sermon on Job 17:6-16, 21:7-12, 21:16-21, 25:1-6, 29:1-7, CO 34:58ff., 219-221, 247, 252, 405-406, 533-535; sermon on Job 36:1-7,

창조 세계의 불길하고 위협적인 측면에 대한 칼빈의 견해는 자연과 사회를 없애려는 힘들의 고삐를 쥐고 있는 굴레의 형상으로 설명된다. 하나님은 물이 지정된 경계 안에 머물도록 만들기 위해 그것을 제한하고 굴레를 씌워야 하셨다. 마찬가지로 동물들이 밖으로 나와 사람들을 잡아먹지 못하도록 굴레를 씌워야 하셨으며, 사람들이 서로를 집어삼키지 못하도록 사람들에게 굴레를 씌워야 하셨다.[145]

칼빈은 "신적 섭리의 고삐"가 악한 자들과 악의 힘이 모든 질서를 뒤엎고 삶을 불가능하게 만들지 않도록 억제한다고 보았다.

칼빈은 욥기 1:6에서 사탄이 자신을 하나님께 보이는 장면은 악한 자들을 굴레 씌우는 통치권이 하나님께 있음을 증명하는 것으로 보았다.

> 하나님은 그의 능력의 굴레로 사탄을 잡고 억제하신다.[146]

칼빈은 하나님이 악의 창시자라는 주장에 반대했다. 또한, 하나님의 허용적(permissive) 의지라는 개념에 의존하는 것을 거부했다. 그는 이것에 반대해 활동적이고 멈춤이 없는 즉각적인 신적 섭리의 능력에 대한 필요성을 강조했다. 칼빈은 "감시탑"(watchtower)과 같은 신을 지지하지 않았다. 하나님은 결코 자연과 역사와 사람들이 제멋대로 가도록 "빈둥거리며 허용하시는" 분이 아니다. 칼빈의 하나님은 최고의 의지를 행사하고 모든 사건을 결정하신다.[147]

---

145 Sermon on Job 8:13-32, CO 33:403; Comm. on Gen. 9:2, CO 23:143-144; sermon on Job 5:19-27, CO 33:275-276; sermon on Job 21:16-21, CO 34:243; sermon jon Job 40:7-19, CO 35:462; sermon on Job 37:7-13, CO 35:145.
146 *Inst.* Ⅰ.14.17; Ⅰ.17.11; sermon on job 1:6-8, CO 33:57-69.
147 *Inst.* Ⅰ.18.1-2. *Libri quattuor Sententiarum* Ⅰ.45-46에서 롬바드(Lombard)는 하나님의 작동적(operative) 의지와 허용적(permissive) 의지를 구분했다. 롬바드는 "전능한 의지가 허용하지 않는다면, 아무 일도 일어나지 않는다"라는 Enchiridion 24.95에 있는 아우구스티누스의 진술에 의존했다. 사람들이 죄에 빠지도록 하나님이 허용하

8. 섭리와 이차적 인과관계(secondary causality)

하나님의 즉각적이고 활동적인 섭리의 필요성에 대한 칼빈의 강조는 이차적 인과관계에 대한 논의를 다시 불러온다.

자연은 정말 온전성 또는 독립성을 지니고 있는가?

자유주의자들을 반대하는 칼빈의 논문에서 우리가 위에서 주목했던 이차적 인과관계에 대한 확언을 칼빈은 부정하는가?

칼빈은 쾌락주의자들과의 논쟁을 통해 자연에 온전성 또는 너무 많은 독립성을 부여하지 않았으며, "일반적 섭리"(general providence)에 대한 생각을 정의하려고 노력했다.

솔직히 이차적 원인의 역할에 관한 칼빈의 입장은 양면적이었다. 자유주의자들에 반대하는 그의 논문에서 보았던 것처럼, 칼빈은 자연법에 관한 자신의 견해를 제시하고 각각의 요소에 자신만의 특정한 의미를 부여했다.

칼빈은 『기독교 강요』 1559년 판에서 마치 그것은 하나님의 영원한 명령에 순종하는 것처럼, "몇 가지 종류는 자연의 비밀스런 자극에 의해 움직이며, 하나님이 한번 확정하신 것은 저절로 진행된다"고 설명했다.[148]

칼빈은 자유주의자들에 반대하는 논문과 『기독교 강요』에서 하나님은 악한 자들의 악한 의지를 통해 일하시며, 섭리는 예방책을 취하는 것에서 우리를 면제해 주지 않는다고 주장했다.[149] 경건한 사람은 "이차적 원인을 간과하지 않을 것"이라고 보았다. 그리고 세상과 특별히 교회에 대한 하나님의 인도를 말하면서 다음과 같이 설명했다.

셨기 때문에, 타락한 사람들은 마땅히 비난받는다는 설명을 위해 이 구분은 토마스 아퀴나스에 의해 활용되었다. S.T. Ⅰ.23.4.ad2 and S.T. Ⅰ.19,6ad1. *Inst*. Ⅱ.4.3과 Ⅲ. 23.8에서 죄에 빠지는 것을 설명하기 위한 방법으로 칼빈은 "예지"와 "허용"의 개념을 비판한다. 칼빈은 아담의 타락과 타락한 자들에 대한 거부는 하나님의 의지 때문이지, 단지 하나님의 허용 때문만은 아니라고 주장한다.

148 *Inst*. Ⅰ.16.4
149 *Inst*. Ⅰ.17.9; *Contre la secte phantastique et furieuse des Libertins*, CO 7:186ff.

섭리는 중재자를 통해 일하기도 하고, 중재자 없이 일하기도 하며, 때로는 모든 중재자에 상반되게 일하기도 한다. 그러므로 섭리는 모든 것의 확정적 원리이다.[150]

또한, 칼빈은 점성술을 반대하는 논문에서, 별들이 제한적 원인이 될 수 있다고 인정했다. 칼빈은 거짓 점성술에서 진정한 점성술을 구별하기 위한 시도를 하며 별, 행성, 달이 지상계 삶의 질에 영향을 미친다고 보았다. 의사들은 "진정한 점성술"의 도움으로 언제 어떤 치료방법을 사용할지 결정할 수 있다. 별과 인간 몸의 조화 때문에, 별은 사람의 "안색"에 영향을 미친다.

사람들의 건강에 영향을 미치는 모든 질병과 별에 대한 의존은 적어도 어떤 연관성이 있을 수 있다.[151]

그러나 거짓 점성술에 대한 칼빈의 경고는 이차적 원인에 대한 그의 망설임을 보여 준다. 칼빈은 그의 논문에서 멜랭 드 생젤레이(Mellin de Saint-Gelays)가 쓴 점성술에 관한 책을 비판했다. 칼빈의 시대에 점성술에 대한 증대된 관심, 특히 르네상스 사상가들에 의한 관심을 그의 논문에서 비판했다.[152]

이 만연한 관심에 반대해, 칼빈은 하나님에게서 우주의 규칙을 제거하는 것은 신성모독이라고 주장했다. 그는 하나님이 인간의 사건들을 다스리며 인간의 의지를 지시하신다고 수상했나.[153] 갈빈은 하나님을 거부하

---

150 *Inst.* Ⅰ.17.1
151 *Advertissement contre l'Astrologie qu'on appelle iudiciaire*, CO 7:518. Cf. 516-517, 524.
152 Bohatec, *Budé und Calvin*, 270-280
153 *Advertissement contre l'Astrologie*, 527ff.

는 이런 규칙은 모든 도덕과 사회 질서를 뒤집을 것이라고 주장했다.[154] 멜랑히톤을 포함하여, 점성술을 믿는 자들은 하나님을 자연 또는 이차적 원인의 감옥 안에 가두는 것이다.[155]

그러므로 칼빈이 악의 문제와 관계없는 자연과 죄에 대한 책임성을 이야기할 때, 그는 종종 위에서 주목했던 확언을 완화한다. 칼빈은 이차적 인과관계의 만연하고 무자격적인 인식으로 자연이 "맹목적인 본능"에 의해 하나님과 상관없이 작동하는 것처럼 해석되는 것을 경계했다. 이런 관점은 하나님을 멀리 떨어진 게으른 신으로 만든다.

비록 칼빈이 이차적 원인을 부인한 것은 아니지만, 태양이 떠오르지 않거나 비가 내리지 않는 것은 "자연의 맹목적 본능에 의한" 것이라고 주장했다.

빵은 그 자체의 힘으로 영양분을 공급하는 것이 아니며, 천둥은 단순히 차갑고 습한 수증기와 건조한 공기와의 충돌에서 만들어지는 것이 아니다.[156] 칼빈은 그 시대의 과학적 설명을 알고 있었지만, 자연이 자족적 전체성(totality)을 지니고 있다는 오해를 만들어, "죄악 된 이성"의 "타락한 주장"에 따라 자연에 독립성을 부여하는 것을 허용해서는 안 된다고 주장했다.[157]

---

154   Ibid., 523ff.; Bohatec, *Budé und Calvin*, 273.
155   보하텍은 멜랑히톤이 섭리의 유형들을 구분했음을 보여 준다. 멜랑히톤은 칼빈과 같이 스토아주의의 운명론을 비난했지만, 별이 사람의 출생에 따라 영향력을 행사한다고 믿었다. 멜랑히톤은 별에 대한 지식으로 사람은 질병을 피할 수 있으며, 경제와 정치적 일에서 예지력을 행사할 수 있다고 믿었다. *Initia doctrinae physicae*, CR 13:329ff.; Bohatec, *Budé und Calvin*, 276-279. 그러나 멜랑히톤은 하나님이 별 위에 제1원인(First Cause)으로 계심을 주장했다. CR 13:325. 칼빈처럼 멜랑히톤 역시 하나님은 사람의 질서를 돌보시고 살피시며 보호하시고 적극적으로 인도하신다고 묘사했다. see, Manfred Buttner, *Regiert Gott die Welt?*, 49-50.
156   *Inst.* I 16.2-4; Comm. on Ps. 135:7, CO 32:360: "… 그러나 시인은 더 나아가 비가 내리는 것은 단순한 자연현상이 아니라 하나님의 기쁘신 뜻대로 구름으로 하늘을 어둡게 하며, 또 어떤 때는 햇빛으로 하늘을 밝고 빛나게 하는 결과로 나타나는 현상임을 주장하고 있다."
157   *Inst.* I 16.2.

그 대신 칼빈은 "비밀스런 영향" 또는 "비밀스런 주입"을 제시했다. 이것으로 하나님은 모든 것을 다스리고 조정하시는데, 하나님의 선재하는 결정 없이는 요소들 사이에 어떤 움직임도 발생할 수 없다.¹⁵⁸

칼빈은 자연을 하나님이 직접 효과를 부여하시는 하나의 도구라고 생각했다. 칼빈은 자연의 창조력에 대해 언급하면서 "이 놀라운 모든 작동, 협력, 지속을 볼 때 하나님의 지시하시는 손 이외의 다른 원인에 따라 진행된다고 생각할 수 없다"라고 주장했다.¹⁵⁹

칼빈이 마지못해 인정한 일반적 섭리 또는 우주적 섭리는 자연의 독립적 효과나 상호 관련된 원인의 연속물이 아니다.¹⁶⁰ 칼빈의 주해에서 요한복음 5:17, 사도행전 17:28, 히브리서 1:3의 구절들은 모든 피조물 위에 있는 하나님의 지속적인 특별한 섭리를 증언한다.

또한, 이것은 역사에서도 사실로 증명된다. 모든 사건은 하나님의 통제에 의해 발생한다. 어느 것도 우연히 발생하지 않는다.

---

158 Ibid. *Consensus Genevensis*, CO 8:348. Cf. Comm. on Ps. 18:3, 147:15, CO 31:177, CO 32:430-431; Comm. on Dan 1:14-15, CO 40:550-552; sermon on Job 37:14-24, Co 35:341-342; sermon on Deut. 28:9-14, CO 38:371ff.

159 *Consensus Genevensis*, CO 8:348-349. .

160 칼빈은 보편적 또는 일반적 섭리를 단순히 보편적 신의 "협력"(concursus)과 동일시하지 않았음에 주목해야 한다. 예를 들어, 제네바 조약(Consensus Genevensis)에서 칼빈은 섭리의 몇 가지 차원을 구분했다. 칼빈은 자연에 대한 하나님의 돌보심, 인류에 대한 하나님의 돌보심, 교회에 대한 하나님의 돌보심을 구분했다. 그러나 자연의 돌보심에서도, 하나님은 각각의 개별적 피조물을 직접 돌보고 유지하며 다스리시고 능력을 주신다. 사실 칼빈은 마태복음 10:29와 자연 질서에 대한 하나님의 돌보심을 언급하면서 "특별섭리"(special providence)라는 용어를 사용했다. 제네바 조약 CO 8:348ff. 그런 후 "일반섭리"(general providence)는 사연 길서에 대한 하나님의 특별하고 직접적인 다스리심을 지칭하는 말로 사용되었다. cf. Comm. on Ps. 135:6, CO 32:359; Comm. on John 1:4, CO 47:5. "특별섭리"를 하나님의 구원하시는 은혜로 격하하는 것은 혼란스러운 것이다. 또한, 이것은 "쾌락주의자들"과 같은 집단들과의 논쟁에서 칼빈이 씨름했던 주제를 간과하는 것이다. See: Partee, *Calvin and Classical Philosophy*, 126-145. Cf. Etienne de Peyer, "Calvin's Doctrine of Providence," *Evangelical Quarterly* 10 (1938):30-44; François Wendel. Calvin, *The Origins and Development of His Religious Thought*, tr. Philip Mairet (New York: Harper & Row, 1963), 179-180.

오히려 하나님은 하시려는 것을 영원의 가장 먼 끝에서부터 지혜로 결정하신다. 자신의 권능으로 명령한 모든 것을 수행하시는 하나님을 우리는 지배자와 통치자로 인정한다. 하늘과 땅 그리고 무생물의 피조물뿐 아니라, 사람들의 계획과 의도는 그들 각자에게 주어진 목표를 가지고 태어나게 하신 하나님의 섭리에 의해 다스려짐을 우리는 선포한다.[161]

비록 칼빈은 사건들이 우리에게 우연처럼 보이는 것을 인정하지만, 그럼에도 "하나님은 섭리의 고삐로 모든 사건을 그분이 의도하시는 길로 이끄신다."[162]

이차적 원인들을 완화하려는 칼빈의 의도는 자연과 역사에 대한 그의 이해에 기인한다. 그의 관점에서, 질서와 조화는 창조 세계에 "자연스럽지" 않다. 타락 이후 무질서는 전에는 아름다웠지만 불안정했던 조화를 더욱 망가뜨렸다. 그리고 역사에는 항상 피가 넘쳐난다. 칼빈은 이차적 원인의 영역에 내어 맡기기에는 세상이 너무 위험한 장소라고 보았다. 세상은 하나님을 필요로 한다.

9. 하나님의 섭리에 대한 칼빈의 이해

창조 세계의 어둡고 위협적인 측면은 칼빈이 실증적 증거에 반대해 신적 섭리를 옹호하는 반복되는 본문들의 표현에서 볼 수 있다. 칼빈은 크리소스토무스와 마찬가지로 자연과 역사가 하나님의 섭리를 동등하게 반영하지 않음을 절실히 인식하고 있었다. 비록 칼빈은 역사가 하나님의 섭리를 반영할 수 있다고 믿었지만, 역사 안의 무질서가 인간의 지각과 하나님

---

[161] *Inst.* I.16.8.
[162] *Inst.* I.16.9.

의 섭리적 다스림 사이에 종종 먹구름을 드리움을 알고 있었다.¹⁶³

신자들은 지금은 단지 "거울을 통해 희미하게" 그리고 "부분적으로" 볼 수 있다. 왜냐하면, 신자들은 작용하고 있는 하나님의 섭리나 세상에 대한 합리적 통치를 감지할 수 없기 때문이다.¹⁶⁴

하나님이 악한 자들과 사회의 혼돈을 야기하는 힘을 억제하기 위해 일하고 계신다는 것을 우리가 항상 분명하게 볼 수 있는 것은 아니다. 칼빈은 모든 것은 우연에 의해 다스려지며 세상은 운명의 맹목적 충동에 의해 목적 없이 휩쓸린다는 우주적 신념이 존재한다고 말한다.¹⁶⁵

『기독교 강요』 1권 17.10의 극적인 구절은 위험한 세상 안에서 섭리의 필요를 선택한 칼빈의 관점을 대변한다.

> 인간의 삶을 괴롭히는 악은 셀 수 없이 많다. 인간의 삶을 위협하는 죽음 또한 무수하다. 우리의 몸이 수천 가지 질병의 그릇이기 때문에 자신의 분수를 넘어설 필요가 없다. 실제로 인간은 자신 안에 질병의 요소를 가지고 있고 질병의 원인을 촉진시킨다. 인간은 자신을 파멸하는 다양한 유형의 짐을 지지 않고는 나아갈 수 없다. …
>
> 배에 승선하게 되면, 당신과 죽음은 한 발자국 사이에 있다. 말을 타고서 한 발만 미끄러지면, 당신의 생명은 위태롭게 된다. 도시의 길거리로 나가면, 당신은 지붕 위 타일들의 수만큼이나 많은 위험에 노출된다.
>
> 만약 당신이나 친구의 손에 무기가 들려 있다면, 알 수 없는 위험이 기다리고 있다. 당신이 보는 모든 사나운 동물은 당신을 죽일 수 있는 무기를 지니

---

163 Bohatec, *Budé und Calvin*, 283-285; Trinkaus, "Renaissance Problems in Calvin's Theology."

164 Comm. on Ps. 73:1, 94:15, 116:11, CO 31:673, CO 32:26, 196; sermon on Job 12:14-16, CO 33:585-586; sermon on Job 21:22-34, CO 34:255-256; sermon on Job 34:26-29, Co 35:192, passim. See also: Stauffer, *Dieu, la création et la Providence dans la prédication de Calvin*, 118-119.

165 *Inst.* I.16.2

고 있다. 그래서 만약 당신이 담으로 둘러싸인 정원을 벗어나지 않으려 애쓰며 정원을 보며 기분이 아주 좋을지라도, 그곳에는 뱀이 숨어 있다.

낮에는 집의 화재로 당신이 가난하게 될 위험이 항상 있고, 밤에는 당신 위로 집이 무너질 수 있다. 당신의 들판은 우박, 서리, 가뭄, 다른 재난들에 노출되어 있기에 황무함과 기근으로 당신을 위협한다. 우리는 중독, 매복, 강도, 공공연한 폭력을 지나치는데, 이것들은 어느 정도는 집에서, 어느 정도는 집 밖에서 우리를 에워싼다.

반쯤 죽은 채 칼이 목을 영구히 겨누고 있는 것처럼, 걱정스럽고 힘없는 숨을 들이마시며 고난 한가운데 있는 인간은 가장 비참한 존재가 아닌가?[166]

하나님이 세상을 다스리시며 악한 자들은 벌하시고 선한 자들에게는 상을 주신다는 사실이 늘 명확히 보이는 것은 아니기에, 칼빈은 섭리가 경험적 교리라는 주장을 거부했다.[167] 칼빈은 바로 이 점에서 욥기의 엘리바스, 빌닷, 소발의 생각은 책망받았다고 믿었다.

하나님의 심판은 알려졌고 분명하다는 것은 사실이 아닐 수 있다. 왜냐하면, "이 세상에서 악한 자들이 많은 부와 권력을 가지고 있기 때문이다. 이 혼돈과 어두운 밤은 하나님이 죽은 자들을 일으키실 때까지 계속될 것이다."[168]

---

166 *Inst.* I.17.10
167 멜랑히톤 역시 역사 안에서 섭리를 오직 믿음에 의해 알 수 있는 신념과 동일시했다. 칼빈과 마찬가지로 멜랑히톤은 자연 안에 나타나는 섭리와 역사 안에서 인지할 수 있는 섭리를 구분했다. *Scholia in Epistulam Pauli ad Colossenses*, MW Ⅳ:230-242; *Initia doctrinae physicae*, CR 13:191, 204. 멜랑히톤은 1559년의 *Loci*에서 인생에서 일어나는 사건들이 항상 하나님의 섭리적 돌보심을 분명하게 드러내는 것은 아니며, 섭리 안에서 믿음을 강하게 하기 위해 성경이 필요함을 설명했다. "인간은 증거에 의해 이 세상이 하나님에 의해 창조되었다고 고백할 수 있는 확신을 지니게 된다. 그러나 영혼을 일깨우고 확증하는 신앙의 신적 증거로 그것에 동의하기는 어려운 것이다." MW 1:219.
168 Comm. on Ps. 73:20, CO 31:684. Sermon on Job 38:6-8, CO 35:493-494. Cf. Comm.

칼빈은 역사의 무질서한 성격을 인식하면서 경험에 근거한 섭리의 실재를 주장하지 못했다.

> 비록 자연이 (심지어 부패의 속박을 당한다 해도) 하나님의 영광을 지속적으로 드러내지만, 역사는 종종 피와 혼돈으로 얼룩져 있어서, 주님이 사건들을 질서로 회복하시기까지 우리가 인내하며 기다리는 것은 필연적이다. 이것은 이 시대에 이루어지지는 않을 것이다.[169]

그러므로 칼빈은 자연과 역사의 무질서에도 불구하고, 섭리가 실재함을 보여 주어야 한다는 부담을 지니게 되었다. 섭리에 대한 칼빈의 주된 주장들은 시편에 대한 해설, 욥기서 설교, 그리고 『기독교 강요』 1559년 판에서 발견할 수 있다. 이것은 섭리교리가 칼빈의 사상에서 점진적으로 중요해졌음을 보여 준다.

마찬가지로 칼빈의 모든 주장을 통해 우리는 그가 특별히 관심 가졌던 분야가 무엇인지 알 수 있다. 그것은 신실하신 하나님이 질서정연한 우주를 다스리심에 대해 부인할 수 없는 근거를 찾는 시도이다.

칼빈이 가장 자주 되돌아가는 논의는 하나님의 속성 중 불변성에 근거한다. 신적 속성은 하나님이 창조 세계를 계속 돌보시고 다스리심을 결정짓는 능력의 시작점이다. 칼빈은 하나님의 본성이 곧 섭리임을 주장했다. 그러므로 현재의 경험적 무질서에도 불구하고, 기독교인들은 하나님이 세상을 적극적으로 다스리심을 믿을 수 있다. 이 논증은 시편에 관한 칼빈의 해설을 통해 반복된다. 여기에서 "하나님은 자신을 부인하실 수 없다."

---

on Ps. 73:20, Co 31:684. 역사에서 하나님의 숨으심에 관해 다음을 참조하라. Berger, *Calvins Geschichtsauffassung*, 51-55, 237ff.: Bohatec, *Budé und Calvin*, 292ff.

[169] Sermon on Job 22:18-22.

즉, 칼빈은 하나님이 자신의 본성에 모순될 수 없으며, 그분답지 않게 행동하실 수 없음을 강조한다. 무질서에 대한 경험적 증거와는 관계없이, 칼빈은 하나님이 창조 세계를 더 이상 돌보지 않으신다고 결론짓지 않는다. 아래의 글은 시편에 관한 해설에서 많이 볼 수 있는 전형적인 글이다.

> 자비로운 하나님이 잠시 그의 손을 거둘 수 있다고 생각해 볼 수 있지만, 하나님은 자신을 부인하거나 자비의 감정을 버리실 수 없다. 그것은 하나님의 속성에 기인한다. 영원한 본성을 지니신 하나님은 피조물에 대한 돌봄을 멈추실 수 없다. 우리는 하나님이 본래의 자신과 다르게 되시거나 자신의 목적을 변경하신다고 상상할 수 없다.[170]

하나님은 "자신의 직무를 잊지 않으신다"고 거듭 언급한다. 하나님은 자신이 세상의 통치자이며 심판자이심을 잊지 않으신다.

> 비록 하나님이 잠시 그분의 피조물들의 행위를 주목하지 않으시는 것처럼 보일지라도, 하나님은 자신의 직무를 결코 잊지 않으신다. 하나님은 세상의 통치자이시기 때문에, 직무에서 물러나는 것은 자신을 부인하는 것이기에 불가능하다."[171]

하나님의 자비와 능력은 하나님이 "자신의 영광을 잃지 않으시며" 사람들을 무질서의 힘에 내맡기거나, 창조 세계에서 물러나 그것을 포기하지

---

170 Comm. on Ps. 25:6, CO 31:253, Cf. Comm. on Ps. 102:14, 119:126; CO 32:67, 270-271.

171 Comm. on Ps. 7:9, CO 31:83. 칼빈의 설교에 나타나는 하나님의 속성들에 관한 논의는 다음을 참조하라. Stauffer, *Dieu, la création et la Providence dans la prédication de Calvin*, 105ff. 스토퍼르는 칼빈이 설교에서 하나님의 능력을 강조했다고 주장한다. 112-116. Cf. Comm. on Ps. 9:10, 25:5, CO 31:100, 252; Comm, on Rom. 3:6, *Commentarius*, 60-61. Comm. on Dan. 9;9, CO 41:11-12.

않으신다는 것을 보증한다. 칼빈은 하나님에 대한 신뢰는 "그분의 속성에 대한 인식"에서 생겨나는 확신으로 이해한다.[172]

섭리를 보증하기 위해 칼빈이 사용했던 가장 중요한 속성들 가운데 하나는 하나님의 능력이다. 신적 능력은 지구를 유지하고 지속하며, 자연과 역사를 다스리고, 그것의 원래 형성 과정 못지않게 창조 세계를 보존할 때 빛난다.[173] 타락 때문에 들어온 무질서를 생각해 볼 때 하나님의 능력이 창조 세계를 위협하는 적대적인 힘들에 대한 통제를 확보해 줄 수 있기에 신적 능력은 점점 더 중요해진다.

신적 능력은 질서를 유지하고, 물을 억제하며, 사나운 야수들과 악한 의지를 억제하거나 굴레를 씌운다. 칼빈은 하나님 안에 있는 허용적(permissive) 의지를 받아들이는 것은 하나님이 창조 세계 위에 행하시는 능력의 다스림에 대해 의문을 제기하는 것이라고 보았다.[174]

그러나 칼빈은 이 힘을 잔인하고 제멋대로인 압제적 의지라기보다는 신뢰할 수 있는 의지로 규정하기 원했다. 절대적 능력(potentia absoluta)과 규정적 능력(potentia ordinate) 사이의 구분에 대한 칼빈의 거부는 이런 관심을 보여 준다.[175] 하나님이 제정하신 약속에 관한 믿을 만한 헌신에 대한 유명론자의 강조를 무시하면서, 칼빈은 하나님의 능력과 정의를 나누는 이 "신성모독적" 분리에 분개했으며 이것을 거부했다.

하나님의 속성들에 대한 이런 (증거 없이 주장된) 분리는 하나님을 독재적이고 절대적 의지로 절대적 능력을 행사하고 "인간들을 공같이 내던질 수 있는" 독재자로 만들 수 있음을 칼빈은 염려했다.

---

172 *Inst.* II.8.16.
173 Comm. on Is. 40:12, 45:7, 61:11, CO 37:15-16, 25-26, 133-134, 380; Comm. on Ps. 33:6-7, 75:3, 104:5ff., CO 31:327, 701, 32:86ff.; *Inst.* I.16.1
174 *Inst.* I.16.8, I.18.1-2,
175 *Inst.* I.17.2. See also H.A. Oberman, "Some Notes on the Theology of Nominalism."

그는 이 구분이 하나님의 능력을 "무질서하고", "규제받지 않으며", "독재적"이라고 의심하도록 기독교인들을 유혹할 수 있다고 경고했다. 이 모든 것은 세상에서 합리성, 질서, 정의가 겉보기에는 우연한 모습들의 기저가 될 수 없음을 보여 준다.[176]

칼빈은 고삐 풀린 독재적 힘과 혼동되지 않는 신적 전능성을 옹호하기 원했기에, 하나님의 힘은 "무한"(infinite)하지만 "전제적"(absolute)이라 불려서는 안 된다고 주장했다.[177]

이런 취지로 칼빈은 신적 속성들이 서로 분리되어서는 안 된다고 거듭 주장했다. 비록 하나님의 속성들의 비분리성은 분명히 새로운 신학적 원리는 아니지만, 칼빈의 강조를 통해 섭리의 근거가 되는 신뢰할 수 있는 하나님을 발견하려는 그의 관심을 다시 보여 준다.

이런 이유로 하나님의 섭리는 그분의 지혜, 선하심, 정의와 떼어서 생각할 수 없다. 성도들은 하나님이 기분에 따라 행동하실 것이라고 두려워할 필요가 없다. 왜냐하면, 힘, 선하심, 지혜, 정의는 하나님의 본질과 구분되지 않기 때문이다.[178]

---

[176] Sermon on Job 7:15-21, 9:16-21, 11:7-12, CO 33:438-440, 539; sermon on Job 20:16-20, 23:8-12, 24:1-9, 27:1-4, CO 34:174, 342, 345, 382, 446; sermon on Job 34:21-26, CO 35:167ff.; *Inst.* Ⅰ.17.2.

[177] Sermon on Job 9:7-15, CO 33:428: " … 우리가 하나님을 인식한 것에 의하면, 그들이 상상하듯 하나님은 독재적 힘이 아니다. 하나님은 우리가 그분이 옳은지 또는 그렇지 않은지를 말하거나 이해할 수 있도록 자신을 드러내는 일을 하지 않으실 수 있는 무한한 능력을 지니고 계신다." See also: sermon on Job 9:7-15, sermon on Job 11:7-12, sermon on Job 12:14-16, CO 33:428 539, 584; sermon on Job 21:16-21, CO 34:246

[178] *Inst.* Ⅰ.17.2. 이것은 욥기의 설교에 나타나는 주요한 주제이다. Sermon on Job 9:16-22, 12:17-26, sermons on Job 14:1-4, CO 33:539, 602, 687; 20:16-20, 23:13-17, CO 34:175, 357ff.; 24:10-15, 37:1-6 38:4-11, CO 35:143ff., 315, 369, 스코투스(Scotus)가 칼빈에게 미친 영향에 관한 논의는 다음을 참조하라. Doumergue, *Jean Calvin-Les hommes et les choses de son temps* Ⅳ:119-125; A. Lecerf, *Études Calvinistes* (Neuchâtel: Delachaux et Niestlé, 1949), 11-28; R. Seegerg, *Lehrbuch der Dogmengeschichte* Ⅱ:151; Stauffer, Dieu, *la création et la Providence dans la prédication de Calvin*, 114-116; Wendel, *Calvin, The Origins and Development of His Religious Thought*, 127-129. 두메르그

이런 논의들은 우리가 이 세상에서 하나님의 지혜와 선하심과 정의를 종종 볼 수 없음을 전제하고 있다. 하나님의 절대적이고 규정된(ordained) 능력과 신적 속성들의 비분리성은 칼빈이 종종 혼돈스럽고 비합리적이며 불공평한 세상 안에서 독자들에게 섭리를 확신하도록 돕는 수단이었다.

우리는 욥처럼 하나님의 통치 안에 숨겨진 이유를 이해할 수 없을지도 모른다. 그러나 하나님의 뜻은 본질적으로 지혜롭고, 정의롭고, 선하기 때문에 우리는 하나님을 신뢰할 수 있다. 만약 이 합리성과 정의가 인간의 지각을 벗어난다면, 신도들은 다른 절대적 힘이 아니라 하나님의 의지와 정의의 일치에 의지해야 한다고 칼빈은 조언한다.

섭리를 신적 속성들에 묶으려는 칼빈의 모든 시도는 하나님의 불변성을 전제로 한다. 오직 하나님의 불변성만이 자신의 책무를 다하지 않거나 그분의 창조 세계를 포기하실 수 없으며, 그분의 본성에 상반되게 행하지 않으심을 보증할 수 있다. 결론적으로 신학적 적용을 거치는 것을 제외하면, "후회"라는 용어를 하나님께 적용하는 것은 적절하지 않다.[179]

칼빈은 사무엘상 15:29과 민수기 23:19 해설에서 창조 세계에 대한 섭리의 확실성과 성도들에게 확신과 위로를 제공하는 하나님의 불변성을 증거한다. 요컨대, 하나님의 불변성 개념은 칼빈의 사상이 운명론적이거나 결정론적으로 보이게 할 수 있다는 걱정을 낳기도 하지만, 창조 세계의 영역에서 하나님에 대한 신뢰의 확실한 보증이 된다.

칼빈은 신적 불변성과 능력이 섭리교리를 성도들을 위한 위로의 근원으로 만들 수 있다고 보았다. 칼빈은 위험한 우주의 힘에 인간을 노출되게 두

(Doumergue)와 레서프(Lecerf)는 스코투스 학파의 의존을 부인했다. 웬델(Wendel)은 스코투스와 칼빈 모두가 하나님이 자신의 이전 명령에 매여 있지만, 어떤 외부적 억제 또는 원인의 대상은 아니라고 주장했음을 보여 준다. 하나님과 신적 능력에 대한 스코투스의 견해는 다음을 참조하라. P. Minges, *Der Gottesbegriff des Duns Scotus auf seinen angeblich exzessiven Indeterminismus* (Vienna: Von Mayer, 1907).

179 *Inst.* I.17.2.

는 것은 견딜 수 없는 일이라고 보았다. 운명의 맹목적 충동이 인간을 내던져 혼란에 빠지게 한다는 생각은 삶을 살아갈 수 없게 만든다.[180]

세상에서 만일의 사태를 허용하는 것 또는 나무가 사람 머리 위로 떨어지는 것이 신의 뜻이라고 말하는 것은 가혹해 보일 수 있지만, 그것은 예측할 수 없는 우주에서 인간을 빼내기 위해 칼빈이 기꺼이 지불하려고 한 대가였다.[181]

칼빈은 악이 비합리적이고 통제할 수 없으며 무목적적이라고 생각했지만 악 자체를 두려워하지 않았다. 결론적으로 칼빈은 인간을 전혀 신성하지 않은 힘의 통제 아래에 있는 맹목적 운명 또는 우연의 희생물로 만들기보다는 하나님이 악에게 명해서서 우리를 괴롭게 하신다는 생각이 더 낫다고 보았다.

세상에 가까이 계시는 하나님, 자연에 대한 하나님의 보존과 억제, 각 사건에 대한 하나님의 지속적 통제와 인도는 세상이 목적 없이 내던져진 것처럼 보일 때, "풍성한 위로"와 "변하지 않는 확신"을 성도들에게 제공한다.

주님은 사람들을 해하고 창조 세계를 위협하는 모든 힘을 관리하시며 어느 곳에서나 일하신다. 물은 그 한계 안에 머무르고, 지구는 공중에 매달려 있고, 별들은 그들의 경로 안에 있고, 역사의 도덕적 무질서는 하나님의 섭리 고삐에 의해 억제된다. 자신의 창조 세계에 대한 하나님의 변치 않는 헌신의 속성에 의지해 칼빈은 다음과 같이 결론지었다.

> 섭리에 대한 무지는 불행의 극치이며, 최고의 복은 섭리를 아는 데 있다.[182]

---

180 Inst. I.16.3.
181 Inst. I.16.7-9; I.17.11.
182 Inst. I.17.11.

10. 결론

1) 칼빈은 섭리에 관한 논의의 상당 부분을 전통에 의지했다

그는 과거의 신학자들과 동일하게 하나님이 무로부터 세상을 창조하셨다는 것과 그분의 능력으로 세상을 유지하시고 각 피조물을 다스리심을 주장했다. 초기의 교부들과 중세 신학자들이 그랬던 것처럼, 칼빈은 창조와 섭리에 대한 아리스토텔레스의 견해를 거부했다.

칼빈은 16세기 아베로에스주의 또는 쾌락주의가 하나님을 멀어지게 하여 자연을 독립적으로 만든다고 주장했다. 칼빈이 거듭 주장했던 것처럼, 하나님은 단번에 자신의 모든 일을 끝마친 찰나적 창조자가 아니시다. 오히려 하나님의 창조와 섭리는 서로 결합되어 분리가 불가능하다고 칼빈은 주장했다.

2) 칼빈은 쾌락주의의 오류와 싸우기 위해 이차적 인과관계의 양면 가치를 주장했다

아우구스티누스는 근본적인 이유에 관한 이론으로 이차적 원인의 실재를 인정했다. 토마스 아퀴나스는 신적 완전성의 충만함은 더 낮은 동인에서 인과관계의 소통으로 분명히 나타나며, 모든 창조된 존재는 하나님의 인과관계를 모방함으로써 신적 선함을 모방한다고 주장했다.

그러나 칼빈은 '파리 정죄'(Parisian condemnations) 이후 점점 더 지지를 얻었던, 중세 후기 또는 '유명론자'의 중세하는 원인에 대한 하나님의 독립성을 강조했다. 하나님을 제1원인(First Cause) 또는 원동자(Prime Mover)로 언급하는 것은 칼빈을 불안하게 만들었다. 왜냐하면, 이런 구절들이 하나님을 멀리 계신 분으로 묘사하며 하나님에게서 능력을 빼앗아 간다고 보았기 때문이다. 그러므로 아우구스티누스와 토마스 아퀴나스 같은 사상가들에 비해 칼빈은 항상 존재하는 하나님의 손을 각각의 이차적 원인과 창조 세계의 움직임에 연결하려고 노력했다.

3) 이차적 원인을 향한 칼빈의 양면 가치 아래에 놓여 있는 것은 우주론과 역사에 대한 그의 견해이다

창조의 두 측면이 무엇인지 묘사하기 위해, 그는 전통적인 6일 창조의 주해뿐 아니라 전통적인 우주론적 견해에 의존했다. 칼빈은 이 전통적 견해에서 창조 세계의 위험하고 위협적인 특성뿐 아니라 아름답지만 불안정한 속성을 설명하기 위해 도움을 받았다[183]

창조 세계의 질서와 조화는 불안정하기 때문에, 창조 세계가 유지되기 위해 하나님을 필요로 한다. 타락 사건 이후 혼돈과 무질서의 위협적 힘을 억제하기 위해 자연은 하나님을 필요로 한다. 타락 전 창조 세계에서 무질서는 잠재적이었지만, 타락 후 무질서는 잠재된 것이 아니라 실행되었다.

칼빈에게 타락한 창조 세계는 자연에서는 반역과 혼동으로 그리고 역사에서는 도덕적 무질서로 특징지어진다. 그러므로 창조 질서는 어떤 실질적 독립성을 부여받지 않았는데, 왜냐하면 그렇게 하는 것이 모든 창조 세계의 붕괴를 초래한다고 믿었기 때문이다. 칼빈은 단순히 하나님의 자유 또는 창조 세계의 우연성에 관심을 기울인 것이 아니다. 오히려 칼빈의 관

---

[183] 칼빈의 자연에 대한 묘사를 세네카 또는 키케로와 같은 사람들과 비교해 보면, 이것은 더욱 분명해진다. 예를 들어, 키케로는 칼빈보다 자연에 대한 자애로운 견해를 많이 보여 준다. 키케로에게 바다는 잠재적 혼돈의 원천이 아니라 우주에서 볼 수 있는 아름다움의 한 예시이다. 별의 규칙적 운행은 무질서에 대한 가능성이 아니라 설계의 증거를 보여 준다. 키케로는 무질서로 떨어지는 지구의 붕괴를 막는 신적 힘에 호소하지 않고, 중심을 향하는 자연의 중력으로 지구의 위치를 설명했다. 비록 칼빈은 자연에 관한 많은 설명을 키케로의 견해에서 채택했으나, 우주에 관한 칼빈의 견해는 근본적으로 달랐다. Cf. Cicero, *De natura deorum*, Ⅰ.21.87, Ⅰ.26.100, Ⅱ.5.15, Ⅱ.16.43, Ⅱ.38.39, Ⅱ.45-46, 115-119.

심은 타락과 창조 세계가 내재적 질서를 포함하고 있지 않다는 사실에서 기인하는 자연의 불안정하고 위협적인 측면에 있었다.

그러므로 하나님의 활동적이며 즉각적인 의지는 세상의 존재에 관해 설명할 뿐 아니라, 무질서에 대한 억제를 묘사하기 위한 역할도 수행한다. 칼빈은 섭리교리로 창조 세계의 지속을 설명했지만, 그의 주된 관심은 신적 섭리의 "고삐"에 있었다. 하나님의 고삐는 악한 자들을 억제하고 자연을 억제하여 지구가 무질서로 곤두박질치지 않게 하며, 별들이 충돌하지 않게 하고, 물이 범람하여 지구를 휩쓸지 않게 한다.

4) 칼빈은 이차적 인과관계를 결코 부인하지 않았다

칼빈은 하나님이 자연과 역사에서 직접적으로 또한 간접적으로 일하신다고 믿었다. 비록 칼빈은 하나님을 이차적 수단과 도구들에 가능한 가깝게 결합하지만, 하나님이 자연법, 선택된 지도자, 정부, 인간의 의지, 그리고 천사를 통해 역사를 인도하신다고 믿었다. 하나님은 직접적 간섭뿐 아니라 이차적 수단들로 세상의 아름다움, 안정성, 규칙성, 그리고 질서를 보존하신다.

크리소스토무스처럼, 칼빈은 역사에서 하나님의 통치는 창조에서의 섭리와 달리 종종 분명하지 않다는 것을 분명하게 인식했다. 역사는 충돌하지 않고 돌아가는 별들이나 물 위에 놓여 있는 땅만큼 분명하게 볼 수 있는 기이한 일들을 일반적으로 제공하지 않는다. 역사의 영역에서 우리는 단지 희미하고 부분적으로 볼 뿐임을 칼빈은 독자들에게 환기시킨다.

그럼에도 칼빈은 이레니우스적 이해 안에서 하나님이 창조 세계를 적극적으로 보존하시고 되찾으심을 주장한다. 자연 질서는 하나님께 속하고, 그의 손으로 하는 일이며, 인간과 하나님의 활동 무대이다. 이와 같이 창조 세계는 신도들이 피해야 할 대상이 아니라 하나님의 지속적 돌봄, 안내, 그리고 구원의 대상이다.

  이어서 신적으로 보존된 창조 세계의 다양한 측면을 살펴보고자 한다. 먼저 천사에 관한 논의부터 시작해 보자.

제2장

하나님의 명령대로 행하는 천사들

칼빈의 세계는 눈에 보이는 영역 안에 제한되지 않는다. 하나님의 창조는 이 땅의 영역을 넘어 온전히 영적 존재, 즉 천사와 악마까지 확장된다. 심지어 칼빈은 성도들에게 천사에 관해 깊이 생각해 보도록 권면했다.

> 만일 우리가 하나님의 사역을 통해 그분을 알기 원한다면, 천사는 빛나고 고귀한 본보기가 될 것이다.[1]

워필드(Warfield)는 천사에 관한 관심이 루터와 칼빈의 시대가 공유했던 특징이라고 주장한다.

> 이런 논의에서 독자들에게 가장 큰 충격을 주었던 부분은 천사의 실재에 대한 확고한 믿음과 인간과 천사 사이 관계의 중요성이다. 종교개혁자들의 글에 나타나는 초자연적 세계에 대한 관심은 인간 삶의 영적 환경에 대한 이해보다 더 뚜렷이 나타난다.[2]

칼빈의 신학에서 천사에 관한 주제는 가장 인기 있는 분야는 아니었다. 칼빈 연구가들은 그의 사상에서 천사의 역할에 관해 대부분 침묵해 왔다.

---

1 *Inst.* I.14.3.
2 Benjamin Warfield, *Calvin and Calvinism* (London: Oxford, 1931), 309.

니젤(Niesel)은 천사에 대한 논의를 한 문장으로만 제시했고, 두메귀(Doumergue)는 한 페이지를 할애했다. 웬델(Wendel)은 『기독교 강요』 1559년 판에 나타난 칼빈의 천사에 관한 설명 분량에 놀라워했다.[3] 프뢸리히(Fröhlich), 콜프하우스(Kolfhaus), 홀(Hall)은 칼빈의 악마론과 영적 전쟁에 대해 분석하면서도 그의 사상에서 천사의 역할을 거의 언급하지 않았다.[4]

워필드와 스토페르는 칼빈의 천사론을 가장 광범위하게 연구했다. 워필드는 『기독교 강요』에서 칼빈의 천사에 관한 진술의 성경적이고 반사변적인 특징과 신적 편재에 대한 믿음을 도와주는 천사와 같은 중재자로 인해 제기되는 문제를 강조했다.[5] 스토페르는 천사의 속성과 기능은 칼빈의 설교를 통해 반복되는 주제라고 상세하게 설명했다.[6]

위의 학자들이 보여 준 것처럼, 천사에 관한 주제는 칼빈의 글에 매우 자주 반복된다. 칼빈의 해설들, 논쟁적 논문들, 그리고 『기독교 강요』에서 천사는 곳곳에서 반복적으로 등장한다.

제2장에서는 칼빈의 천사론이 천사의 보호에 대한 믿음과 천사의 도움에 관해 조심스럽게 접근하고 있음을 보여 줄 것이다.

칼빈은 천사에 관한 사변을 성경의 내용 안에 한정했고, 천사에 대한 모든 우상 숭배적 예배를 폐지하기 위해 노력했다. 칼빈은 하나님이 교회의 보호와 돌봄을 천사의 손에 맡기신 것을 독자들이 확신할 수 있도록 도와주고자 노력했다. 이런 논의에서 칼빈은 자유주의자들과 같은 단체가 주

---

3 Wilhelm Niesel, *The Theology of John Calvin*, tr. Harold Knight (Philadelphia: Westminster, 1956), 63; Doumergue, *Jean Calvin-Les hommes et les choses de son temps*, IV:106; Wendel, *Calvin, The Origins and Development of His Religious Thought*, 172.
4 Karlfried Fröhlich, *Gottesreich Welt und Kirche bei Calvin* (Munich; Reinhardt, 1930), 27; Wilhelm Kolfhaus, *Vom christlichen Keben nach Johannes* Calvin (Neukirchen, Kreis Moers: Buchhandlung des Erziehungsvereins, 1949), 434-481; Charles Hall, *With the Spirit's Sword* (Richmond: John Knox, 1968), 162.
5 Warfield, *Calvin and Calvinism*, 307ff.
6 Stauffer, *Dieu, la création et la Providence dans la prédication de Calvin*, 190-195.

장하는 천사에 관한 가르침을 "거부했고" 기독교 전통에서 발견되는 천사에 관한 가르침에 주안점을 두었다.

1. 역사적 배경: 고대와 중세의 천사론

325년 니케아 회의(Council of Nicea)는 다음과 같이 선언했다,

> 우리는 전능한 아버지, 한 하나님을 믿으며, 하늘과 땅의 창조주, 보이는 것들과 보이지 않는 모든 것의 창조주를 믿습니다.

초기 교회의 전통에서, 기독교인들은 천사에 관한 유대적 믿음을 발전시켰고, "보이지 않는" 천사의 세계에 대한 성격을 논의했다. 이를 통해 그들은 중세로 이어진 천사에 관한 질문들을 제시했으며, 이 질문들은 더욱 발전된 천사론의 기반이 되었다.[7]

천사의 본성, 창조, 기능에 관해 상상할 수 있는 모든 질문이 제기되었다.

천사는 언제 창조되었는가?
천사는 물질적인가 또는 비물질적인가?
천사는 왜 타락했는가?

---

[7] 교부와 스콜라 사가들의 천사론의 발전에 관해 다음을 참조하라. *Dictionnaire de théologie catholique* (Paris, 1909-1950),s.v. "Angé. D'après les Pères" by G. Bareille and "Angé. D'après les scolastiques" by A. Vacant, Vol. Ⅰ, cols. 1195-1248 [hereafter DCT]; Jean Daniélou, *The Angels and Their Mission*, tr. David Heimann (Baltimore: Newmann, 1957); and *Dictionnaire de spiritualité, ascétique et mystique doctrine et histoire* (Paris, 1932-), s.v. "Anges" by Joshph Duhr, Vol. Ⅰ, cols. 581-625 [hereafter DS]; Lothar Heiser, *Die Engel im Glauben der Orthodoxie* (Trier, 1976)

선한 천사는 여전히 죄를 지을 수 있는가?
천사는 어떻게 그리고 무엇을 알고 있는가?
얼마나 많은 천사가 있는가?
천사적 위계의 본질은 무엇인가?
우리는 천사를 적절하게 경배할 수 있는가?

이 질문에 대한 초기 기독교 작가들의 답변은 다양했고 종종 체계적이지 않았다. 그럼에도 다니엘루(Daniélou)가 보여 준 것처럼, 천사에 대한 믿음은 초기 기독교 신학과 예배에 중요한 요소를 형성했다.

제2장에서는 교부와 스콜라주의 작가들에게서 발견되는 칼빈이 수용한 주장 그리고 무시하거나 강하게 거부한 주장들이 담긴 논의들의 주된 흐름을 살펴볼 것이다.

저스틴, 클레멘트, 오리겐, 바질, 암브로스를 포함한 많은 교부가 천사는 천상의 몸을 가지고 있다고 믿었다.[8] 영적 몸을 가진 천사는 하나님과 인류 사이에 위치하게 되었다. 이런 주장은 피터 롬바드(Peter Lombard)와 끌레르보의 버나드(Bernard of Clairvaux)를 포함한 중세 시대의 지지자들을 얻기까지 계속되었다.[9]

---

8   D. Petau ("De angelis," in *Opus de Theologicis Dognatibus*, ed. J.B. Thomas [Bar-le-Duc, 1868] Vol. Ⅰ, 5020) 토마스 아퀴나스는 천사들이 몇 가지 유형의 몸을 가지고 있다고 믿는 사람들로 저스틴, 클레멘트, 오리겐, 힐러리, 암브로스, 아우구스티누스를 언급한다. 페타우(Petau)는 천사들이 몸을 가졌음을 부인하는 인물들 가운데 니싸의 그레고리, 유세비우스, 에피파니우스, 테오도르, 크리소스토무스를 언급한다. 그레고리는 다음과 같이 말한다. "… 우리들의 몸과 비교해 볼 때 사실상 천사들의 영혼은 최고의 영혼이며 육체는 영혼의 축약에 해당된다." Moralia Ⅱ.3.3. Compare, however, Moralia Ⅱ.7.8 여기에서 그는 천사들 안에 어떤 구성 요소들이 있음을 부인했다. *Corpus Christianorum* CXLIIII (Turnhout, 1979), pp.61.64.
9   Peter Lombard, Sent. Ⅱ dist. Ⅷ. 비록 그는 이 주제에 대해 양면적인 입장을 취했지만, 버나드는 천사들이 천상의 몸을 가진다는 이론을 더 좋아하는 것처럼 보인다. Bernard of Clairvaux, *De consideratione* Ⅴ.iv.7; idem, *On the song of Songs* Ⅴ.2-4, 7, tr. Kilian Walsh (Shannon, Ireland: Irish U. Press, 1971), 26-30.

그러나 위 디오니시우스(Pseudo-Dionysius)는 천사의 완전무결하고 절대적인 영성을 확언했으며, 그의 교리는 1212년 제4차 라테란 회의(Lateran Council)에서 확정되었다.[10]

토마스 아퀴나스는 보나벤추라의 프란치스칸(Franciscan of Bonaventure) 사상가들을 반대해, 영적 물질에 대한 생각을 거부했고 절대적 영성 또는 천사의 무형(incorporeality)을 주장했다.[11]

모든 기독교인이 천사가 원래 하나님에 의해 선하게 창조되었음에 동의한다. 그러나 천사의 창조 시간과 마귀의 타락 원인에 대한 논쟁은 계속되었다.

아우구스티누스 이전의 기독교 작가들은 종종 천사가 눈에 보이는 세계 이전에 창조되었으리라 추정했다. 그러나 집회서 18:1("모든 것들은 단번에 그리고 동시에 창조되었다")의 고대 라틴어 번역서를 근거로 아우구스티누스는 천사가 모든 창조 세계와 동시에 창조되었다고 주장했다. 아우구스티누스는 (어떤 시간적 경과 없이) 하나님이 빛을 비추고 말씀을 통해 천사를 만드시기까지, 천사는 "형태가 없거나" 잠재적 상태였다고 주장했다.[12]

10　Ps.-Dionysius, *De coelesti hierarchia* ⅩⅤ. See also René Roques, *L'univers dionysien, structure hiérarchique du monde selon le Pseudo-Denys* (Aubier: Éditions Montaigne 1954), 154-158. 알비파(Albigensians)와 카타르파(Cathars)에 반대해, 제4차 라테란 회의(Lateran Council)는 하나님이 "보이는 것과 보이지 않는 것, 영적인 것과 물질적인 모든 것을 창조하셨음을 재차 확인했다. … 무로부터 영적 피조들과 물질적 피조물들을 만드셨다. 즉, 천사적 피조물과 물질적 피조물, 그리고 영과 몸으로 구성된 인간을 만드셨다." 이 회의는 하나님이 사탄과 악마들을 원래 선하게 창조하셨지만, 그들은 스스로 악하게 되었다고 진술했다.

11　S.T. Ia.50.2. See also James D. Collins, *The Thomistic Philosophy of the Angels* (Washington, DC: Catholic U. of America Press, 1947), 13ff. 그러나 토마스 아퀴나스는 그레고리안 진술을 반복한다. "… 천사는 하나님에 비하면 물질적이지만, 그들이 물질적 사물의 본성을 가지고 있는 것은 아니다." S.T. Ia.50.1. obj.1. 토마스 아퀴나스는 하나님과 물질적인 것 사이에 무형의 실체들을 위치시키기 위해 이 상투적 문구를 사용한다.

12　Augustine, *De Genesi ad litteram* Ⅰ.3.7, Ⅰ.9.15-17, Ⅱ.8.16. See also A.H. Armstrong, "Spiritual or Intelligible Matter in Plotinus and St Augustine," *Augustinus Magister* Ⅰ (1954):277-283; R. Connelly, "Light in the Reality of St. Augustine," *The Modern School-*

토마스 아퀴나스는 아우구스티누스의 견해가 좀 더 개연성이 있다고 보았다. 토마스 아퀴나스는 천사가 우주의 한 부분이기 때문에, 천사의 창조는 창세기를 시작하는 "태초에 하나님이 천지를 창조하시니라"라는 말씀에 포함되어 있다고 보았다.[13]

기독교 사상가들은 몇몇 천사는 타락했으나 반면 다른 천사들은 그들의 원래의 창조 안에 보존되었다고 믿었다. 그러나 천사의 타락에 대한 해설은 다양했다. 다니엘루는 아담이 신적 형상으로 만들어졌을 때, 천사들은 그에게 주어진 영예를 질투했다는 아주 초기의 전통에 주목했다.[14]

마귀가 하나님과 같이 되려고 시도한 교만 때문에 타락했다는 주장도 동일하게 중요하다. 마귀는 창조된 후 바로 하나님에게서 돌아섰다. 아우구스티누스는 "마귀가 교만으로 가득 찼고 자신이 소유한 능력에 도취되어 타락했다"고 주장했다.[15]

마귀는 선한 천사의 복된 삶을 결코 경험하지 못했는데, 왜냐하면 "… 이 복을 거부함으로 잃어버렸기 때문이다." 더구나 마귀와 그의 타락한 천사들은 낙원에서 추방당했고 지금은 지구 주변의 안개 낀 공간에 살고 있다.[16]

토마스 아퀴나스는 마귀가 "… 하나님의 힘이 아니라 자신의 힘으로 정당하게 요구할 뭔가를 가진 것처럼" 하나님과 같이 되기를 시도함으로써 타락했다고 주장했다. 토마스 아퀴나스는 사탄이 동등됨(equality)이 아니라 유사함(likeness)을 통해 하나님과 같이 되려고 시도했다고 보았다. 마귀는 하나님처럼 되기를 갈망했다. 토마스 아퀴나스에 따르면, 이것은 "하나님의 은혜

---

man 51 (1979):237-251.
13 S.T. Ia.61.3.
14 Daniélou, *The Angels and Their Mission*, 45-48; Cf. Tertullian, *De patientia* V.5-6.
15 *De Genesi ad litteram* XI.23.30, Cf. XI.15-16. 아우구스티누스는 교만이 질투에 항상 선행한다는 주장으로 마귀의 첫 번째 죄가 질투였다는 특정 교리를 거부했다. XI.14. "그러므로 마귀가 사람을 질투한 것은 그의 교만 때문이었다." *De Genesi ad litteram* XI.16. 마귀의 타락에 관해 다음을 참조하라. *De civ. Dei* XI.13.
16 *De Genesi ad litteram* XI.26.33.

에 의존하는 초자연적 지복(beatitude, 역자주-완전한 행복)을 거부하면서, 궁극적 지복을 자신이 소유한 본성의 힘만으로 획득할 수 있는 목표로 삼았음"을 의미한다. 토마스 아퀴나스는 안셀름(Anselm)에 동의하여 마귀는 "자신의 힘으로 종국의 지복을 획득하려고 노력했지만, 이것은 하나님에게만 적합한 것"이라고 주장했다.[17]

천사의 현재 상태는 교회의 전통 안에서 계속 논의되었다.

알렉산드리아의 클레멘트는 선한 천사는 자신들이 하나님 안에 보존될 수 있도록 기도해야 한다고 주장했다.[18]

터툴리안은 선한 천사는 회개할 수 있다고 보았다.[19]

바질은 천사가 성령의 힘을 통해 하나님과 연합되어 있음을 설명했다.[20]

암브로스는 천사가 죄를 범하지 않기 위해서는 은혜가 필요하다고 주장했다.[21]

그러나 아우구스티누스는 타락하지 않은 천사는 선하심 안에서 변함없는 확고함을 가진다고 주장했다. 선한 천사는 순환적인 영혼의 이론도 제공할 수 없는 "안정적"이고 "확실한" 행복을 소유하고 있다고 보았다.[22]

토마스 아퀴나스는 선한 천사들이 지복 안에 영원토록 머무르며, 하나님을 직접 바라보고 있다는 주장에 동의했다.[23]

---

[17] S.T. Ia.63.3. See also S.T. Ia.63.2. 여기에서 토마스 아퀴나스는 아우구스티누스와 같이 첫 번째 죄는 교만이며, 교만이 질투를 일으켰다고 언급한다. "그러므로 교만의 죄 다음으로 마귀는 질투의 죄에 빠졌다. 하나님이 마귀의 뜻에 반하여 자신의 영광을 위해 인간을 사용하셨으므로, 마귀는 인간의 행복을 혐오했으며, 하나님의 위엄 또한 혐오했다."

[18] Strom. VII.7; DTC, col. 1203.
[19] De virg. vel. 7; DTC, col. 1203.
[20] De Spir. Sancto XIX,49;
[21] In Psal. CXVIII; DTC, col. 1204.
[22] De Genesi ad litteram XI.17; De civ. Dei XI.13.
[23] S.T. Ia.62.8.

천사의 본성과 현재 상태에 대한 논의는 천사의 지식에 관한 질문들로 이어졌다. 초기 교부들의 일반적 견해는 천사가 전지하지(omniscient) 않다는 것이었다. 천사는 하나님을 알고 있었지만, 신적 본성은 "이해하지" 못한다. 천사는 미래뿐 아니라 인간 마음의 비밀도 알지 못한다. 터툴리안과 카시안이 추정한 것같이, 이런 영역의 지식은 신의 속성에 속한다.[24]

또한, 많은 교부가 천사는 교회의 가르침을 통해 신적 신비에 관한 가르침을 얻는다고 믿었다. 크리소스토무스는 천사가 오직 교회의 가르침을 통해서만 성육신을 배운다고 주장했다.[25] 그리고 천사들이 그리스도의 승천과 인류와 천사들의 화해를 놀라워하고 기뻐했다고 주장했다.[26]

우리는 아우구스티누스를 통해 처음으로 천사에 관한 지식의 확장된 논의를 얻을 수 있다. 이들 가운데 일부는 그의 초기 가르침과 모순된다. 아우구스티누스는 시편 7:9에 대한 해설에서, 천사는 우리의 가장 깊은 생각을 알지 못한다고 주장했다.[27] 그러나 『창세기 문자적 주석』(De Genesi ad litteram)에서 그는 선한 천사와 악한 천사 모두 인간의 생각을 읽을 수 있다고 주장했다.[28]

또한, 아우구스티누스는 천사와 악마가 미래를 알고 있다고 말했다. 악마는 곧 일어날 몇몇 일을 볼 수 있으나 종종 속임을 당한다. 그러나 타락하지 않은 천사는 "영원하고 변치 않는 하나님의 법 안에서 시간의 변화를 예견할 수 있다."[29]

아우구스티누스는 "아침 지식"(morning knowledge)과 "저녁 지식"(evening knowledge)을 구분함으로써 천사의 지식에 대한 견해와 속성을 논했다. 그에

24　*Adv. Marcion* V.15; Collationes VIII.13; DTC, col. 1201.
25　*In Eph. hom*. VII.1. See also Ambrose, *De mysteriis* VII.36.
26　*Hom. in Ascen*. 4. See also Daniélou *The Angels and Their Mission*, 34-43; Heiser, *Die Engel im Glauben der Orthodoxie*, 128-135.
27　Sermon CCXLIII; DTC, col. 1202.
28　*De Genesi ad litteram* XII.22.48.
29　*De civ. Dei* IX.22; DTC, col. 1202.

따르면, 아침 지식은 모든 존재의 이유와 원인이 되는 말씀 안에서 천사들이 자신과 모든 피조물에 대해 알 수 있는 지식이다. 저녁 지식은 천사들이 피조물 그 자체 안에서 가지는 직시(direct vision)이다.[30]

천사의 지식에 관한 질문은 중세에 점점 더 중요해졌다. 위 디오니시우스는 천사의 지식은 비물질적 지식 또는 온전히 지적인 지식이라고 믿었다. 천사의 지식은 인간 존재의 시공간적 영역에서 의존성과 내재적 분열을 초월한다.

> 오히려 물질의 모든 오점과 다양성에서 자유롭기 때문에, 천사는 비물질적이고 영적인 단일한 직관 안에서 신적인 것에 관한 영적 진리를 인식할 수 있다.[31]

위 디오니시우스도 천사의 영역에서 일어나는 조명을 설명했다. 더 높은 위계의 천사들은 신적 신비들을 하위의 천사들에게 조명하거나 계시한다.[32] 천사의 지식에 관한 질문은 토마스 아퀴나스를 통해 논의의 중심이 되었다.

천사 박사라 불리는 토마스 아퀴나스는 천사가 형태와 물질로 구성되어 있지 않은 자립적 존재로 보았다.[33] 천사는 육체적 감각을 소유하고 있지 않기 때문에, 인간과 천사 사이의 지적 작용을 구분함으로써 천사의 순수한 지적 지식을 설명했다. 적합한 대상의 관점에서 인간의 이해와 천사의 지식은 다르다. 천사의 지식의 대상은 이해 가능한 물질이다. 그것을 통해 물질 세계를 알 수 있다.[34]

---

30 *De Genesi ad litteram* IV.22.39-24.41; De civ. Dei XI.29.
31 D.N.VII, XI; Roques, *L'univers dionysien*, 158-167.
32 C.H. III.1; E.H. I.2; Roques, *L'univers dionysien*, 165. 로끄(Roques)는 디오니시우스가 "영겁"(aeon)의 개념으로 천상의 세계에 시간을 도입하지 않고서도 천사의 지식 증가 또는 진보를 말할 수 있었다고 설명한다.
33 S.T. Ia.50.1 and S.T. Ia. 51.2.
34 S.T. Ia.54.4.

천사는 감각적 세계로부터 지식을 끌어내지 않기 때문에, 천사의 지적 능력은 매개(agent)와 이해 가능한 지성(intellect)으로 구분될 수 없다.[35] 창조 때에 천사의 마음 안에 자리한 이해 가능한 유형들은 하나님에게서 직접 온 것이다.[36] 그러므로 토마스 아퀴나스는 천사가 물질적인 것의 본질을 단순하고 비물질적인 선천적 이해 가능한 유형들을 통해 안다고 결론지었다.[37]

더 나아가 토마스 아퀴나스는 마이모니데스(Maimonides)에 반대해, 이런 유형들을 통해 천사가 보편적 본성과 특이성을 통해 사물을 안다고 주장했다. 토마스 아퀴나스에 따르면, 천사가 신적 의지에 순종해 하나님의 섭리를 집행하기 위해서는 독특하거나 특별한 존재들을 아는 것이 필연적이다.[38]

천사의 섭리적 사명뿐 아니라 그의 지식은 중세 시대에 위계 공식화의 결정적 요소들이다. 천사의 수 또는 위계는 중세의 천사론과 위계적 사변에 중심적 역할을 했다.[39]

위 디오니시우스는 세 단계의 위계적 질서가 각각 세 수준으로 구성되어 아홉 계층으로 이루어진 천사 위계의 완전한 이론을 형성했다. 이 광대

---

35 Ibid.
36 S.T. Ia.55.2
37 Ibid.
38 S.T. Ia.57.2: "만일 천사가 개별적인 것에 대한 지식을 가지지 못했다면, 이 세상에서 사람들에 대해 섭리적 다스림을 행할 수 없었을 것이다. 왜냐하면, 사람들은 항상 개별적으로 움직이기 때문이다. 그리고 이것은 전도서의 '신의 가호가 없다면, 천사들 앞에서 입을 열지 마라'라는 구절과 모순된다." 토마스 아퀴나스는 여기에서 알베트 대왕(Albert the Great)이 마이모니데스(Maimonides)의 것으로 돌리는 의견을 반박한다. 마이모니데스의 섭리 개념에 관해 다음을 참조하라. A.J. Reines, "Maimonides' Concepts of Providence and Theodicy," *Hebew Union College Annual* 43 (1972):169-206.
39 중세의 위계적 사고에 관해 다음을 참조하라. Arthur Lovejoy, *The Great Chain of Being: A Study in the History of an Idea* (Cambridge, MA: Harvard U. Press, 1936); Edward P. Mahoney, "Metaphysical Foundations of the Hierarchy of Being According to Some Late-Medieval and Renaissance Philosophers," in *Philosophies of Existence, Ancient and Medieval*, ed. Parvis Morewedge (New York: Fordham, 1982), 165-257.

한 내림차순 계층 안에서 질서는 정화, 조명, 그리고 하나님과 연합의 영적 기능을 수행한다.[40]

> 그룹(Cherubim), 세라빔(Seraphim), 보좌(Thrones)로 구성된 상위 질서는 하나님께 가장 가깝다. 이들은 비밀스런 성소에서 그들의 위엄으로 통치권(Dominations), 덕목(Virtues), 권세(Powers)로 구성된 두 번째 계층의 천사들에게 신비를 드러낸다. 이 두 번째 계층의 천사들은 차례로 주권자(Principalities), 천사장(Archangels), 인간의 위계를 담당하는 천사(Angels)에게 신비를 드러낸다.[41]

이 위계 제도는 중세에 표준이 되었고, 인간의 영역에서 천사의 임무에 관한 논의의 근거를 형성했다. 위 디오니시우스가 언급한 것처럼, 하위 질서의 천사들이 인간과의 관계를 책임진다. 이 복잡한 계층이론 이전의 초기 기독교인들은 이와는 다른 천사적 질서가 있다고 믿었으며 또한 천사들이 인간의 일들을 중재한다고 믿었다.[42]

사도행전 7:52과 갈라디아서 3:19에 근거해, 유대인들은 천사들이 율법을 전달했다고 믿었다. 천사들이 예수님의 지상의 삶을 통해 등장했으며, 특히 탄생과 승천 때 등장했다.[43] 초기 기독교 사상에서 천사는 교회뿐 아

---

40 C.H. VI-IX; Roques, *L'univers dionysien*, 92-115, 135-146. 로끄는 다음과 같이 진술한다. "탁월한 존재들, 중간적 존재들, 열등한 존재들로 이루어진 천사들의 위계 질서는 완전함, 조명, 정화 이 세 가지의 기능을 드러낸다. 이 기능들은 서로 다른 차원에서 잘 어우러진다." 98.

41 C.H. IX.2.

42 Chrysostom, *Hom. in Gen*. IV.5; Clement of Alexandria, *Strom*. VII.2. 클레멘트와 같이, 제롬은(Comm. on Eph. 1:21) 이것이 자연의 위계가 아니라, 기능의 위계라고 믿었다. 오리겐은 위계가 공로의 불균등에 근거한다고 믿었다. *De princ*. 1.8.4. G. 바레일은 천사들 간 질서의 속성과 수를 명시하기를 망설이는 초기 교부들을 언급한다. DIC, col. 1200.

43 Daniélou, *The Angels and Their Mission*, 24-43.

니라 나라를 다스린다. 또한, 성만찬과 기도 중에 중재자로 등장한다.[44] 토비드 3:25, 마태복음 18:10, 사도행전 12:15에 근거해, 기독교인들은 수호천사가 보호자, 교사, 안내자로서 각 영혼 위에 서 있다고 가르쳤다.[45]

천사의 중재와 본성에 대한 이 믿음은 중세로 이어졌다. 위 디오니시우스는 세상에서 천사의 임무를 주로 마지막 위계의 "천사들"(Angels)에게 부여했다.[46] 이 하위 천사들은 모세에게 율법을 전해 주었고, 나라들의 머리에 서 있으며, 그들의 귀환의 때 또는 하나님께로 올라갈 때 사람들을 하나님께로 이끈다.

토마스 아퀴나스는 위 디오니시우스의 천사 위계의 공식화를 채택했으며 천사가 물질의 영역에서 일조한다고 가르쳤다. 상위의 천사들은 신적 본성 안에서 신비의 비밀을 지각하여 하나님의 사역을 하위의 천사들에게 알리고 설명한다.[47]

그러나 위 디오니시우스와 다르게, 토마스 아퀴나스는 천사들의 외적 사역을 집행이라는 이름의 뜻을 가진 더 낮은 다섯 번째 층위의 위계, 즉 덕목, 권세, 주권자, 천사장, 천사에게 부여했다.[48] 또한, 위 디오니시우스와 다르게, 수호천사의 존재를 주장했고 인간 보호의 임무를 천사의 위계에서 가장 낮은 층위의 천사들에게 부여했다.[49]

---

44 Tertullian, *De bapt*. 6; Chrysostom, *De sacr*., VI.4; Hom. in Eph. I.3. See also Daniélou, *The Angels and Their Mission*, 55-67; Heiser, *Die Engel im Glauben der Orthodoxie*, 147-156. 토마스 아퀴나스는 천사가 말씀에 대한 올바른 감각으로 성례의 집행자가 될 수 없음을 더 후에 주장했다고 다니엘루는 지적한다.
45 수호천사에 대한 개념의 역사는 다음을 참조하라. DS, cols. 586-598; Daniélou, *The Angels and Their Mission*, 68-82.
46 C.H. IX.2.
47 S.T. Ia. 106.4. 천사의 위계에 대한 토마스 아퀴나스의 설명은 다음을 참조하라. S.T. Ia.108.1-6. 디오니시우스와 토마스 아퀴나스의 관계는 다음을 참조하라. J. Durantel, *Saint Thomas et le Pseudo-Denys* (Paris, 1919)
48 S.T. Ia. 112.2.
49 S.T. Ia. 113.3; Cf. S.T. Ia. 113.1-113.8.

개인을 향한 천사의 지식과 돌봄에 대한 논의들은 초기 교회에서 발전했던 천사 숭배를 일으켰다.⁵⁰ 저스틴, 오리겐, 유세비우스, 테오르의 진술들은 천사 숭배의 확산을 증언한다. 그러나 바울만큼이나 이른 시기에, 교회 지도자들은 천사를 향한 우상 숭배적 예배와 싸워야 했다. 4세기 라오디게아 회의(Council of Laodicea)는 천사에게 도움을 요청하려고 교회를 저버린 기독교인들을 책망했다.

그리고 기독교 작가들은 천상의 영들에 대한 우상 숭배적 예배를 반복적으로 경고했다. 마지막으로, 아우구스티누스는 천사에 대한 헌신을 유보했고, 교회가 수용한 구분을 공식화했다.

아우구스티누스는 "천사에게는 예배가 아닌 존경을"(Honoramus eos angels charitate, non servitute)⁵¹이라고 말하며, 신자들은 천사를 향한 사랑과 하나님을 향한 경배를 구분해야 한다고 주장했다. 천사들은 우리가 그들에게 제사하기를 원하지 않으며, 오직 하나님께만 제사하기를 원한다고 설명했다.

천사가 아니라, 그리스도만이 타락하여 죽을 인생들과 하나님 사이를 중재할 수 있다. 그러므로 기독교인들은 천사를 사랑하고 존경할 수 있지만, 당연히 예배(*servitute*)는 하나님께만 드려야 한다. 스콜라주의 학자들이 천사 숭배에 큰 관심을 기울이지 않았던 기간 동안 천사 숭배는 중세 기간 동안 많이 확산되었다.

성 베네딕트는 그의 수도자들에게 그들의 삶을 하나님께 보고하는 천사들의 임재 안에서 그들의 거룩한 직무를 찬양했다.⁵²

---

50   천사를 숭배하는 집단에 관해 다음을 참조하라. DTC, cols 1219-1222; DS, cols. 598-619; Heiser, *Die Engel im Glauben der Orthodoxie*, 192-198.
51   *De vera relig.* 55.
52   *Regula* VII.

성 버나드는 천사가 우리의 친구, 아버지, 심복이라고 가르쳤다. 우리를 향한 사랑과 선한 의지로 불타고 있는 천사들에 대한 보답으로, 우리는 그들을 사랑하고 존경해야 한다.

하나님이 인류의 구원을 위해 천사들의 사역을 사용하실 때, 천사들은 사람들에게 사랑받아야 하지 않을까?
천사들은 그들의 위계의 손실이 사람들로 인해 보완될 것을 알지 못하면서도 사람들을 섬긴다. 이를 볼 때 사람들이 천사들에게 사랑받고 있음은 분명하다. 자비의 왕국은 사람들과 천사들이 함께 다스릴 것이기에 서로와 하나님을 향한 상호적 사랑과 순수한 애정이 아닌 다른 법으로 다스려지는 것은 바르지 않다.[53]

천사들은 우리가 거룩과 덕에 정진하여 마침내 그 무리에 동참하게 될 때 기뻐할 것이다.

고대와 중세에서 특별히 중요한 것은 천사장 미가엘(Michael)에 대한 헌신이었다. 콘스탄티노플(Constantinople)은 약 15개의 교회와 오라토리오를 미가엘에게 바쳤다. 콘스탄티노플의 천사장 숭배는 이탈리아로 전파되었다. 9세기 전 로마에 있던 교회 중 7개 이상이 천사장 미가엘에게 봉헌되었다.

미가엘 천사의 영예를 위해 세운 '비아 살라리아(Via Salaria) 교회'의 9월 30일 봉헌 축제 중 레오나인(Leonine) 성사의 네 번의 미사에서 성 미가엘이 언급되었다. 교황 겔라시우스(Gelasius, 492-496)가 갈가누스(Garganus)산에서 환영(apparition)을 본 후 그의 임직 기간 동안 천사 숭배는 더욱 확산했다. 중세 기간 동안 왕들은 미가엘의 이름을 불렀고, 수도원들은 그에게

---

[53] *On the Song of Songs* IV, tr. Irene Edmonds (Kalamazoo: Cistercian, 1970), 78.1.1, 130.

헌신했으며, 성 버나드는 미가엘을 위한 축제의 날을 격찬했다.[54]

중세 후기에 몇몇 교사와 작가가 천사들을 향한 헌신을 계속했다. 그중 가장 중요한 인물들은 성 겔트루드(Gertrude), 성 미치틸드(Mechtilde), 장 게르손(Jean Gerson), 존 트라울러(John Tauler), 그리고 카르투지오(Carthusian)수도회의 디오니시우스(Dionysius)였다.

디오니시우스는 천상의 위계 질서(*Celestial Hierarchy*)에 관한 해설을 기록했으며 성 미가엘과 모든 천사에 관한 일곱 번의 연속된 설교를 했다. 여기에서 그는 신앙심 깊은 사람들은 천사들을 사랑하고 존경하며, 그들의 이름을 부르고 닮아 가고, 협력해야 한다고 강하게 권고했다.

천사 숭배는 16세기에도 줄어들지 않았다. 로욜라의 이그나티우스(Ignatius of Loyola)와 예수회(Society of Jesus)의 교사들은 교인들이 천사들의 순결을 닮고, 영들을 분별하며, 그리스도의 깃발 아래에서 마귀들과 싸울 것을 요청했다.[55] 15세기와 16세기는 많은 종교 단체가 수호천사들에게 헌신하는 시기였다.[56]

칼빈은 단지 성경적이라고 생각한 천사에 관한 질문들을 다루곤 했다. 그 결과 위에서 묘사된 전통과 비교할 때, 칼빈은 천사에 관해 유보적이며 때로는 비판적이었다. 칼빈은 천사의 창조 시기와 천사 위계의 속성에 관해 "모호한 질문들로" 나아가게 하는 모든 궁금증을 명확히 거부했다. 그는 아우구스티누스의 동시적 창조 이론을 분명히 거부했고[57] 천사들이 어느 날에 창조되었는지 추측하기를 거부했다.

---

54 DS, cols. 602-603; Heiser, *Die Engel im Glauben der Orthodoxie*, 166-169.
55 DS, cols. 603-604.
56 DS, col. 617.
57 Comm. on Gen. 1:5, 2:1, CO 23:18, 31-32.

천사들이 창조된 시간과 질서에 대해 논쟁을 일으키는 것은 근면함보다는 오히려 완고함의 증거가 아닌가?

모세는 지구의 창조는 끝났고, 천사 무리가 있는 모든 하늘의 창조도 끝났다고 우리에게 말한다.

별들과 행성들을 제외한 더 외진 하늘의 다른 무리들이 언제부터 존재하기 시작했는지 열정적으로 연구하는 이유는 무엇인가?"[58]

루터와 16세기의 다른 개신교도들처럼, 칼빈은 천사들을 위계적으로 질서 지우는 위 디오니시우스의 시도를 거부했다.[59] 칼빈은 위 디오니시우스가 성도들에게 무용지물이며, 성경의 범위를 넘어 길을 벗어나는 신학자들 사이에서 무모하고 기이한 사변들에 굴복하는 뿌리 깊은 경향을 대변한다고 주장했다. 칼빈은 바울이 세 번째 하늘에 올라갔지만, 그는 결코 그런 정교한 위계를 묘사하지 않았다고 주장했다.[60]

그러나 초기의 기독교인들처럼, 칼빈은 성경에서 발견되는 천사들의 다양한 이름을 통해 다양한 천사의 질서가 있음을 알 수 있다고 인정했다.[61] 그럼에도 칼빈은 "이것을 정확하게 해결하기 위해 천사들의 수를 정하고 그들의 서열을 결정하려고 시도하는 것은 단지 어리석은 궁금증일 뿐 아니라 경솔하고 악하며 위험하다"고 보았다.[62]

58　*Inst.* I.14.4.
59　C.A. Patrides, "Renaissance Thought on the Celestial Hierarchy: The Decline of a Tradition." Idem, "Renaissance Views on Unconfused Orders Angellick," *Journal of the History of Ideas* 23 (April 1962):265-266.
60　*Inst.* I.14.8; Comm. on Col. 1:17, CO 51:86.
61　Comm. on Eph. 1:21, CO 51:158. Cf. Comm. on Dan. 12:5-7, CO 41:295-298: "디오니시우스의 철학은 여기에서 인정되어서는 안 된다. 그는 천사를 논할 때 매우 교활하며 더욱 신성모독적인 사변을 펼친다. 그러나 나는 약간의 차이가 있음을 언급할 뿐이다. 왜냐하면, 하나님은 천사들에게 다양한 의무를 맡기시며 하나님의 기뻐하심에 따라 은혜와 계시의 분량을 각각 나누어 주신다." CO 41:296.
62　Comm. on Eph. 1:21, CO 51:158.

칼빈은 수호천사들에 관한 개념도 싫어했다. 칼빈은 『기독교 강요』에서 다소 신중한 입장을 취한다.

> 나는 성도들의 보호를 위해 각 개인에게 천사가 배정되었는지 단언할 수 없다."[63]

그러나 칼빈은 그의 주석에서 더욱 단호했다. 그는 수호천사에 대한 전통적 증거 본문인 마태복음 18:10을 주석하면서 다음과 같이 진술했다.

> 그리스도의 말씀은 한 명의 천사가 이 사람 또는 저 사람에게 지속적으로 배정되었다는 의미가 아니다. 그런 생각은 경건한 자들을 둘러 진치고 있는 천사들(시편 34:7), 그리고 단지 한 명의 천사가 아니라 많은 천사가 신자 각 사람을 보호하도록 부탁받았음을 분명히 언급하는 성경 전체의 교리와 부합되지 않는다.[64]

칼빈은 한 명의 천사가 아니라 수많은 천사가 각각의 신자와 교회에 유용하다고 말한다.

칼빈은 천사에 관한 사변적 가르침들에 대해서는 거부했지만, 천사에 관한 많은 전통적 믿음에 대해서는 인정했다. 천사에 관한 칼빈의 논의는 천사들의 창조를 확인하고, 그들의 속성을 정의하며, 그들의 섭리적 사명을 설명하고, 우상 숭배적 천사 숭배와 예배를 폐지하는 것과 관련된다.

---

[63] *Inst.* I.14.6-7.
[64] Comm. on Matt. 18:10, CO 45:504.

2. 천사들의 존재와 본질

칼빈은 다니엘 3:28 해설에서 심지어 이교도들도 천사들에 대해 어떤 부분은 알고 있다고 말한다. 이 지식은 "모든 사람이 천사가 존재한다는 사실에 동의하기 때문에, 일종의 기대이며 초기의 신념이었다. 그래서 비록 부분적이지만, 이방인들도 천사에 관한 몇 가지 견해를 가지고 있다."[65]

그럼에도 칼빈은 『기독교 강요』 1543년 판과 1545년에 다시 쓴 논문들에서, 섭리의 본질을 오해하여 비난받았던 자유주의자들에 반대해, 천사의 존재를 옹호할 필요가 있음을 알게 되었다. 문제는 범신론(pantheism)이었다. 칼빈은 오직 하나의 영이 우주를 통해 확장되었다는 자유주의적 신념은 인간과 천사 모두의 본성적 본질을 거부한다고 주장했다.

결론적으로 칼빈은 천사가 "단지 영감과 운동이며, 본질을 소유한 피조물이 아님"을 믿는 자유주의자들을 책망했다. 칼빈은 이 오류에 반대해 천사는 존속하는 본성을 소유하고 있다고 주장했다. 천사는 하나님이 영혼에 불어넣은 단순한 충동 또는 신적 능력의 예시가 아니다.[66] 오히려 칼빈은 천사는 창조된 무형의 존재라고 주장했다.

칼빈은 모든 천사가 선하게 창조되었다는 전통적 믿음을 재차 확인했다. 그는 어떤 악한 본질도 우주에 존재할 수 없다는 주장으로 "마니교의 오류"를 비판했다.

> 인간과 마귀의 부패와 악 또는 그들로부터 일어나는 죄는 자연이 아니라 자연의 부패에서 야기되었다.[67]

---

[65] Comm. on Dan. 3:28, CO 40:643.
[66] Contre le secte phantastique et furieuse des Libertins, CO 7:179-186.
[67] Inst. 1.14.3.

따라서 칼빈은 천사는 창조된 영적 존재이며, 하나님에 의해 원래 선하게 창조되었다고 칼빈은 결론지었다.[68]

그러나 천사들 가운데 일부가 하나님을 대항해 반란을 일으켰다. 칼빈은 성경이 천사들의 타락 원인, 방법, 시간, 특징을 분명하고 조직적으로 설명하지 않는다고 주장한다. 결론적으로 기독교인들은 성경이 제공하는 정보에 만족해야 한다고 주장한다.

> 처음 창조되었을 때, 그들은 하나님의 천사들이었다. 그러나 천사들은 타락하여 스스로를 망가뜨리고 사람들을 파멸시키는 도구가 되었다. 베드로후서와 유다서에서 이것을 분명하게 가르치고 있음을 아는 것은 유익하다. 하나님은 죄를 지어 본래의 본성을 유지하지 못하고 거주지를 떠난 저 천사들을 아끼지 않으셨다.[69]

이런 진술을 통해 칼빈은 그가 믿고 있는 것이 성경적 가르침이라고 단언했고, 악마들의 타락에 관해 더 멀리 나아가는 어떤 '사변'도 용납하지 않았다.

선택된 천사들은 원래의 완전함을 유지하는 타락 이전 창조 세계의 한 부분이었다. 이 천상의 영들은 그들의 창조자를 향해 반역을 일으키지 않았으며, 그 결과 죄와 분리를 겪지 않았다. 칼빈에 따르면, 이 "탁월하고" "고귀하며" "훌륭한" 피조물들은 악한 감정으로 유혹되지 않았기에 그들에게는 결점이나 죄가 없다.[70] 그들은 하나님 앞에 남아 그분의 얼굴을 바

---

68 *Inst.* 1.14.9, 16. See also Stauffer, *Dieu, la création et la Providence dans la prédication de Calvin*, 190–191.
69 *Inst.* 1.14.16.
70 Comm. on Col. 1:20. CO 52:88-89; sermon on Eph. 1:7-10, CO 51:283-4; sermon on JOB 1:6-8, CO 33:57ff.; sermon on Job 21:22-34, CO 34:257; sermon on Job 23:1-7, CO 34:337.

라보며 찬양을 드린다. 신적 명령을 수행할 때, 타락하지 않은 천사들은 결코 하나님에게서 분리되지 않는다.[71]

3. 타락하지 않은 천사들의 역할

천사에 관한 칼빈 논의의 주된 목적은 세상에서 천사의 기능을 규정하고 한정하는 것이었다. 그는 하나님이 지구와 인간을 천사들의 보호에 맡기셨다고 반복적으로 진술한다. 천사는 "하나님이 명하신 일을 수행하는 사역과 봉사를 감당하는 천상의 영"이다.[72]

칼빈의 가장 광범위한 논의들 가운데 일부는 에스겔 1:11-24 해설에서 볼 수 있다. 그는 에스겔서에 나오는 살아 있는 피조물들은 하나님의 비밀스런 능력으로 영감이 불어넣어지는 천사들이며, 하나님은 천사들의 "손"을 통해 일하신다고 보았다.

이 살아 있는 피조물들에 의해 그 바퀴들이 이끌리는 것과 마찬가지로, 천사들 역시 하나님에 의해 이끌린다.

> 천사들은 움직임과 영감으로 직무를 수행하며, 사물들은 천사들 안에서 요동치지 않고 지지를 받는다.[73]

칼빈은 하늘과 땅이 "천사들의 움직임으로 활기를 얻는다"고 믿었다.[74]

---

71 Sermon on Job 1:6-8, CO 33:58.
72 *Inst.* 1.14.5, 11-15.
73 Comm. on Ez. 1:21, CO 40:48.
74 Comm. on Ez. 1:24, CO 40:50.

하나님이 이 방향 또는 저 방향으로, 전쟁 또는 평화로 사람들의 뜻을 꺾으시는 동안, 천사들을 통해 지구에 활력을 불어넣지 않는다면 공기, 바다, 지구는 스스로 어떤 활력도 지닐 수 없을 것이다. 그러므로 지금 우리는 "그 바퀴들 안에 살아 있는 피조물들의 영"의 의미를 분명하게 볼 수 있다. 즉 그리스도께서 말씀하신 것같이 하나님이 그분의 능력을 천사들을 통해 주입하시기에 심지어 참새 한 마리도 하나님의 예지와 섭리 없이는 땅에 떨어지지 않는다.[75]

칼빈은 하나님이 천사들을 주재하셔서 그들을 통해 교회를 보호하고 방어하며 위로한다고 보았다. 천사들의 주된 역할은 신자들의 보호이다. 특히, 악마들과의 전투에서 신자들을 보호하는 것이다. 칼빈은 역사를 하나님과 그의 천사들이 사탄과 그의 세력과 전투를 벌이는 무대로 보았다.[76] 사탄은 "경솔한 대담성과 군사적 능력을 가지고 우리를 무자비하게 위협하는 교활한 간계의 전형인 원수 …"라고 칼빈은 경고했다.

칼빈은 베드로전서 5:8로 독자들을 계속 상기시킨다.

> 너희 대적 마귀가 우는 사자 같이 두루 다니며 삼킬 자를 찾나니(벧전 5:8).

칼빈은 "마귀가 공중을 다스리며 세상을 그의 발아래 복종시켜 다스리고 있다"고 믿었다.[77] 그리고 이 원수들에 대해 기독교인들은 항상 경계해야 한다고 가르쳤다. 기독교인들은 현기증과 부주의로 자신을 사로잡히게 해서는 안 된다.

---

75 Comm. on Ez. 1:21, CO 40:48.
76 Heinrich Berger, *Calvins Geschichtsauffassung*, 135-167, Fröhlich, *Gottesreich, Welt und Kirche bei Calvin*, 19-27; Charles Hall, *With the Spirit's Sword*, 77ff.; Kolfhaus, *Vom christlichen Leben nach Johannes Calvin*, 451-453.
77 Comm. on Luke 10:18. CO 45:315; Comm. on I Peter 5:8, CO 55:289.

군 복무는 오직 죽음으로만 끝나기 때문에, 인내할 수 있도록 자신에게 권고하자.[78]

칼빈은 교회가 "하나님의 영광과 사람의 구원을 공격하는" 자들에 대항해 지속적인 전투에 임해야 한다고 믿었다. 그러므로 신도들은 마귀와의 전투를 벌여야 한다.

우리가 마땅히 해야 할 의무인 그리스도의 왕국을 선포하기 원한다면, 우리는 왕국의 파멸을 책략하고 있는 자와 화해할 수 없는 전쟁을 계속해야 한다.[79]

그러나 신자들은 이 전쟁을 혼자 착수하기에는 너무 약하다. 그러므로 악마가 활동하는 위험한 세상의 한가운데에서 하나님은 교회의 안전을 지키도록 천사들에게 의뢰하신다.

칼빈의 영적 전쟁에 대한 철저한 분석에도 불구하고, 찰스 홀(Charles Hall)은 천사가 제공하는 지원과 관련하여 단지 몇 문장만을 할애했다. 그러나 칼빈은 교회를 위협하는 사탄과 악한 자들에 대항하여 싸우는 사람들을 지원하는 세상에서의 천사의 임무를 정확하게 규정했다.

칼빈은 믿는 자들을 둘러싸고 보호하는 천사 군대를 묘사하면서 기뻐했다. 칼빈은 다니엘 10:13을 해설하면서, 교회에 대한 천사의 보호라는 관점에서 천사장 미가엘을 설명한다.

이 본문에서 우리는 다음의 결론을 분명하게 추론할 수 있다. 천사들의 도움이 필요할 때, 일반적으로 그들은 각 구성원과 하나님의 교회를 위해 싸운다.

---

[78] *Inst.* I.14.13.
[79] *Inst.* I.14.15.

이런 점에서 우리는 그리스도의 도움으로 믿는 자들을 보호하기 위해 천사들이 고용되었음을 알 수 있다.

시편 34편에서 천사들은 신도들의 주변에 원형을 이루며 진을 치고 있다. 그러므로 하나님은 사탄의 모든 시도뿐 아니라 우리의 파멸을 갈망하며 완전한 파멸을 위해 항상 음모를 꾸미는 불경한 자들의 모든 분노에 맞서 그분의 천사들을 배치하신다. 만약 하나님이 이런 방식으로 우리를 보호하지 않으신다면, 우리는 완전히 팽개쳐질 것이다.

무엇이 하루에도 수백 번 넘게 집합적이며 개인적인 전체 교회를 집어삼키려 하는 사탄의 시도를 막을 수 있는가?

사탄의 분노에 대해 하나님의 반대하심이 필요하다. 그리고 하나님은 그분의 천사들을 통해 이것을 수행하신다.[80]

칼빈은 스가랴 2:3을 해설하면서, 교회에 대한 천사의 보호를 다시 설명한다.

> 그러므로 예언자가 말한 전체 문맥에서, 하나님이 어떻게 정성을 들여 교회의 안전을 도모하시는지 드러난다. 하나님은 그분의 승인에 즉각 응답하는 특사인 천사들을 항상 데리고 있기에 필요할 때마다 교회를 도우신다. 천사들은 교회의 안전을 위해 연합하기 때문에, 모든 천사를 고용하시는 하나님의 호의 안에서 신자들이 하나님께 얼마나 소중한지를 우리는 인식할 수 있다.[81]

이사야 37:36에 대한 칼빈의 해설은 다음과 같다.

---

[80] Comm. on Daniel 10:13, CO 41:206.
[81] Comm. on Zech. 2:3, CO 44:154; See also Comm. on Ps. 68:18, CO 31:626; Comm. on Acts 5:19, CO 48:106.

신자들의 안전을 위해 천사들의 사역을 활용하는 것은 주님께는 새로운 일이 아니다. 주님은 신자들의 유익을 위해 하늘의 모든 군대를 정하셨다. 무수한 수호자가 우리를 둘러보고 있으며, 천사들은 우리가 더욱 확고한 믿음을 갖도록 극진히 보살핀다.[82]

칼빈은 개인에게 수호천사가 있다는 주장을 수용하지 않았고 교회를 섬기기 위해 천사 군대를 두었다고 주장한다. 칼빈은 하나님이 성도들을 위로하고 그분의 위엄을 보여 주며 그들의 연약함을 돕기 위해 천사 군대를 사용하신다고 주장한다.

우리를 기쁨으로 도우시는 하나님이 무수한 천사 군대를 그분의 사역을 위해 항상 준비해 놓으셨음을 아는 것은 우리의 믿음을 강하게 한다. 더욱이 천상의 주권자와 능력으로 불리는 자들은 언제나 우리의 생명 보호에 여념이 없다. … 우리의 현재 상태를 돕기 위해 우리의 무지의 정도에 따라 하나님은 천사들에게 자신을 나타내신다[83]

칼빈은 이 치열한 영적 전쟁에서 하나님의 전능하심으로 교회를 위한 최종 승리는 확보됐다고 믿었다. 하나님의 불변성, 그의 약속에 대한 신실함, 그리고 무한한 능력이 사탄의 패배를 보증한다.[84] 하나님의 주권과 창조 세계의 다스림을 설명하는 칼빈을 볼 때, 영적 전쟁에 대한 그의 묘사들이 다시 떠오른다.

칼빈은 하나님이 악을 다스리신다고 거듭 강조했다. 만약 하나님이 그분의 확실한 목적에 따라 마귀들에게 지시하지 않으셨다면, 악은 신적 의지 밖

---

[82] Comm. on Is. 37:36, CO 36:641-642.
[83] Comm. on Ps. 34:8, CO 31:339. See also Comm. on Ps. 55:19, CO 31:542; *Inst.* I.14.11.
[84] Hall, *With the Spirit's Sword*, 194-197.

에 있었을 것이다. 칼빈은 욥기 1:6이 마귀가 항상 하나님의 명령 아래 있으며, 하나님이 허용하시는 범위까지만 행동할 수 있음을 가르친다고 보았다.[85] 칼빈은 욥기서 설교를 통해, 만약 하나님이 악마에게 굴레를 씌우지 않으셨다면, 그들은 지구에 차고 넘쳐 믿는 자들을 으스러뜨렸을 것이라고 청중에게 상기시킨다.[86]

하나님이 자연의 위협에 굴레를 씌우시는 것같이, 사탄의 분노 역시 억제하신다.

> 하나님이 그분의 능력의 굴레로 사탄을 붙잡아 억제하시기 때문에, 사탄은 하나님이 허용하신 것만 행할 수 있다. 사탄이 원하든 원치 않든, 그는 창조자께 복종한다. 하나님이 사탄에게 명령하시는 일은 어디에서든지 복종하도록 강요받는다."[87]

악마들은 오직 하나님의 목적만을 정확히 수행할 수 있기에 그들의 최종 패배는 담보되었다. 비록 더러운 영들은 신자들을 유혹하고 전투를 벌이지만, " … 그들은 결코 성도들을 파멸하거나 으스러뜨리지 못한다."[88]

칼빈은 창세기 3:15 해설에서 교회는 사탄에 의해 정복될 수 없다고 주장한다.[89] 칼빈에 따르면, 비록 영적 전투에서 그리스도께서 이미 승리하셨지만, 이 승리는 "단지 부분적으로" 이 땅에 나타났다. 그럼에도 조금도

---

85 Sermon on Job 1:6-8, CO 33:60. "사탄은 대적자다. 비록 그가 하나님 앞에 나타나서 설명하고 있지만, 그것은 자신의 주장을 펴는 것이 아니다. 왜냐하면, 사탄은 하나님께 기꺼이 복종하기 때문이나. 오히려 사탄은 지나친 분노로 불타고 있어서 가능했더라면 하나님의 능력을 전복시켰을 것이다. 바꾸어 말하면, 항상 원수가 되는 본성이 사탄의 타락한 특성이다. 사탄은 모든 피조물에 대한 지배권을 가지신 하나님께 나아와서 경의를 표하며 복종한다. 사탄이 가진 모든 권위는 하나님이 주신 것이다."
86 Sermon on Job 1:6-8, CO 33:61.
87 *Inst*. I.14.17.
88 Ibid., 1.14.18.
89 Ibid. Comm. on Gen. 3:15, CO 23:70.

후회함이 없으신 하나님은 자신의 계획을 확고히 실행하신다. 결론적으로 악마들을 향한 전쟁은 결정되었고 허용됐으며 하나님에 의해 실행되고 있다. 그러나 그 결과는 이미 정해졌다.[90]

4. 천사들의 한계

비록 현대의 독자들은 칼빈이 천사들을 논한 글의 규모에 종종 놀라지만, 칼빈 자신은 여러 면에서 유보적이었고, 천사와 같은 존재에 대해 불편해했으며, 교회 안에서 천사 숭배와 천사의 역할을 제한하려고 노력했다.

칼빈은 천사들의 창조가 예배와 헌신의 대상이 되어서는 안 된다고 거듭 경고했다. 이런 숭배에 대해 바울의 경고를 강조하면서, 칼빈은 천사에게 신적 영광과 영예를 돌리는 우상 숭배적 전가를 비판했다.[91] 이런 비판은 성인 숭배에 대한 비판에서 반복되었다.[92]

칼빈은 교회에서 점차 확산된 중세의 천사 숭배와 헌신에 반대했다. 칼빈은 천사들을 위한 헌신에서 우상 숭배의 현상이 시종 변함없음을 보았다. 칼빈은 성인 숭배와 천사 찬미를 신성을 피조물에 돌리는 타락한 마음이 우상을 만드는 우상 숭배적 충동의 본보기로 보았다.[93] 천사에 대한 우상 숭배적 예배를 폐지하려는 칼빈의 시도는 천사의 의존적이고 부차적인 본성에 초점을 두고 진행되었다.

---

90 Ibid., 1.17.11. Cf. 1.14.17-18.
91 Ibid., 1.14.3, 10-12.
92 칼빈의 천사 숭배에 대한 비판과 성인 숭배에 대한 비판을 비교해 보라. *Inst.* 1.12.1-2. 1.14.10-12, III.20.21-23; Comm. on Ps. 50:15, CO 31:503; sermon on Eph. 1:19-23, CO 51:335-336. 두 곳 모두에서, 칼빈은 중재자의 개념을 비판한다.
93 *Inst.* I.12.1, I.14.3.

천사는 단지 부분적 지식을 가지고 있는 피조물이므로 중재자로 활동할 수 없고, 그리스도 아래에 있으며 그분을 필요로 한다. 천사는 단지 피조물에 불과하며, 인간의 영혼과 비슷하여 그들의 본질은 본성상 죽음을 피할 수 없는 유한한 존재이다.[94] 천사는 자신의 내면에서 지속성과 확고함을 가지지 못하며, 모든 피조물과 같이 그 존재는 하나님에 의해 계속 유지된다.[95]

칼빈은 천사의 의존적이며 피조된 상태는 종으로서의 역할에서 분명히 드러난다고 보았다. 천사는 단지 하나님의 명령을 수행하기 때문에 "의심의 여지없이 하나님의 피조물이다."[96]

칼빈은 히브리서 1:14을 해설하면서, 천사는 영이기 때문에 물질적 피조물보다 "우월함"을 인정했다. 그러나 천사의 직무는 다스림과는 상반되기 때문에, "천사를 본래의 신분으로 낮춘다고 보았다. 이것은 바울이 천사는 섬기기 위해 보내졌다고 말할 때 더욱 분명하게 언급된다."

칼빈은 다음과 같이 결론지었다.

> 하나님이 천사들에게 맡기신 사역은 진정 영예롭지만, 그들이 섬긴다는 사실은 모든 것의 주가 되시는 그리스도보다 천사들이 훨씬 열등하다는 것을 보여 준다.[97]

하나님을 섬김에 있어서 천사는 결코 독자적으로 행동하지 않는다. 칼빈은 하나님이 우주의 통치를 천사에게 위임하지 않으셨다고 주장한다.

---

94 Sermon on Eph. 4:7-10, CO 51:548; sermon on Job 7:7-15, CO 33:348; sermon on Job 15:11-16, CO 33:725-726.
95 Sermon on Job 4:12-19, CO 33:205-206; sermon on Eph. 3:9-12, CO 51:470; Comm. on Dan. 8:13-14, CO 41:104-109; Comm. on Col. 1:17, CO 52:86.
96 *Inst.* I.14.4.
97 Comm. on Heb. 1:14, CO 55:20; see also Comm. on Dan. 7-10, CO 41:56.

우주를 활발하게 하는 "천사의 움직임"을 묘사한 후에, 칼빈은 서둘러 에스겔 1:22에 대한 해설을 덧붙인다.

> 에스겔이 보좌에 계신 하나님을 만나는 장면에서, 다른 것들이 움직일 수 있도록 활력을 불어넣는 천사들은 자신 안에 내재하는 활력이나 운동력을 가지고 있지 않다. 선지자는 천사들이 하늘 아래에 있는 모든 것을 움직이지만 자신의 공로로 돌리는 것은 아무것도 없다고 가르친다.
> 왜 그럴까?
> 하나님이 천사들 위에 주재하셔서 그들의 행동을 다스리시기 때문이다.[98]
> 천사는 하나님의 지배를 받기 때문에 항상 그분의 승낙에 의존하며, 하나님이 명하시는 장소에서 사명을 감당한다.[99]

칼빈은 에스겔 10:8 주해에서 천사들이 독립적 활동을 하지 않고 하나님의 "비밀스런 직관"에 의해 다스려진다는 사실은 그들의 날개를 통해 볼 수 있다고 주장한다.[100]

이사야 63:9 해설에서도, 천사는 스스로 아무것도 하지 않고 오직 하나님의 명령 아래에서만 행한다고 설명한다.

> 우리의 모든 관심을 천사에게 집중시키지 말자. 왜냐하면, 천사는 우리를 그 자신이 아니라 하나님께로 곧장 이끌기 때문이다.[101]

---

[98] Comm. on Ez. 1:22, CO 40:49.
[99] Comm. on Ez. 10:1, CO 40:207.
[100] Comm. on Ez. 10:8, CO 40:213: "하나님은 의심할 여지없이 천사들의 날개를 통해서, 그들 스스로는 아무 힘도 가지고 있지 않으며, 독차적으로 행동할 수 없음을 증거하신다."
[101] Comm. on Is. 63:9, CO 37:398-399.

칼빈은 다니엘을 또한 칭찬했는데, 그가 천사의 도움에도 불구하고, 모든 경배를 하나님께만 돌리는 것을 보았기 때문이다.

다니엘은 특히 하나님의 통일성을 제시한 후 천사가 명령받은 것을 어떻게 수행하는지 보여 주면서, 하나님을 돕는 종으로서의 천사의 존재에 대해 덧붙여 말한다. 이렇게 하여 구원의 모든 찬양은 한 분 하나님께만 돌려진다. 왜냐하면, 천사는 자신이 원하는 사람을 돕는 것이 아니며, 자신의 의지로 움직이지 않고, 오직 하나님의 명령에 순종하여 움직이기 때문이다.

칼빈은 하나님이 반드시 천사를 사용해야 할 필요를 느끼시는 것은 아니라고 말한다. "하나님이 기뻐하시면 언제든지 천사 없이 그분의 의지만으로 자신의 사역을 수행하시기 때문이다."[102]

천사의 복종은 천사와 그리스도의 관계에서 또한 분명히 드러난다. 히브리서 1:13-14과 같은 구절은 그리스도께서 천사의 창조를 주관하신다는 칼빈의 주장을 지지한다.[103]

천사론에서 결정적인 말씀(골 1:20; 엡 1:10; 욥 4:18)을 주석할 때 이 점에 대한 칼빈의 주장과 전통적 해석 사이의 차이점을 볼 수 있다. 여기에서 우리는 천사를 피조물의 지위에 두려는 칼빈의 시도를 볼 수 있다.

에베소서 1:10을 해설하면서 칼빈은 다음과 같이 말한다.

> 천사는 피조물이기 때문에, 그리스도로부터 비롯되는 유익이 아니었다면, 변질되고 반역으로 처벌받기 쉬워 결국 그의 행복은 영원하지 못했을 것이다.
>
> 친사와 사람 모두 그리스도의 은혜로 말미암아 정해진 질서로 되돌려졌음을 누가 부인할 수 있을까?

---

102 *Inst.* I. 14.11.
103 Comm. on Heb. 1:13-14, CO 55:19-20.

사람은 낙원을 잃어버렸고, 천사는 위험한 영역에 놓이게 되었다.[104]

골로새서 1:20 해설에서, 칼빈은 다음과 같이 설명한다.

> 천사에게는 반란과 죄로 인한 분리가 없었기 때문에, 하나님과 천사 사이에는 [화해를 위한] 다른 이유가 있다. 왜 천사가 하나님과 평화롭게 되었는지에 대해 두 가지 이유가 있다.
> 천사는 타락의 위험이 있는 피조물이었기에 그리스도의 은혜 안에 굳건하지 못했다. … 더욱이 천사가 하나님께 드리는 순종에는 모든 면에서 사죄가 필요 없는 하나님이 만족하시는 절대적 완전성이 없었다. 이것은 의심의 여지없이 욥기 4:18에서 "그의 천사라도 미련하다 하시나니"라는 구절의 의미이다. …
> 만약 하나님의 의 앞에서 평가를 받는다면, 가장 위대한 순전함도 더러운 것이 되어 버린다고 성령께서 선포하신다. 그러므로 천사의 존재가 하나님과 완전히 연합되기에 충분히 의롭지 않다고 우리는 결론지을 수밖에 없다.[105]

이런 구절들의 전통적 해석에 대해 칼빈은 몇 가지 다른 견해를 가지고 있었다. 욥기 4:18을 타락한 천사에게 적용하기보다, 심지어 선한 천사도 하나님 앞에서 부정한 존재가 될 수밖에 없다고 주장한다.[106] 칼빈은 욥기서 설교에서 이 구절을 해석하기 위해 하나님의 감추어진 정의(secret justice) 개념을 발전시킨다. 하나님의 감추어진 정의의 관점에서 보면 심지

---

104   Comm. on Eph. 1:10, CO 51:151.
105   Comm. on Col. 1:20, CO 52:89. See also Stauffer, *Dieu, la création et la Providence dans la prédiction de Calvin*, 191–192.
106   Cf. Gregory the Great, Moralia in Iob V.38.68, *Corpus Christianorum* Series Latina CXLIII (Turnhout, 1979), 267-268; Thomas Aquinas, *Expositio super Iob ad litteram* IV.18.410-420.

제2장 하나님의 명령대로 행하는 천사들   143

어 타락하지 않은 천사들도 책망받을 수 있다.[107]

골로새서 1:20과 에베소서 1:10의 해설에서, 칼빈은 "하늘과 땅에 있는 것들의" 화해는 인류와 타락하지 않은 천사들 사이의 화해만을 언급한다는 주장을 거부한다.[108] 대신 그는 이 구절들이 천사들 스스로가 그리스도의 구속 사역을 통해 하나님과 화해되었음을 의미한다고 주장한다.[109]

타락하지 않은 천사에 관한 이런 해석에서 천사의 자격을 높이는 것에 대한 칼빈의 불안과 천사를 창조의 영역 안에 한정하려는 시도를 다시 볼 수 있다.

이 불안은 천사가 단지 부분적 지식을 소유하고 있다는 칼빈의 강조에서 다시 드러난다. 비록 칼빈이 천사의 인식 방식에 관해 관심을 드러내지 않았지만, 천사가 단지 "부분적으로"만 알고 있음을 단호하게 주장한다. 그러면서 천사의 전지성에 대한 전통적 거부를 활용하여 우상 숭배적 헌신을 반대한다. 마지막 날이 언제 올지 궁금하고 미래에 관해 질문하고 싶어질 때, 성경은 천사 역시 "단지 부분적으로 알고 있는" 피조물로 묘사하고 있음을 신자들은 놀라워해서는 안 된다고 칼빈은 주장한다.[110]

칼빈은 크리소스토무스와 동일하게 성육신 이전에는 인간 구원의 방법이 천사들에게 드러나지 않았다고 믿었다.

---

[107] Sermon on Job 4:18. CO 33:206-207; sermon on Job 13:16-22, CO 33:630-633; sermon on Job 15:11-16, CO 33:725-726.

[108] Cf. Chrysostom, Hom. in Col. III; Thomas Aquinas, *In epistolam ad Ephesios* Lectio III, *Opera omnia* XIII (Parma, 1852), 449.

[109] 스토퍼는 칼빈이 이 점에서 안디옥의 이그나티우스(Ignatius)의 견해에 동의했다고 주장한다. (Stauffer, *Dieu, la création et la Providence dans la prédication de Calvin*, 230, note 115). See also DTC, col. 1203.

[110] Comm. on Daniel 8:13-14, 12:5-7, CO 41:104-109, 295-298; sermon on Eph. 3:9-12, CO 51:468; sermon on Job 10:1-6, CO 33:467-468; Comm. on I Timothy 3:16, CO 52:290-291.

비록 그들이 인류의 구원에 관해 알고 있었지만, 처음에는 구원의 성취 방법과 구원이 누구에게 감추어져야 했는지 이해하지 못했기에, 이 구원사건이 천사들에게 새롭고 놀라운 장관(spectacle)으로 펼쳐졌다는 것은 그리 놀랍지 않다. 천사들은 하나님의 선하심이 표출된 놀라운 광경을 감탄하며 바라보았다.[111]

천사 숭배를 제한하려는 칼빈의 단호한 의지는 천사가 하나님과 인간 사이의 중재자가 될 수 없다는 주장에서 잘 드러난다. 칼빈은 천사를 중재자로 내세우는 시도는 플라톤의 전통에서 유래했다고 주장한다.[112]

칼빈은 스가랴 1:12에서 천사가 성도를 위해 기도를 올릴 수 있음을 마지못해 인정하지만, 성도가 천사의 이름을 부르며 기도하는 것은 거부한다.[113] 칼빈은 기회가 있을 때마다 천사가 하나님을 진정시킬 수 없고 중재자로 불릴 수 없다고 말하며, 신적 영광을 모호하게 해서는 안 된다고 주장한다.[114]

칼빈은 창세기 28:12의 주석에서 야곱의 사다리는 천사가 아니라 그리스도를 상징한다고 독자들에게 말한다.

게다가 인류에 대한 후견자 위치가 약속된 천사는 자신의 직무를 활기차게 수행하지만, 그 존재를 우리가 의식할 수 있도록 친숙한 방식으로 소통하지는 않는다. 그러므로 하늘과 땅을 연결하는 분은 그리스도뿐이다. 그분은 하늘에서부터 땅 아래로 내려오신 유일한 중재자이시다. 그러므로 그분을 통해 천상의 모든 충만한 복이 위로부터 우리에게 임하고, 우리는 그분을

---

111   Comm. on I Timothy 3:16, CO 52:290-291.
112   Comm. on Col. 2:18, CO 52:111-112; *Inst*. I.14.2.
113   Comm. on Zechariah 1:12, CO 43:140-143.
114   Comm. on Heb. 8:4, CO 55:98; Comm. on Gen. 24:49, CO 23:338; Comm. on Ps. 89:8, CO 31:814.

통해서 하나님께 나아간다. … 사다리의 형상이 중재자에게 잘 어울리는데, 그리스도를 통해 천사들의 섬김, 의, 생명, 성령의 모든 은혜가 점차 우리에게 내려온다.[115]

5. 결론

앞선 논의는 천사들에 관한 주제가 칼빈의 관심을 종종 사로잡았음을 보여 준다. 분명히 칼빈의 글에서 천사들은 이차 자료들이 언급하는 것보다 훨씬 자주 등장한다. 칼빈의 천사론은 천사들에 관한 전통적 가르침의 제한적 수용과 그가 생각한 비성경적 또는 사변적인 것에 대한 거부로 특징지어진다.

1) 온전한 성경적 천사론을 위해 칼빈은 이 세상이 천사들과 악마들로 가득 차 있다고 묘사한다

그는 모든 천상의 영은 하나님에 의해 근본적으로 선하게 창조되었고 순전히 무형의 영임을 교회 전통에 따라 동의한다. 칼빈은 천사 일부는 타락했고 이 악마들은 공중에 살면서 불경한 포로들을 사로잡고 있다고 보았다. 칼빈은 천사의 창조와 타락에 관한 이야기를 여기까지만 언급한다. 천사의 창조 시점과 위계 질서의 성격에 관한 모든 사변은 거절한다.

---

115 Comm. on Gen. 28:12, CO 23:391; *Inst.* I.14.12. 사다리 이미지를 그리스도와 일치시키는 것은 칼빈에게 그 기원이 있지 않고 중세의 주해에서 발견된다. 창세기 28:12에 관한 해석의 역사는 다음을 참조하라. David C. Steinmetz, "Luther and the Ascent of Jacob's Ladder," *Church History* 55 (June 1986):179-192. 여기에서 다시 칼빈은 천사 숭배를 반대하는 논쟁적 태도로 전통적 해석의 입장을 적용한다.

2) 칼빈의 천사론은 하나님의 섭리를 이루기 위한 임무에 초점을 맞춘다

천사에 관한 그의 논의는 이런 주제들을 섭리교리에 중점적으로 반영한다. 천사는 하나님의 임재를 증언하고 세상을 돌보며 특별히 교회를 보호한다. 그러나 칼빈은 천사에 의한 보호의 힘, 안전, 위로를 선명하게 묘사하는 글에서도, 천사에게 너무 많은 능력(efficacy)을 부여하지 않기 위해 신중하다.

천사에게 돌아가는 영광을 제한하고, 천사에 대한 사변을 금지하며, 천사는 단지 순종하는 종임을 주장하여 천사를 피조물의 수준에 제한함으로써 지속적으로 그의 한계를 짓는다. 칼빈은 그리스도가 천사의 수장이며 우리의 유일한 중보자임을 주장한다.

3) 천사에 관한 제한은 두 가지 요소에 기인한다

첫째, 칼빈은 모든 우상 숭배적 경배를 폐지하려고 시도했는데, 천사 숭배뿐 아니라 성인 숭배에서 이런 우상 숭배가 전형적으로 나타난다고 보았다. 칼빈이 전통에 동의해 주장한 것처럼, 만약 천사가 단지 피조물이라면, 천사의 이름을 부르는 것은 그야말로 우상 숭배이다.

둘째, 천사의 힘과 권위에 대한 칼빈의 제한은 전반적으로 그의 섭리교리를 보여 주는데, 이는 이차적 수단의 독립을 결코 허용하지 않는다는 것이다. 전형적으로 칼빈의 신학은 하나님을 이차적 원인에 가능한 가까이 둔다.

그러므로 칼빈은 하나님이 직접 그리고 계속 천사에게 명령하시고, 비밀스런 직관으로 영감을 주어 그분이 원하시는 방향으로 천사들을 이끌어 가신다고 주장한다.

결론적으로 칼빈은 천사의 날개와 신속함에 특별히 중요성을 부여한다. 천사들의 신속하고도 즉각적인 순종은 종이 되려는 그들의 의도와 그들의 움직임에 관한 하나님의 가깝고도 즉각적인 감독(control)의 전형적인 예가 된다. 그러므로 이런 두 가지 이유로 인해, "한 분 하나님이 천사의 세계보다 더 낫다"라는 칼빈의 진술은 그의 천사론과 섭리교리의 특징을 보여 준다.

제3장

하나님의 형상: 그를 하나님보다 조금 못하게 하시고

칼빈의 전투적 성격은 인간 본성에 관한 논의에서 많이 드러난다. 그래서 이 주제에 관한 연구는 논란과 열띤 논쟁으로 이어졌다. 칼빈은 인간이 타락했을 때 하나님의 형상을 잃어버렸다고 믿었는가에 관한 주제는 바르트(Barth)와 브루너(Brunner) 사이의 논쟁으로 확대되었다. 그 해답은 신적 형상에 대한 정의에 달려 있다.

만약 하나님의 형상의 관계적 특성, 즉 하나님과 올바른 관계 안에 있는가를 강조하는 것이라면, 이 형상은 타락 때 분명히 잃어버렸다. 이런 근거로 (초기) 바르트, 니젤(Niesel), 토렌스(Torrance)는 형상의 소실을 주장한다.[1]

이들은 칼빈이 죄악된 인간은 "바른 영적 태도", "감사", "반영", 또는 하나님 형상의 본질적 특성의 "반향"을 더 이상 보유하지 않는다고 믿었음을 주장한다.[2]

브루너, 글뢰데(Gloede), 스토페르(Stauffer)는 신적 형상이 여전히 죄인들에게 남아 있음을 칼빈이 주장했다고 보았다. 그들은 하나님의 형상은 창

1　Karl Barth, "No! Answer to Emil Brunner," in *Natural Theology*, 80ff.; Niesel, *The Theology of John Calvin*, 67-68; Torrance, *Calvin's Doctrine of Man* (London: Lutterworth, 1949), 23-81, 106-115. 브루너는 바르트의 후기 책들에서 그들 사이의 이견이 줄었다고 주장한다. "The New Barth: Observations on Karl Barth's *Doctrine of Man*," *Scottish Journal of Theology* 4 (1951): 123-135.

2　Torrance, *Calvin's Doctrine of Man*, 36. 토랜스는 칼빈이 하나님의 형상을 그것의 대상, 즉 하나님을 비추는 거울의 관점에서 보았음을 강조한다. 신적 형상의 관계적 특성에 관해 다음을 참조하라. Brian A. Gerrish, *The Old Protestantism and the New*, 150-159.

제3장 하나님의 형상: 그를 하나님보다 조금 못하게 하시고   149

조 질서에 대한 칼빈의 사상에 알맞고, 인간의 영혼에 "새겨져" 있다고 주장한다.[3] 이 학자들은 칼빈이 이성과 의지, 언어 능력, 지식, 문화를 타락한 인간의 본성 안에 여전히 남아 있는 신적 형상의 남은 부분으로 인식했다고 주장한다.

종종 인간 본성에 대한 이 논쟁이 현대 신학계를 강하게 주도하면서 칼빈의 전통 수용에 관해 주목하지 못하게 했다. 칼빈은 하나님의 형상을 단지 자연신학(natural theology)의 가능성 또는 불가능성의 관점에서 논하지 않았다. 그는 이전의 전통과 16세기의 논쟁들에 답하면서 인간 본성에 대한 사상을 형성했다.

칼빈은 하나님의 형상에 대한 이전의 정의들, 불멸에 대한 중세 후기와 16세기의 논쟁들, 그리고 자유의지에 관한 오랜 기간의 논쟁을 전제로 분석했다.

1. 역사적 배경

창세기 1:26("우리의 형상을 따라 우리의 모양대로 우리가 사람을 만들고")은 타락 전, 타락 후, 그리고 회복된 인간의 본성에 대한 분석으로 오랜 기간 교회에 도움을 준 구절이다.[4]

형상과 모양에 대한 이레니우스의 유명한 구분은 이 구절에 대해 후대에까지 이어지는 해설의 기준이 되었다. 이레니우스는 모양(similitudo)은

---

3   Brunner, "Nature and Grace," in *Natural Theology*, 20ff.; Gloede, *Theologia naturalis bei Calvin*. 72-146; Stauffer, *Dieu, la création et la Providence dans la prédication de Calvin*, 201-205.

4   (복음주의적 관점에서) 신적 형상의 개념의 역사는 다음을 참조하라. David Cairns, *The Image of God in Man* (London: S.C.M. Press, 1953, repr. Fontana Library, 1973). and Brunner, *Man in Revolt: A Christian Ahthropology*, tr. Olive Wyon (London: Lutterworth, 1939), 499-515.

타락 때 잃어버렸지만, 형상(imago)은 남아 있다고 주장했다.[5] 모양은 하나님의 초자연적 선물인 영으로 구성된다고 보았다. 타락 때 인간은 그들의 본성에서 이 초자연적 요소를 잃어버렸지만 여전히 인간으로 남아 있었다.

이레니우스에게 이것은 인간이 하나님의 형상, 즉 합리성과 자유를 여전히 보유하고 있음을 의미했다. 이 근본적인 자질들이 우리를 사람 되게 하며 죄로 인해 파괴될 수 없다. 브루너에 따르면, 이것은 중세의 주해를 지속적으로 지배한 "이층구조" 인간학(two-story anthropology)으로 자연적 선물과 초자연적 선물 사이의 스콜라주의적 구분의 근거가 되었다.[6]

이 구절에 관해 다음으로 중요한 기여를 한 사람은 아우구스티누스이다. 그는 창세기 1:26 해설에서 하나님이 삼위일체이시기 때문에, 하나님의 형상은 인간 안에서 삼위일체적 구조여야 한다고 주장했다. 더욱이 아우구스티누스는 이 삼위일체적 구조가 불멸 안에 위치해야 한다고 보았다.[7]

그는 이 삼위일체적 형상을 이성적 또는 지적 영혼의 내부, 마침내 "마음의 가장 고귀한 영역 안에 위치시키기 시작했다. 이로 말미암아 마음은 이미 하나님을 알고 있거나 알 수 있다. 비록 인간의 마음이 하나님과 같은 본성은 아니지만, 하나님의 본성적 형상은 다른 어떤 본성보다 뛰어나기에, 인간의 마음 안에서 찾거나 발견되어야 한다. 마음 안에 우리의 본성이 가지는 최고의 것이 존재한다."[8]

아우구스티누스는 인간 안에 어떤 것도 이성적 본성보다 탁월할 수 없다고 믿었기에 마음 안에서 하나님의 형상을 찾았다. 그는 몇 번의 삼위일체적 또는 삼중의 구조들을 시도한 후에, 신적 형상은 기억, 이해, 사랑으로 구성된다고 결론지었다.

---

5 *Adv. haer*. IV.4.3, V.6.1, V.16.1.
6 Brunner, *Man in Revolt*, 93.
7 *De trinitate* XIV.4.
8 Ibid. XIV.8

마음은 기억하고, 이해하며, 자신을 사랑한다. 만약 우리가 이것을 구분한다면, 우리는 삼위일체를 구분할 수 있겠지만, 아직은 진정한 하나님이 아닌, 단지 하나님의 형상을 알아보는 것이다.[9]

그러나 아우구스티누스는 더 나아가 기억, 이해, 사랑 이 세 가지 기능이 하나님의 충분한 반영과 형상이라고 보았다. 왜냐하면, 이들을 포함하는 마음은 기억하고, 이해하며, "그것을 만드신 분"을 사랑할 수 있기 때문이다.[10] 그러므로 아우구스티누스와 함께, 신적 형상은 영혼의 합리적 본성과 동일시되었으며 영혼과 하나님 사이의 관계의 관점에서 정의되었다.[11]

토마스 아퀴나스 또한 신적 형상을 합리성과 동일시했다. 오직 지적 존재인 천사와 인간만이 하나님의 형상으로 창조되었다. 비이성적 피조물은 단지 신적 본성의 "흔적" 또는 "근사치의 형상"을 지니고 있다.[12] 그는 아우구스티누스의 『삼위일체』(De trinitate)에 동의하여 그것을 인용했고, 아우구스티누스가 주장한 영혼의 삼위일체적 구조 안에 있는 형상의 위치를 확언했다.[13]

그러나 토마스 아퀴나스는 형상을 세 가지 차원(degree)으로 구분했다.

첫 번째 가장 아래의 수준(level)은 모든 사람이 지닌 형상이며, 사람은 하나님을 이해하고 사랑하는 자연적 태도와 능력을 소유하고 있다.

두번째 수준에서는 "비록 불완전하지만 실제로 또는 습관적으로 하나님을 알고 사랑한다." 이것은 "은혜에 대한 순응" 안에 있을 때의 형상이다.

---

9 Ibid.
10 Ibid. XIV.12.
11 Cairns, *The Image of God in Man*, 102-103.
12 S.T. Ia.93.2, 93.6.
13 S.T. Ia.93.8.

세 번째 수준에서는 하나님을 완전하게 알고 사랑한다. "이 형상은 영광의 모습으로 구성되어 있다."¹⁴ 토마스 아퀴나스는 아우구스티누스처럼 형상을 관계적 용어들, 즉 하나님을 알고 사랑하는 영혼의 능력으로 정의했다.

> 하나님의 형상은 영혼이 하나님께로 향하고 하나님을 향하는 본성을 소유하고 있는 한, 영혼 안에서 발견된다."¹⁵

마지막 수준에서 복을 받은 의지는 그것의 본질 안에서 하나님을 볼 것이다.¹⁶

마지막으로, 폭넓은 중세의 전통과 일치되게, 토마스 아퀴나스는 인류가 영혼의 자연적 능력들은 보유하고 있지만, 타락으로 인해 은혜의 초자연적 선물을 상실하게 되었다고 주장했다. 이 초자연적인 신적 선물의 상실로 인류는 쉽게 처벌받을 수 있는 영혼이 되었다. 인간 본성은 이전에는 질서 있고 조화로웠지만, 타락으로 죄에 빠지게 된 이후 무질서하게 되었다.¹⁷

중세 후기에 이 주제의 중심적 논의는 영혼의 불멸에 대한 아리스토텔레스주의자들의 논쟁이었다. 즉, 아베로에스주의자 논쟁, 1270년과 1277년의 정죄, 그리고 폼포나찌(Pomponazzi)와 같은 르네상스 아리스토텔레스주의자들의 반발이었다.

라틴 아베로에스주의가 특별한 일과 신적 섭리에 대한 하나님의 지식에 관한 논쟁을 일으킨 것을 우리는 이미 보았다. 마찬가지로 영혼의 불멸에

---

14   S.T. Ia.93.4.
15   S.T. Ia.93.8.
16   S.T. Ia.12.1.
17   S.T. Iallae.85.1, 87, 109.7.

관한 논쟁도 중요하다. 그 논의는 아리스토텔레스의 『영혼에 관하여』(De anima) III. 5의 해석에 초점을 맞춘다. 그는 여기에서 지식은 "분리될 수 있고", "무감각하며", "영원하다"고 말한다. 이 본문의 주해에 근거해 두 가지 해석의 전통이 발전했다.

아프로디시아스의 알렉산더(Alexander of Aphrodisias, A.D. 200)는 세 가지 종류의 지식을 주장했다.

첫째, 하나님과 동일시되는 활동적 지식이다.
둘째, 인간 개개인에 속해 있고 죽음으로 부패하는 물질적 또는 잠재적 지식이다.
셋째, 영원한 진리들을 알기 위해 두 지식을 결합한 획득된 지식이다.

그러나 아베로에스는 잠재적 지식은 모든 물질성에서 분리되고, 모든 인간을 위한 것이며, 불멸하다고 주장했다. 아리스토텔레스에 대한 아베로에스의 주해에 따르면, 인간의 지식과 행복은 지식의 동인에 의한 환영(phantasms)의 조명으로 인간의 사고력(vis cogitativa)과 지식의 결합에 놓여 있다.[18]

아베로에스의 복잡한 인식론에서 인간 영혼은 불멸하지도 않고 행함의 결과를 책임질 수도 없다. 왜냐하면, 영혼은 지식에 의해 결정되기 때문이

---

[18] 서방에서 급진적 아리스토텔레스주의의 아베로에스주의자 운동에 관해 다음을 참조하라. F. van Steenberghen, *La philosophie au XIIIe siècle* (Louvain, 1966); James A. Weisheipl, *Friar Thomas d'Aquino, His Life, Thought, and Works* (Washington, DC: Catholic U. of America Press, 1983), 272-285. 나는 시거와 같은 사람들을 언급하기 위해 "급진적 아리스토텔레스주의"라는 말을 사용한다. 왜냐하면, 스틴버겐(Steenberghen)이 주장했듯이 1270년과 1277년에 정죄된 아리스토텔레스주의는 순수한 아리스토텔레스라기보다는 간접적인 아베로에스주의였다. 시거와 보에티우스(Boethius)의 주된 출처는 아베로에스주의자의 해설이 아니라 아리스토텔레스였다. *Aristile in the Went*, tr. L. Johnston (Louvain: E. Nauwelaerts, 1955), 219ff.

다. 지적 능력은 인간이 그의 존재로 구성되는 "실질적 형태"가 될 수 없다. "실질적 형태"의 이 기능은 죽음으로 부패되는 "인간의 영혼"에 의해 수행된다. 인간의 영혼은 불멸하지 않고 육체보다 더 오래가는 영적 실체가 아니다. 개인의 마음이 소유할 수 있는 유일한 "불멸"은 능동적 이성에 참여하는 것이다.

결론적으로 개인의 불멸은 존재하지 않으며, 사후 세계에서 보상이나 죽음은 없다. 아리스토텔레스의 글을 근거로, 브라방의 시거(Siger of Brabant) 같은 급진적 아리스토텔레스주의자들은 개인의 불멸을 거부하는 지식의 단일성(unicity)교리를 옹호했다.[19]

급진적 아리스토텔레스주의와의 논쟁에서, 성 보나벤투라(Bonaventure)와 토마스 아퀴나스는 지식의 단일성 교리에 반대했다. 1270년 12월에 토마스 아퀴나스는 그의 논문 『지식의 단일성에 관하여』(De unitate intellectus)에서 브라방의 시거의 교리들을 반박했다. 그리고 보나벤투라는 그의 논문 『열 가지 교훈 모음집』(Collationes de decem praeceptis)과 『성령의 일곱 가지 은사 모음집』(Collationes de septem donis Spiritus Sancti)에서 이 가르침에 반대했다.[20]

---

19 토마스 아퀴나스는 시거의 해설이 아리스토텔레스에 대한 바른 이해 또는 주해가 아니라는 점에 근거해 시거에 도전했다. 더욱이 토마스 아퀴나스에 따르면, 지성의 단일성(unicity)에 대한 시거의 입장은 철학적으로 옹호될 수 없는 것이었다. 토마스 아퀴나스는 영혼의 불멸이 생명 안에서 기능의 관점으로 설명될 수 있다고 믿었다. 예를 들어, 심리학, 인간 지식, 의지에 대한 지식을 통해 자연철학자는 불멸에 대한 지식을 얻을 수 있다. 토마스 아퀴나스와 시거 사이의 논쟁에 관한 논평은 다음을 참조하라. E.P. Mahoney, "Saint Thomas and Siger of Brabant Revisited," *Review of Metaphysics* 27 (1974):531-553. See also: Weisheipl. *Friar Thomas d'Aquino*, 233ff.

20 *De unitate intellectus contra Averroistas* (Paris, 1270)은 파르마 판(Parma edition)에서 볼 수 있다. vol. 16. 208-224. 토마스 아퀴나스의 글에 대한 영어 번역은 다음에서 볼 수 있다. *On the Unity of the Intellect against the Averroists*, tr. Beatrice H. Zedler (Milwaukee: Marquette U. Press, 1968). 토마스 아퀴나스가 파리에 머문 기간에 관해 다음을 참조하라. On Thomas Parisian periods see James A. Weisheipl, *Friar Thomas d'Aquino*, 53-140, 241-292. 옥스퍼드대학은 1277년 3월 18일에 논쟁에 휘말렸다. 캔터베리의 로버트 킬와디(Robert Kilwardy) 대주교는 13개의 명제를 정죄했다. 이것들 가운데 많은 명

가장 중요한 것은 1270년 '파리 정죄'(Parisian condemnations)에서 불멸에 대한 아리스토텔레스주의자들의 주장을 규탄하기 위해 겨냥한 명제들의 목록이다.

1. 모든 사람의 지적 능력은 동일하다.
2. "사람이 이해한다"라고 말하는 것은 틀렸거나 적절하지 않다.
3. 사람의 의지는 의도적으로 또는 필연적으로 선택한다.
7. 그가 사람인 한 영혼은 사람의 형태이며, 몸이 부패할 때 영혼도 부패한다.
8. 죽음 이후에 분리된 영혼은 유형의(corporeal) 불에 고통을 당하지 않는다.
13. 하나님은 부패하고 죽는 것에 불멸 또는 영원을 주지 못한다.[21]

그럼에도 1270년의 정죄는 급진적 아리스토텔레스주의의 확산을 막지 못했다. 그 후 1277년에 인문학부의 급진적 아리스토텔레스주의자들은 여전히 그들의 견해를 옹호했다. 그러자 요한 21세는 그들의 가르침을 고수하는 것에 대해 경고했다. 1277년에 스티븐 템피어(Stephen Tempier)는 219개의 명제들에 대한 비난을 다시 발표했다. 지식의 단일성과 개인의 불멸

제가 인간 안의 단일성의 실질적 형태와 관련되었다. 학자들은 옥스퍼드 정죄에서 얼마나 많은 명제가 토마스 아퀴나스를 직접 겨냥한 것인지에 대해 논하고 있다. See D. Callus, *The Condemnations of St. Thomas at Oxford* (Oxford, 1946); Wippel, "The Condemnations of 1270 and 1277," 169-170, particularly note 3. On references to Bonaventure see St. Bonaventure, *Collationes in Hexaemeron*, Opera Omnia, Quaracchi V, 327-454. See also *Collationes de decem praeceptis* (1267) and *Collationes de septem donis Spiritus sancti* (1268). Opera Omnia, Quaracchi V, 497ff.; Wippel, "The Condemnations of 1270 and 1277 180: P. Robert, "Saint Bonaventure, Defender of Christian Wisdom," *Franciscan Studies* 3 (1943):159-179.

21 정죄에 관한 라틴어 본문은 다음에서 볼 수 있다. *Chartularium Universitatis Parisiensis*. ed. H. Denifle and E. Chatelain (Paris, 1889-91) 1:543-561. 영어 번역은 위펠(Wippel)의 글에서 볼 수 있다. "The Condemnations of 1270 and 1277," 179-180; Weisheinl, *Friar Thomas d'Aquino*, 276-301.

성과 관련된 글이 여기에 포함되었다.

불멸에 관한 논쟁은 여전히 끝나지 않았다. 사후 세계, 영혼의 불멸, 죽음 후의 영혼의 상태에 관한 사변이 지속되었다. 요한 22세는 견신(Beatific vision, 역자주-천국에서 하나님을 직접 보는 것)에 관한 논쟁에 휘말리게 되었고, 마지막 심판 앞에서 영혼이 견신을 즐거워한다는 것을 부인했다. 그의 주장은 파리대학 전문가들의 큰 저항에 부딪히게 되었다.

베네딕트 12세는 1336년의 교황 칙서 『복되신 하나님』(*Benedictus Deus*)에서, 죽음은 모든 영혼이 마지막 날까지 겪어야 하는 잠이라는 주장을 비난했다. 영혼의 본성과 상태에 관한 사변은 르네상스 시대에 계속 확산됐다.

영혼의 불멸에 대한 전통적 입장은 파두아(Padua)대학에서 가르쳤던 만투아의 폼포나찌(Pomponazzi of Mantua, 1462-1525), 페라라(Ferrara), 볼로냐(Bologna)와 같은 르네상스 아리스토텔레스주의 사상가들에 의해 다시 도전받았다.[22]

폼포나찌는 그의 논문 『영혼불멸에 관하여』(*De immortalitate animae*, 1516)와 『변명』(*Apologia*, 1518)에서, 아리스토텔레스에 대한 토마스 아퀴나스적 해석과 아베로에스주의적 해석 둘 다를 반대했다. 폼포나찌는 영혼이 본질적으로 언젠가는 반드시 죽는다고 주장했다.

폼포나찌의 영혼에 관한 분석을 통해 존재의 위계 안에서 인간의 위치에 대한 그의 이해를 알 수 있다. 폼포나찌는 인간이 천사와 동물의 중간에 위치한다고 주장했다.[23] 그러므로 인간의 지적 능력은 중간수준의 단계에서 기능하고 물질적인 것과 비물질적인 것 모두를 공유한다. 폼포나찌

---

22 폼포나찌에 관하여 다음을 참조하라. Ernst Cassirer, *The Renaissance Philosophy of Man*, (Chicago: U. of Chicago Press, 1971), 257-279. See also: Busson, *Le rationalisme*, 44ff.; Charles Trinkaus, *In Our Image and Likeness*, 2 vols. (Chicago: U. of Chicago Press, 1970) II:530ff.

23 P.O. Kristeller, "Ficino and Pomponazzi on the Place of Man in the Universe," *Journal of the History of Ideas* V (1944):220-242.

는 물질과 분리되는 세 가지 인식 방법이 있다고 보았다.

> 물질로부터 완전히 분리된 것들이 있다. 따라서 지식은 몸을 주체로 또는 객체로도 필요로 하지 않는다. … 이것들은 지적 능력(Intellects) 또는 지식(Intelligences)으로 불리는 분리된 실체들이다. 그 안에는 산만한 사고와 구성과 움직임은 존재하지 않는다.[24]

그러나 다른 극단적인 주장에서 폼포나찌는 주체와 객체로서 몸을 필요로 하는 예민한 힘을 상정했으며, 그것의 지식은 개별자들에게 제한된다고 보았다. 폼포나찌는 시편 8:5("그를 하나님보다 조금 못하게 하시고")을 인용하여 인간의 지적 능력은 그 위계에서 가운데 위치한다고 주장했다.

> 현재 자연은 질서 있게 진행되기 때문에 … 주체 또는 객체로서 몸을 필요로 하지 않는 것과 주체 또는 객체로서 몸을 필요로 하는 이 두 극단 사이에는 마음이 완전히 쏠린 것도 아니고 완전히 몰두하고 있는 것도 아닌 중용의 상태가 존재한다. … 우리는 인간의 지적 능력을 인지적인 것 위와 물질적인 것 아래에 위치시킨다. 그것은 둘 모두에 참여하여 분명히 주체로서 몸을 필요로 하는 것은 아니다. … 객체로서 몸을 필요로 한다. … 이런 이유로 영혼은 물질적인 형태들 사이에 위치해야 한다.[25]

폼포나찌는 영혼이 물질적인 형태이기 때문에, "결국 죽게 되며 상대적으로 불멸한다"라고 결론지었다.[26] 영혼은 물질적인 형태의 최상위에 위

---

24 "On Immortality," tr. William Henry Hay II and J.H. Randall, Jr., in Cassirer, *The Renaissance Philosophy of Man*, 314.
25 Ibid., 315, 323.
26 Ibid., 317.

치하며 "비물질적인 것과의 경계에 놓여 있기 때문에, 비물질적인 특성도 조금은 가지고 있으나 완전무결하지는 않다."[27] 그러므로 폼포나찌는 지적 능력이 (특별한 물체 안에서) 보편적인 것들을 파악할 수 있는 한, 그것은 상대적 비물질성과 불멸에 참여할 수 있다고 주장했다. 그러나 영혼 그 자체는 결국 죽게 된다고 강조했다.

> 영혼은 진실로 몸으로 시작하는 하나의 형태이며 또한 몸으로 중단되는 하나의 형태이다. 영혼은 몸 없이는 작동할 수 없고 존재할 수도 없다.[28]

폼포나찌는 하나의 보호장치로서, 그의 주장이 단지 철학 또는 인간 이성의 추론이라고 덧붙였다. 그는 영혼의 불멸이 믿음의 조항이며 믿음에 적합한 것으로 증명되어야 한다고 보았다.[29]

1513년 다섯 번째 라테란 회의(Lateran Council)에서 교황 레오(Leo) 10세는 영혼의 자연적 불멸을 부인하는 모든 "영혼사멸주의자"(mortalist) 이단을 정죄했다.

> 이 시대에 … 옛 인류의 원수가 감히 우리 주님의 밭에 잡초 씨를 뿌리고 치명적 오류를 키우고 있다. 이것은 모든 사람 안에 영혼이 하나이며 같을 뿐 아니라, 특히 이성적 영혼의 본성은 결국 죽을 수밖에 없다는 주장이다. 신자들은 이런 주장을 항상 거부했다. 몇몇 사람은 이런 주장을 성급하게 철학화하여 이것이 진실하다고 선포한다.

---

27 Ibid., 322.
28 Ibid. 크리스텔러(Kristeller)는 폼포나찌의 이론을 다음과 같이 설명한다. "비록 지성은 그것의 대상들에 관해서는 물질적이지만, 그것은 사고의 주체로서 비물질적이다. 이런 의미에서 인간의 영혼은 본질에 있어서는 죽을 수밖에 없지만, 최소한 불멸에 참여한다." "Ficino and Pomponazzi on the Place of Man in the Universe," 223.
29 Hay and Randall, 379.

우리는 거룩한 공의회의 동의하에, 지적 영혼이 죽을 수밖에 없으며, 모든 사람 안에 하나의 같은 영혼이 존재하며, 영혼이 저절로 존재할 뿐 아니라, 영혼이 본질적으로 육체의 모양이라고 주장하는 모든 사람을 책망하고 정죄한다. … 또한, 영혼은 불멸하고 각 육체마다 하나의 영혼이 그 안에 불어넣어져 증가하며, 더욱 증가될 수 있다고 주장하는 자들을 책망하고 정죄한다.[30]

보하텍(Bohatec)과 부쏜(Busson)을 통해 불멸에 관한 논쟁들이 16세기에 빈번했음을 볼 수 있다.[31] 의심의 여지없이 아리스토텔레스 저작들의 번역과 출판 그리고 아베로에스주의의 해설들은 그 논쟁을 생동감 있게 유지되게 했다. 폼포나찌의 글 외에, 우리는 불멸에 관한 논쟁들을 돌렛(Dolet)과 라블레(Rabelais) 등의 저작에서 볼 수 있다.

돌렛은 불멸을 고대 영광의 개념과 동일시하는 것으로 보인다. 불멸을 거부하는 아베로에스주의의 표현은 라블레의 글에서도 발견된다. 그들은 영원한 생명과 개인의 불멸을 거부했기 때문에, 칼빈은 이 두 사람을 무신론자와 쾌락주의자로 비판했다.[32]

---

[30] G.H. Williams, *The Radical Reformation* (Philadelphia: Westminster, 1962), 23.에서 인용되었다. 라틴어 교본은 만시(Mansi)에서 인쇄되었다. Concilia, XXXII, col. 842.

[31] Busson, *Le rationalisme*, 110ff., 157ff.; Bohatec, *Budé und Calvin*, 149ff. 물론 많은 인문주의자가 영혼의 불멸을 주장했다. see Trinkaus, *In Our Image and Likeness*.

[32] 칼빈은 그의 논문 『스캔들』(*Des Scandales*)에서 다음과 같이 말한다. "아그립바(Agrippa), 빌라노바누스(Villanovanus), 돌레(Dolet)와 같은 부류의 사람들은 교만하게 세속 복음을 부인했다. … 그들은 마침내 극심한 분노에 사로잡혀, 하나님의 아들과 그의 교리에 관한 형편없는 신성모독을 퍼뜨릴 뿐 아니라, 그들의 영혼이 개, 돼지와 아무런 차이가 없다고 상상한다. 라블레(Rabelais), 데베리우스(Deperius), 고베아누스(Goveanus) 등 내가 지금 열거할 수 있는 사람들보다 더 많은 사람이 복음을 맛본 후 눈이 멀고 갇히게 되었다. … 그들은 모든 종교의 기원이 사람의 뇌에 있다고 서슴지 않고 말한다. 그래서 우리가 하나님을 믿는 것은 그것이 우리에게 즐거움을 주기 때문이며, 영원한 생명에 대한 소망은 단지 어리석은 자들을 속이는 것이며, 심판의 두려움은 단지 어린아이들만 겁줄 뿐이라고 주장한다." See *Des Scandales*, ed. Fatio, 137-140.

조지 윌리엄스는 영혼의 불멸에 관한 이런 논쟁들이 16세기 급진적 개혁자들에게 영향을 주었다고 주장한다. 윌리엄스는 다음과 같이 설명한다.

> 부활의 힘에 관한 사후 생명의 옹호와 연결된 불멸에 대한 철학적 반증의 수용은 이탈리아 복음주의자들의 흔적이 될 수 있다고 보았다. 영혼의 도덕에 대한 두 개의 파두안 개념(집단적 지성 안에서 아베로에스주의의 통합과 폼포나찌의 덕의 도덕성)의 철학적 체계 안에서, 그들은 영혼의 죽음(thnetopsychism) 또는 영혼의 무의식적인 잠(psychosomnolence)에 대한 신약(살전 4:13)의 구절을 고결한 자들의 임박한 부활, 또는 덕이 있는 자들과 악한 자들 모두의 임박한 부활에 대한 분명한 기대로 회복할 수 있기를 기대한다.[33]

칼빈이 영혼-수면(soul-sleep)교리와 영혼-죽음(soul-death)교리를 비판했을 때, 그 적대자들이 누구인지 파악하기는 어렵다.

윌리엄스는 1534년에 그것은 루터교도(Lutheran)의 견해였고 영혼수면설(Psychopannychia)의 원래 초안에서 칼빈의 적대자는 아마 루터였을 것으로 추측했다. 크리스쳔 네프(Christian Neff)는 영혼-수면교리가 재세례주의의 교리라는 주장은 거부했다.

윌리엄스는 네프의 주장을 "특이한" 것으로 보았다. 윌리엄스는 『간략한 지침』(*Brieve Instruction*)에 관한 분석에서, 칼빈의 적대자들이 불어와 독일어를 사용하는 재세례파들이라고 보았다.

배틀즈(Battles)는 영혼-수면교리 또는 영혼-죽음교리는 재세례론자들에 의해 넓게 지지받은 교리는 아니었지만, 이런 교리는 프랑스에서 더 널리 퍼졌고, 불어를 말하는 재세례론자들이 영혼의 무의식적 수면의 몇 가지 유형을 주장했을 가능성이 있다고 분석하고 이에 주목했다.[34]

---

[33] Williams, *The Radical Reformation*, 24.
[34] Christian Neff, "Sleep of the Soul," in *Mennonite Encyclopedia*, eds. Harold S. Bender and

칼빈은 그가 오를레앙에서 접촉했던 재세례론자들을 한데 묶어 (영혼의 무의식적 잠을 가르친) 두 그룹 곧 영혼수면론자들(psychosomnolents)과 (영혼이 소멸하고 몸과 함께 부활한다고 가르친) 영육공멸주의자들(thnetopsychists)로 특징지었다.

그는 다음 네 가지를 반대하면서 영혼불멸성에 대한 옹호를 지속했다.

첫째, 재세례파들의 가르침
둘째, 자유주의자들, 오시안더(Osiander), 그리고 세르베투스(Servetus)의 "범신론적" 오류
셋째, 철학자들의 견해
넷째, 라블레(Rabelais) 같은 사람들의 사변과 풍자

2. 영혼의 본질

칼빈은 『기독교 강요』 1559년 판에서 영혼의 불멸을 계속 옹호하며 인간 본성에 대한 첫 번째 세밀한 논의를 시작한다.

C. Henry Smith (Scottdale, PA: Herald, 1955-59) IV:543; Williams, *The Radical Reformation*, 583, 597. Introduction to *Institution of the Christian Religion*, 1536 tr., Ford Lewis Battles (Atlanta: John Knox, 1975), xxxiii. 배틀즈는 사도레토에 상응하여, 칼빈은 자신을 "광신도들"과 구분하기 위해 죽음 이후 영혼의 지속적 삶에 대한 믿음을 옹호했음을 보여 준다. 가톨릭은 연옥과 죽은 자들을 위한 기도를 거부하는 종교개혁자들의 태도는 지속적으로 존재하는 영혼을 거부하는 것으로 보았다. See Battles' introduction to *Institution of the Christian Religion*, 1536, xxxiii-xxxiv, and Calvin, *Tracts and Treatises* tr., Benjamin Farley 1:15. *Calvin, Treatises Against the Anabaptists and Against the Libertines* (Grand Rapids: Baker, 1982), 19-21.

간단히 말해 인간 마음에 부여된 뛰어난 재능들은 어떤 신적인 것이 마음에 새겨져 있다는 것을 분명히 보여 준다. 이 모든 것은 불멸하는 본질에 대한 증거이다.[35]

칼빈이 방어적 맥락에서 영혼에 대한 분석을 시도한 것은 우연이 아니었다. 그 참조의 틀은 칼빈이 인간 본성에 관한 서술을 반복적으로 수행한 것과 두 가지 오류에 반대했음을 보여 준다. 두 가지 오류는 영혼의 불멸에 대한 거부와 창조된 영혼의 지위에 대한 거부이다. 비록 칼빈의 지식이 간접적일 수 있지만, 그의 논쟁은 위에서 묘사된 중세 후기 아리스토텔레스주의와 그것이 16세기 인문주의자들과 급진적인 개혁에 미친 영향에 따른 발전의 연속이었다.

영혼의 본질에 대한 칼빈의 초기 분석은 영혼의 불멸 논쟁에 관한 것이었다. 칼빈은 영혼수면설에 대한 반박에서, 영혼의 실재적 존재와 불멸을 주장했다. 논문의 시작 부분에서 그는 두 그룹의 반대자를 묘사한다.

몇몇 사람은 영혼의 실재적 존재는 인정하지만, 영혼은 기억, 이해, 감각 없이 죽음의 잠에서 깨어날 심판의 날에 이르기까지 잠을 잔다고 상상한다. 다른 이들은 영혼의 실재적 존재는 무엇보다도 빨리 인정하지만, 동맥과 폐의 작용에서 나오는 한낱 생명의 힘에 불과하다고 주장한다. 영혼은 몸 없이 존재할 수 없으며 전인이 부활할 때 사라진다고 생각한다. 그러나 우리는 영혼이 감각과 이해를 부여받은 실체이기에 몸의 죽음 이후에도 실제로 살아 있다고 주장한다.[36]

---

35 *Inst.* I.15.2. 칼빈의 영혼불멸에 대한 옹호는 다음을 참조하라. Quistorp, *Calvin's Doctrine of the Last Things*, tr. Harold Knight (Richmond: John Knox, 1955), 55ff.
36 *Psychopannychia*, CO 5:177. 『영혼수면설』(*Psychopannychia*)은 1534년에 쓰였고, 1541년에 출판되었다.

윌리엄스는 칼빈이 묘사한 첫 번째 그룹, 즉 영혼의 잠을 믿었던 자들은 불어를 쓰는 파두안들, 네덜란드어을 쓰는 자유주의자들, 그리고 재세례파 피난민들이었다고 주장한다. 윌리엄스는 영혼수면설을 고수한 급진주의자들 가운데 레나토, 세르베투스, 많은 재세례파, (자유주의자들을 포함한) 일부 심령론자들(Spiritualists), 그리고 후기 소시니안주의자들(Socianians)이 포함된다고 주장한다.

영혼의 생리적(physiological) 논거에 대한 칼빈의 진술에 근거해, 윌리엄스는 두 번째 그룹을 미가엘 세르베투스와 파리에 있는 그의 모임으로 보았다.

그러나 영혼의 생리적 또는 물질적 개념은 돌렛과 라블레에 의해서도 묘사되었음을 주목할 필요가 있다. 돌렛과 라블레는 생명이 피에 있다는 이론을 제시했다. 부쏜은 생명과 피가 일치한다는 생각은 그 시대의 의사들과 철학자들 사이에 흔했다는 사실에 주목했다. 라블레는 식물적(vegetative) 영혼과 피를 동일시한 것을 심지어 멜랑히톤에게서도 발견할 수 있었다. 그러나 부쏜은 이런 진술들을 영혼에 대한 순수한 물질적 개념과 성급히 동일시하는 것에 대해 경고했다.[37]

영혼이 몸 없이 존재할 수 없는 한낱 필수적 힘에 불과하다고 주장하는 사람들에 대해, 칼빈은 영혼이 육체와는 완전히 다른 현실적이고 실질적인 존재라고 주장했다. 칼빈은 하나님의 형상이 몸의 한 부분이 아니며, 사람들이 짐승들을 다스리기 위해 하나님이 사람에게 주셨던 지배와 동일하지 않

---

[37] Williams, *The Radical Reformation*, 24, 585, 611-614. 세르베투스는 신적 영이 모든 피조물과 소통하고 있음을 보여 주기 위해 의학적 유비를 사용했다. 칼빈은 후에 세르베투스의 오류를 범신론, 유출설, 신격화와 동일시했다. 세르베투스에 대한 네 개의 비판은 재세례주의, 반-삼위일체주의, 범신론, 영혼수면주의이다. 칼빈은 재판에서 영혼수면주의에 관해 세르베투스를 다시 압박했다. 그러나 윌리엄스가 언급한 것처럼, "세르베투스의 깊은 종말론적 확신이 오해되었다는 것은 칼빈의 심문에 대한 요약에서 분명히 나타난다." 609. 영혼에 대한 생리학적 논의들은 다음을 참조하라. Busson, *Le rationalisme*, 239-240.

으며, 육체로부터 분리되고, 영혼에 그 자리가 있다고 주장했다.[38]

하나님의 형상은 감옥과 같은 몸 안에 거하는 영혼에 적용된다고 주장했다. 그러나 육체의 죽음으로 영과 육 사이의 전쟁은 멈추게 되고 영혼은 죄에서 자유롭게 되어 진정 영원하게 된다.[39] 칼빈은 영혼이 잠시 몸을 움직여 살아갈 수 있게 한다고 주장했다. 그러나 그는 영혼이 불멸하며 육체를 초월한다고 주장했다.

> 우리의 영혼이 하나님의 형상이라는 믿음을 단단히 붙들자. 하나님처럼 영혼은 살아 있고 영원하다. 영혼이 몸 안에 있는 한 능력을 발휘한다. 그러나 이 육체의 감옥을 떠날 때, 영혼은 하나님께 돌아간다. 영혼이 복된 불멸의 희망 안에서 쉬는 동안 하나님의 현존을 즐거워한다.[40]

칼빈은 영혼의 불멸을 증명하고 "영혼사멸주의자"(mortalist) 이단의 한 형태를 반박하기 위해 하나님의 형상 개념을 사용했다. 칼빈은 잠자는 영혼에 반대해, 육체의 죽음 후 영혼은 지켜보는 상태에 있고, 지적 능력이 부여되어 부활을 기다린다고 주장했다. 칼빈은 성경에서 영혼이 "쉰다"라고 표현할 때, 그것은 오직 "의식의 평온과 안전"을 의미한다고 보았다.[41] 칼빈은 더 나아가 다음과 같이 설명한다.

> 이 평화는 죽음으로 증진되고 진전되며, 이 세상의 전쟁에서 벗어나 영혼들을 자유롭게 하여 평화의 장소로 이끈다. 이곳에서 영혼들은 온전히 하나님

---

38 *Psychopannychia*, CO 5:180-181.
39 Ibid., CO 5:196.
40 Ibid., CO 5:201. 칼빈은 같은 논문 177쪽에서 다음과 같이 말한다. "영혼은 그 자체로 하나의 실체이며, 몸의 분해 이후에도 이성과 인식이 주어져 진정 지속적으로 살아 있다." CO 5:177. 나는 퀴스토르프의 다음 책에서 인용했다. *Calvin's Doctrine of the Last Things*, 62.
41 *Psychopannychia*, CO 5:188.

을 바라보는 것에 집중하고 있기에, 그들은 다른 곳을 바라볼 필요가 없고 다른 갈망으로 이끌리지 않는다.[42]

칼빈은 영혼이 하나님의 영광을 온전하게 바라볼 때, 완전한 쉼이 이루어지며, 이 잠정적 상태에서 온전한 의식을 가진 영혼은 기쁨을 누릴 수 있다고 보았다. 칼빈은 이 주장을 『재세례파 공동체의 오류에 맞서는 모든 훌륭한 신앙인의 준비를 위한 간략한 지침서』(*Brieve instruction pour armer tous bons fideles contre les errurs de la secte commune des Anabaptistes*)에서 반복했다.

슐라트하임 고백서(Schleitheim Confession)에 대한 응답에서 칼빈은 두 개의 단체를 언급했다.

한 단체는 영혼이 하나의 실체이지만 부활 때까지 잠들어 있다고 주장하는 자들이다.
다른 한 단체는 영혼은 몸이 살아 있는 한 그것에 생기를 불어넣는 한낱 힘에 불과하다고 믿는 자들이다.[43]

칼빈은 이 후자의 입장에 반대해 영혼은 실체적 본질을 가지고 있다고 주장했다. 영혼은 하나님의 형상을 소유하고 있기 때문에, 그것은 당연히 불멸의 영이다.[44] 몸의 죽음 이후에 불멸의 영혼은 의식이 있는 기쁨과 평화의 상태에서 부활을 기다린다.

---

42 Ibid., CO 5:190. 칼빈은 데살로니가전서 4:14과 고린도전서 13:12에 대한 해설에서 죽음 이후 그리스도와 함께 있는 영혼의 존재에 대해 논한다. 이런 논의에 관해 퀴스토르프의 다음 책을 참조하라. *Calvin's Doctrine of the Last Things*, 81ff.
43 『재세례파 공동체의 오류에 맞서는 모든 훌륭한 신앙인의 준비를 위한 간략한 지침서』(*Brieve instruction pour armer tous bons fideles contre les erreurs de la secte commune des Anabaptistes*), CO 7:111ff.
44 *Brieve instruction*, CO 7:112. 칼빈은 지혜서 2:23을 인용한다. "사람은 하나님의 형상으로 창조되었기 때문에 불멸한다." Cf. *Inst*. III.25.6.

그러나 칼빈은 자유주의자들에 대한 비판에서 다른 문제에 직면한다. 여기서 그는 구원받은 사람은 이미 유일한 영적 본질인 지성(Intellect) 또는 모든 것 안에 거하시는 성령과 연합되어 있다는 이론과 대립한다.[45] 이 신념은 아베로에스주의의 영향을 반영하며, 창조자와 피조물을 구별하는 것에 실패했다고 칼빈은 보았다.[46] 그는 자유주의자들의 "범신론적" 오류가 무엇인지 묘사하면서 다음과 같이 말한다.

> 그들은 이것으로부터 영이 하나님의 본질과 재결합한다고 결론짓는다. 그 결과 오직 하나의 영만이 남는다.[47]

---

[45] *Contre la secte phantastique et furieuse des Libertins*, CO 7:18311.

[46] 로이 프류스팅크(Loy Pruystinck)(역자주-로이는 만트 베르펜의 영론주의자로 지옥, 영원한 형벌, 부활을 부인했다. 뮌스터의 재세례파들은 로이주의자의 주장을 데이빗 요리스[David Jorris]와 호전적 재세례파들의 주장과 혼동하여 로이주의자들이 로이를 '3번째 다윗'으로 내세웠다고 간주했다)의 특징을 묘사하면서, 윌리엄스(Williams)는 다음과 같이 주장한다.
"로이는 아베로에스주의자처럼 보이는 우주적 지식(영) 개념을 수용하여, 인간의 지적 본성은 영적 실체이며 거듭난 모든 사람은 성령을 가지고 있다고 주장했다. (비교를 위해, 1502년 헤이그 종교재판에서 종신형을 선고받은 이단자 라이스윅의 헤르만[Herman of Rijswijk]은 하나님의 무로부터의 창조를 거부했고, 그리스도를 '어리석고 순진한 공상가'라고 불렀다. 그는 특별히 아베로에스[Averroes]에게 진 빚은 인정했으나, 아베로에스의 철학을 지나치게 단순화했다.) 사람의 육체와 영혼은 완전히 독립적이며, 서로에게 아무런 영향을 미치지 못하기 때문에, 사람의 거듭난 영혼은 육체의 쇠약에 대해 아무런 책임도 지지 않는다. 로이에 따르면 이것은 루터에 의해 해석되었고 지금 남아 있는 『로이주의 교리 총론』(Loist Summa doctrinae)에 의해 부분적으로 확인되었다." *Radical Reformation*, 352.
팔리(Farley)는 로이의 신념과 칼빈에 의해 설명된 퀸틴주의자(Quintinist) 교리들 사이의 "주목할 만한 관련성"에 집중했다. 그것은 우주적 정신(esprit)에 대한 믿음과 이 우주적 영과 다시 결합된 자는 선과 악을 초월한다는 믿음이다. 로이주의자들(Loists)과 같이, (칼빈이 반대한) 퀸틴주의자들 역시 요한일서 3:9과 요한일서 1:8-9에 의존했다. 팔리는 "칼빈이 언급한 퀸틴주의자와 로이 단체 사이에는 아마 직접적 연계가 없는 것 같지만, 그들이 범신론적 영성 또는 신비주의를 공유했다는 니젤의 판단은 지지될 수 있다고 결론지었다." Calvin, *Treatises Against the Anabaptists and Against the Libertines*, 168. Cf. Wilhelm Niesel, "Calvin und die Libertiner," *Zeitschrift für Kirchengeschichte* 48 (1929):58-74; *Contre la secte phantastique et furieuse des Libertins*, CO. 7:194ff.

[47] *Contre la secte phantastique et furieuse des Libertins*, CO 7:221.

칼빈은 유일한 영(spiritus) 안으로의 재흡수에 대한 이런 발상에 반대해, 부활은 아직 일어나지 않았다고 주장한다. 현재 우리의 구원은 아직 감추어져 있으며, 우리의 확신은 아직 성취되지 않은 희망에 근거한다.[48]

그러나 칼빈은 『기독교 강요』 1559년 판에서 다양한 형태로 반복되는 주장과 잠시 논쟁한다. 그것은 영혼을 신적 본질과 동일시하는 주장이다.

전도서 12:7을 이런 방식으로 해석하는 것을 반박하면서, 칼빈은 "인간의 영혼이 하나님께로 돌아가 하나님이 된다는 이런 해석으로 그들은 누구를 설득하려 하는가"라고 물었다.[49] 칼빈은 이 구절의 인간의 신격화를 지지하는 해석에 반대해, 하나님이 인간의 영혼들을 그의 보호 안에서 육체와 재회할 때까지 보존하신다고 주장한다.

칼빈은 『기독교 강요』 1559년 판에서 영혼의 본성과 불멸에 관한 주제와 다시 직면한다. 그는 Ⅰ.Ⅴ.5에서 폼포나찌를 포함한 아리스토텔레스주의자들을 반대했다. 폼포나찌는 영혼의 불멸적 본성을 거부했다. 칼빈은 영혼이 육체와 결합하여 육체 없이 존속하는 것은 불가능하다고 가르치는 아리스토텔레스의 "냉담한 교설"을 거부했다. 그는 폼포나찌와 같은 사람들의 견해를 특징화하면서, 다음과 같이 기록했다.

> 그들은 영혼이 유기적 능력을 갖추고 있다는 특성을 이용하여, 영혼을 몸에 묶어 영혼이 육체 없이 존재할 수 없다고 주장한다. 그들은 본성을 칭송하면서 하나님의 이름을 할 수 있는 한 멀리 억누른다.

칼빈은 『기독교 강요』 Ⅰ.15.6에서 "영혼의 능력과 힘을 현재의 삶과 너무 밀접하게 하여 육체 이외에 아무것도 남겨 두지 않는" 폼포나찌와 같

---

48 Ibid.,
49 Ibid., CO 7:221.

은 아리스토텔레스주의자들을 반복적으로 비판했다.[50] 칼빈은 정반대의 견해를 주장했다. 영혼의 힘 특별히 합리성과 의식은 몸의 기능에 제한될 수 없는 불멸에 대한 증거이다.

"선과 악 사이를 분별하는 의식은 하나님의 심판에 반응하고, 불멸하는 영혼에 대해 의심할 수 없는 흔적"이라고 주장했다. 마찬가지로 천문학에서 이루어지는 계산, 기억력의 발휘, 발명의 기술은 모두 영혼의 불멸을 증거한다.

> 이것들은 사람 안에 있는 한결같은 신성의 흔적이다. … 주입된 불멸의 흔적들 이외에 우리가 여기에서 말해야 하는 것들은 없앨 수 없다.[51]

칼빈은 영혼이 육체와 분리된 고유한 본질을 가지고 있음을 보여 주기 위해 성경의 증거들(욥 4:19; 고후 7:1; 벧전 1:9; 2:25)을 제시한다.

마지막으로, 칼빈은 창세기 2:7을 기억해 낸다. 하나님의 형상은 "이 문제에 관해 믿을 수 있는 증거"이다. 즉, 영혼은 불멸한다.[52] 칼빈은 해설에서 인간의 창조 시 볼 수 있었던 생명 창조의 단계들은 인간 영혼의 독특성을 분명히 보여 준다고 주장한다.

> [사람을 창조할 때] 세 단계의 차이는 주목할 만하다. 사람의 죽게 될 몸은 지구의 먼지에서 형성되었다. 육체에 영혼이 부여되었고 영혼은 육체 안에서 필수적 활력을 받아야 했다. 그리고 영혼 위에 하나님은 그분의 형상을 새기셨고, 여기에 불멸이 더해졌다.[53]

---

50 *Inst*. 1.15.6. 칼빈은 폼포나찌를 언급하고 있는 것 같다. *De immortalitate animae*.
51 *Inst*. 1.5.5, 1.15.2.
52 *Inst*. 1.15.3.
53 Comm. on Gen. 2:7, CO 23:18-19

칼빈은 육체가 육신적 세대와 출생을 통해 창조됐지만, 영혼은 하나님이 직접 창조하신다고 주장한다. 영혼 창조론자 교리를 논하면서, 칼빈은 다음과 같이 말한다.

> 하나님이 사람을 어머니의 자궁에 창조하실 때 아직 영혼을 지니지 않았다. 그러나 어머니의 자궁 안에서 피조물로 형성되는 동안, 하나님이 그 안으로 영혼을 불어넣으신 후에는 생명의 씨앗이 확실히 존재하게 된다.[54]

칼빈은 『기독교 강요』에서 아리스토텔레스의 오류와 범신론(pantheism)을 반대했다. 범신론의 오류는 오시안더와 세르베투스의 광란에서 다시 표면으로 떠올랐다. 칼빈은 영혼이 하나님에게서 나온다는 마니교의 믿음을 옹호하는 이 두 사람을 비판했다. 그는 신적 본질과 인간적 본성의 결합을 주장하는 이론들과 싸웠다.

칼빈은 마니교도들이 창세기 2:7을 잘못 해석했기 때문에, "마치 측량할 수 없는 신성의 어느 부분이 사람 안으로 흘러 들어간 것처럼, 영혼이 하나님의 실체에서 파생된 것으로 생각한다"라고 비판했다.[55]

칼빈은 이 오류가 세르베투스와 오시안더에게서 발견된 갱신에 관한 진술에 다시 나타난다고 보았다. 내재하는 그리스도에 대한 그들의 이야기, 하나님의 내면의 씨앗, 그리고 구원받은 자들의 본질적 의는 칼빈을 불안하게 만들었다.[56]

---

54 Sermon on Job 3:11-19, CO 33;162; Quistorp, *Calvin's Doctrine of the Last Things*, 62-63.
55 *Inst*. I.15.5.
56 Michael Servetus, *Christianismi Restitutio* (Vienna, 1553, repr. 1790). 세르베투스는 세례를 통한 개인적 거듭남을 다음과 같이 설명한다. "그러므로 인간의 내면은 그리스도의 신성과 인간 영혼의 본질로 이루어진다. 그것 때문에 우리는 공로에 의해서 신적 본질에 참여하게 되며 우리의 삶은 그리스도와 함께 거기에 감추어져 있다. … 인간의 내면은 천상에 속해 있으며, 하늘로부터 내려온 것이며, 하나님의 실체와 그리스도의 신

신적 본질의 파생으로서의 영혼에 대한 묘사 또는 그리스도의 실체 유입은 영혼이 피조되었다는 상태를 거부한다.

"창조자의 본질을 갈가리 찢어 버리기 위해 모두가 그것의 한 부분을 소유해야 한다는 주장은 아주 어리석다. 비록 하나님의 형상이 영혼에 새겨져 있지만, 우리는 천사들이 창조된 것처럼 영혼들도 창조되었다는 것을 사실로 받아들여야 한다."

칼빈은 "창조는 주입이 아니라 무로부터의 본질의 시작"임을 다시 강조하면서 글을 맺는다.[57]

성에서 비롯된다. 피로부터 또한 육체의 뜻에서 비롯되지 않았으며, 단지 하나님에게서 비롯된다. … 그리스도가 하나님인 것처럼 그리고 성령이 하나님인 것처럼 인간의 내면은 하나님이다." 434, 557-558. See also: Roland Bainton, *Hunted Heretic* (Boston: Beacon, 1953), 128-147, Jerome Friedman, *Michael Servetus, A Case Study in Total Heresy* (Geneva: Librairie Droz. 1978).

두 작가는 세르베투스를 '범신론자'로 분류하기를 거부한다. 배인톤(Bainton)은 세르베투스를 유출론자로 부르며, 프리드만(Friedman)은 세르베투스가 만유재신론자라고 주장한다. 칼빈과 세르베투스에 관해 다음을 참조하라. Williams, *The Radical Reformation*, 605-614.

또한, 칼빈은 오시안더(Osiander)의 본질적 의(essential righteousness)교리를 반대한다. 이 교리는 믿음으로 말씀을 붙잡을 때, 그리스도의 신적 본질이 사람의 본질적 의가 된다고 본다. 이 주제에 관해 다음을 참고하라. David C. Steinmetz, *Reformers in the Wings* (Philadelphia: Fortress, 1977), 91-98.

아우구스티누스의 은혜의 이해에 대한 오시안더의 적용은 다음을 참조하라. Patricia Wilson-Kastner, "Andreas Osiander's Theology of Grace in Perspective of the Influence of Augustine of Hippo," Sixteenth Century Journal X (1979):73-92. 윌슨-카스트너(Wilson-Kastner)는 영혼 안에 내주하는 그리스도에 대한 오시안더의 강조를 분석한다. 신자들은 그리스도의 내주를 통해 "신적 속성의 참여자"가 된다. 오시안더는 칭의가 단지 전가라는 주장을 반박하기 위해, "하나님의 씨앗"이 성도들의 영혼 안에 있어 이것이 안에서부터 새롭게 되며 생명을 준다고 주장한다. "계속해서 이 하나님의 씨앗은 신자들과 선택받는 자들 속에 머무른다. 거기에서 하나님과 함께 있는 그분의 아들은 우리와 신적 본질을 공유하며 그분과 함께하는 영으로 간주된다." (*De justificatione* f. 36; Wilson-Kastner, 83). 오시안더의 칭의와 성화의 '혼동'에 대한 멜랑히톤의 비판은 다음을 참조하라. *Iudicium de Osiando*, CR 8:579-584.

[57] *Inst.* I.15.1.

3. 타락 전 영혼의 본성

영혼은 "창조되었지만 불멸한" 것으로 정의 내리기 위한 칼빈의 분투가 영혼의 본성에 대한 분석을 메마르게 하지 않았다. 칼빈은 영혼의 불멸을 확고히 했고, 인간 존재의 타락 전 본성과 타락 후 본성 사이의 근본적 차이에 대한 강조에 관심을 두었다.

> 우리 자신에 관한 지식은 이중적이다. 즉, 우리가 처음 창조되었을 때 우리가 어떠했으며 아담의 타락 후 우리의 상태가 어떠했는지를 아는 것이다.[58]

칼빈은 이 차이를 설명하기 위해 영혼의 능력에 대한 근본적 이해를 상정한다. 그런 후에 그는 그들의 타락 전 능력과 타락 후 능력에 따라 분석한다. 비록 칼빈은 "이 능력을 미묘한 방식으로 논의하는 것"을 철학자들의 몫으로 남겨 두었지만, 그는 중세의 전형적 심리학을 연상시키는 아래의 구절을 수긍한다.

> 나는 플라톤이 기관으로 불렀던 다섯 가지 감각이 있음을 우선 인정한다. 모든 대상은 수용체(receptacle)를 통해 공통의 감각[*in sensum communem*] 안으로 스며들게 된다. 그런 후에 이성(reason)으로 주입되는데, 이것은 보편적 판단의 능력이다[*penes quam universale est iudicium*].
> 마지막으로, 이성이 두서없이 생각한 것을 이해[*mentem*]가 집중력 있고 차분한 연구로 심사숙고한다. 마찬가지로 (영혼의 세 가지 인지적 능력인) 이해, 이성, 상상에 대해 세 가지 욕구적 능력이 부합한다. 의지[*voluntatem*]의 기능은 이성과 이해가 제시한 것을 실현하려는 노력으로 구성된다. 분노의 능

---

58 Ibid.

력 [*vim irascendi*]은 이성과 상상에 의해 제공된 것을 붙잡는다. 과도히 갈
망하는 능력 [*vim concupiscendi*]은 상상과 감각에 의해 앞에 놓인 것을 이해
한다.[59]

칼빈은 위 내용을 넘어 더 나아가는 것을 거부했다. 왜냐하면, 그는 "모
든 것을 수용할 수 있는" 더 단순한 정의를 선호했기 때문이다. 그 정의는
영혼을 단지 두 가지 능력, 즉 이해와 의지로 나눈다.[60] 이 두 능력을 설정

---

[59] Ibid., I.15.6. 칼빈의 가장 초기의 심리에 대한 설명은 세네카의 『관용론』(*De clementia*)에서 볼 수 있다. 여기에서 그는 철학자의 삼중적 측면의 사고, 즉 자연적, 감각적, 이성적 측면에 관해 논한다. 감각적 측면은 내면의 애정을 포함하는 더 높은 영역과 신체적 열정을 포함하는 더 낮은 영역으로 나누어진다. 후자는 만약 "이성"이 통제하지 않는다면 다양한 방향으로 나아간다. 바르트, 니젤, 배틀즈는 『기독교 강요』에서 테미스투스(Themistius)가 영향이 있는 것처럼, 테미스투스의 글은 인정되어야 한다고 주장한다. 아리스토텔레스의 『영혼에 관하여』(*De anima*)에 대한 테미스투스의 해석은 뫼르베크의 윌리엄(William of Moerbeke)의 번역을 통해 중세 시대에 알려져 있었다. 르네상스 시대 테미스투스의 글은 다음을 참조하라. Edward P. Mahoney, "Neoplatonism, the Greek Commentators, and Renaissance Aristotelianism," in *Neoplatonism and Christian Thought*, ed. Dominic O'Meara (Albany: International Society for Neopl. Studies, 1982), 169-177, 264-282. 이 인용 안에서 칼빈의 플라톤에 대한 언급은 『테아이테토스』(*Theaetetus*) 184D에 관한 것이다. 환영(phantasm), 비율(ratio), 지성(intellectus) 같은 용어들의 역사는 다음을 참조하라. Edward P. Mahoney, "Sense, Intellect, and Imagination in Albert, Thomas, and Siger," in *The Cambridge History of Late Medieval and Renaissance Philosophy*, ed. Norman Kretzmann (Cambridge: Cambridge U. Press, 1982), 602-622; Julian Peghaire, "*Intellectus*" *et* "*ratio*" *selon S. Thomas d'Aquin*, Publications de l'Institut de Études medievals d'Ottawa, 6 (Paris: J. Vrin, 1936), 85-210, 247-280.

[60] *Inst*. 1.15.6. 칼빈은 '철학자들'이 이 단순한 구분을 배로 늘려놓았다고 덧붙였다. "이해는 지식에만 만족하기 때문에 때때로 관조적이다. 이해는 활동적인 모습을 보이지 않는다. 때때로 (키케로가 '천재'라는 용어로 이름 붙였다고 생각했던) 이해는 실제적이다. 왜냐하면, 이해는 선과 악을 파악하여 의지를 다양하게 움직이기 때문이다. 이 구분 안에 포함된 것은 어떻게 바르게 잘 살아갈 수 있는가에 대한 지식이다. (욕구를 의미하는) 전자의 부분은 의지와 성욕으로 나뉜다. 식욕만큼이나 자주, 그들이 불레시스(βονλήσις)라 부르는 욕구가 호르메(ὁρμή)에 순종하여 억제된다. 그러나 식욕이 이성의 멍에를 떨쳐 버릴 때 그것은 파오스(παος)가 되며 방종으로 떨어진다. 따라서 그들은 사람 안의 이성을 자신을 바르게 다스릴 수 있게 하는 능력으로 생각한다." Cf. *Calvin's Commentary on Seneca's "De clementia"* 1.10. 이 본문은 칼빈의 데미스티우스

하면서, 칼빈은 전자의 우선성을 단언했다.

> 이해의 기능은 대상들 사이에서 찬성 또는 반대의 가치가 있어 보이는 각 각을 구분하게 하며, 반면 의지의 기능은 이해가 좋다고 표명한 것을 선택 하여 따르게 하며, 이해가 반대한 것은 거절하고 멀어지게 한다.[61]

칼빈은 마음이 그 자체로 어떤 움직임도 없이 선택에 의해 움직인다는 아리스토텔레스의 세부 사항들을 거부했다. 이해는 "영혼의 지도자와 통치자이며, 의지는 이해의 제시(bidding)를 항상 염두에 두고 갈망 안에서 이해의 판단을 기다린다"고 칼빈은 주장했다.[62]

칼빈은 철학적 분석을 추구하기보다는, 타락 전 영혼의 질서 있고 조화로운 본성에 대한 강조를 선호했다.

> 아담이 부여받았던 그 온전성은 형상[imago]에 의해 표현된다. 그가 바른 이해로 충분한 지식을 지니고 있었을 때, 즉 그가 이성의 경계 안에서 감정을 지니고 있었을 때, 그의 모든 감각은 바른 질서 안에서 누그러뜨려졌다. 그리고 아담은 창조자가 주신 특별한 선물들을 진정 찾을 수 있었다.
>
> 신적 형상의 주된 자리는 정신과 마음 또는 영혼과 그것의 능력 안에 있는 것이지, 사람의 한 부분이나 육체 그 자체에 있지 않다. 육체 안에서는 어떤 불꽃이 일어나지 않는다. ··· 이것으로부터 그의 형상이 인간 안에 놓였을 때, 암묵적 대조가 도입되었는데, 하나님의 형상은 인간을 모든 다른 피조물 위로 높였다. 말하자면 보통의 집단에서 그를 분리했다.[63]

(Themistius)에 관한 글보다 앞선다.
61 Ibid. Cf. Plato, *Phaedrus* 253D.
62 Ibid.
63 *Inst.* 1.15.3. See also: Comm. on Gen. 1:26, CO 23:26-27.

이 문맥 안에서, 하나님의 형상은 인간의 불멸 그 이상이다. 칼빈은 이레니우스, 크리소스토무스, 아우구스티누스의 해설을 거부했다. 칼빈은 히브리어 병행 구절이 형상과 모양 사이의 이레니우스적 구분을 허용하지 않는다고 주장했다.⁶⁴ 아우구스티누스는 형상이 기억, 이해, 의지의 심리적 삼위일체로 구성되어 있다는 사변적 생각 속에서 헤맨다고 칼빈은 생각했다.

칼빈은 "이 형상이 어떤 부분으로 구성되었는지 알기 위해 영혼의 능력들을 논하는 것은 아무런 가치가 없다"고 주장했다.⁶⁵ 칼빈은 자연에 대한 인간의 지배는 그 형상의 한 부분이라는 크리소스토무스의 생각에 동의했다. 그러나 인간이 그 형상으로 하나님을 닮게 되었지만, 그것이 유일한 흔적이라는 주장은 거부했다.⁶⁶

칼빈은 하나님의 형상을 영혼 안의 원래 질서와 관계로 정의했다. 칼빈은 그 관계로 말미암는 "아담의 탁월함은 창조자가 주신 특별한 선물로 보았다."⁶⁷ 왜냐하면, 영혼은 바르게 질서 잡혔고, 의지는 이성을 따라가기에 자유로우며, 감정은 한계 안에 유지되고, 이성은 하나님을 알고 사랑할 수 있었기 때문이다. 칼빈은 인간의 판단, 이성, 신중함이면 충분하다고 말한다. 왜냐하면, 이 땅에서의 삶의 방향은 인간을 하나님과 영원한 지복(bliss)을 향해 위로 올리는 역할을 할 수 있기 때문이다.⁶⁸

원래 하나님의 형상에서 가능했던 이 "상승"(ascent)은 자연을 바라봄(contemplation)으로 발생했다. 칼빈이 보기에, 타락 이전의 영혼은 하나님의 영광을 드러내는 "거울", "극장", "열린 서적", 또는 "책"인 우주 안에 놓여 있었다.⁶⁹ 왜냐하면, 사람이 신적 본질을 알 수 없었기 때문에, 하나

---

64   *Inst*. I.15.3.
65   Ibid., 1.15.4.
66   Ibid. See also: Comm. on Gen. 1:26, CO 23:26.
67   *Inst*. I.15.3.
68   Ibid., I.15.8.
69   Ibid., 1.5.1, 6.1-2, 14.20; Argument to Genesis, CO 23:8; Comm. on Gen. 1:6. CO 23:18 자연 안에서 하나님의 계시를 "책", "거울", "하나님의 극장"(*vestigia Dei*)으로

님은 세상의 "볼 수 있는 언어", "의복", 또는 "구조"(fabric) 안에 자신을 나타내셔서 "모든 사람이 그분을 알 수 있고 찬양하게 하셨다."[70] 자연에 내재하는 질서는 타락 이전의 질서 있는 영혼을 하나님에 대한 지식과 순종과 찬양의 삶으로 이끌었을 것이다.

그러므로 규칙, 계속되는 질서, 자연의 아름다움 안에서 분명히 나타나는 "우주의 잘 짜여진 질서"는 우리가 볼 수 없는 하나님을 그 안에서 바라볼 수 있게 하는 거울의 한 종류로 의도되었다."[71]

인간의 몸이 하나님을 보여 주기에 충분한 기적들을 지니고 있었기 때문에, 사람의 외부에서 뭔가를 찾을 필요가 없었다.[72] 결론적으로 타락 전 질서 있는 불멸의 영혼은 자연을 바라봄으로 하나님을 알고 찬양하기 위한 목적으로 창조되었다.

묘사하는 것은 중세 시기를 통해 나타난 전통적 주제였다. 아우구스티누스의 시편 45:7(PL 36:518)의 주해와 릴의 앨런(Alan of Lille)의 『리듬변경』(*Rhythmus alter*)에서 자연의 책에 대한 유명한 언급들은 그 예시이다. "우리에게 세상의 모든 피조물은 마치 책, 그림, 거울과 같다."(MPL CCX 519A). 이 주제에 대한 전통적 표현은 보나벤츄라(Bonaventur)의 *Breviloquium* II. ii. 12. St.에서 찾아볼 수 있다. 또한, 보나벤츄라는 만일 "마음의 거울이 깨끗하지 않거나 닦여 있지 않다면," 우리는 자연의 책을 읽을 수 없다고 주장한다. 이 "청결함"은 기도와 양심의 뉘우침을 통해 얻을 수 있다. *Itinerarium Mentis in Deum* 1.2.4.
보나벤츄라의 은유의 사용과 유비의 이해 그리고 예시들에 관해 다음을 참조하라. Etienne Gilson, *The Philosophy of St. Bonaventure,* tr. Dom Illtyd Trethowan and Frank J. Sheed (Paterson, NJ: St. Anthony Guild, 1965), pp. 185-214, and Sister Emma Jane Marie Spargo, *The Category of the Aesthetic in the Philosophy of St. Bonaventure* (St. Bonaventure, NY: The Franciscan Institute, 1975), pp. 130-148. For further examples and discussion of the "footprints" of God or the "book" or "mirror" of nature see: M.-D. Chenu, *Nature, Man, and Society in the Twelfth Century*, tr. Jerome Taylor and Lester K. Little (Chicago: U. of Chicago Press, 1900), pp. 114-119; Ernst Robert Curtius. *European Literature in the Latin Middle Ages*, tr. Willard R. Trask (Princeton: Princeton U. Press, 1953); Clarence J. Glacken, *Traces on the Rhodian Shore* (Berkeley: U. of California Press, 1967). 203ff.: H. Leisegang, "La connaissance de Dieu au miroir de l'âme et de la nature." *Revue d'histoire et de philosophie religieuses*, 17 (1931):145-17.

70　Comm. on Ps. 104:1, CO 32:85; *Inst.* 1.6.1; sermon on Job 28:4-11, CO 35:374.
71　*Inst.* I.5.1.
72　Ibid., 1.5.2-3; Cf. Cicero, *De natura deorum* II.lvi.133ff.

4. 타락 후 영혼의 본질

타락 전 영혼의 질서 있는 본질을 묘사하는 칼빈의 주된 목적은 타락한 영혼의 기형과 비교하기 위함이었다. 아담은 "온전하게 남아 있지" 못했다. 칼빈은 철학자들의 교묘함에 조바심이 났다. 칼빈은 그들이 타락 전 영혼과 타락 후 영혼 사이의 근본적 차이를 인식하는 데 실패했다고 생각했다. 칼빈은 플라톤과 아리스토텔레스를 따르던 자들을 비판했고, 그들이 인간 이성과 자유의지를 지나치게 의존하는 것에 대해 비판했다.

칼빈은 (스콜라주의자들과 르네상스 인문주의자들을 포함하는) 철학자들을 다음과 같이 책망한다.

> [그들은] 폐허에서 건물을 찾고 흩어진 천 조각들 속에서 잘 짜인 옷감을 찾고 있는 것과 같다.[73]

칼빈은 인간의 이해에 의존하는 플라톤의 주장을 비판했다. 자연법에 대한 지식을 통해 죄가 무지로부터 기인한다는 플라톤의 오류를 알 수 있다.

> 자연법은 옳은 것과 그른 것 사이를 온전히 구분하고, 무지에 대한 변명을 자신에게 허용하지 않는 양심의 불안이며, 그 자체의 증거로 그들이 유죄임을 증명한다.[74]

---

73 *Inst.* I.15.8. *Inst.* II.2.3에서 '철학자들'이 내면의 질서를 유지하는 것과 이성의 우월성에 관련된 어려움을 인식한 것을 칼빈이 인정한 것은 주목할 필요가 있다. 인간 본성에 대한 분석은 다음을 참조하라. Trinkaus, *In Our Image and Likeness*.

74 *Inst.* II.2.22; Cf. Plato, *Protagoras* 357. 칼빈은 플라톤을 비판하면서, 『파이드로스』(*Phaedrus*) 246-255에 나타나는 도덕적 타락에 관한 논의를 무시했다. "그녀의 전체성 안에서 영혼은 어디에나 있는 무생물의 존재에 관심을 가지며 전체 하늘을 다양한 형태로 여행한다. 그녀의 영혼이 완전하여 충분히 날개를 폈을 때, 그녀는 위로 솟구쳐

그러므로 하나님 앞에서(coram Deo) 자연법은 타락한 남자들과 여자들을 용납할 수 없다.

> 죄인들은 선과 악에 관한 판단을 회피하기 위해 노력한다. 그러나 그는 강요받지 않고서는 윙크조차 할 수 없으며, 계속해서 판단해야 하는 상황에 이끌린다. 그러므로 인간이 단지 무지로 인해 죄를 짓는다는 주장은 잘못된 것이다.[75]

칼빈은 인간에게 선을 추구하는 능력이 있다고 주장하는 스콜라주의자들을 비판했다. 이것은 행복을 향한 우리의 자연스러운 경향과는 구분되어야 한다고 보았다. 특히, 칼빈은 작동하는(operating) 은혜와 협력하는(cooperating) 은혜 사이의 구분을 질책했다. 왜냐하면, 그것은 선을 추구하는 인간 본성에 대한 자연적 능력을 제시하기 때문이다.

칼빈은 다음과 같이 설명한다.

> 이 구분에 관해 나를 불쾌하게 만드는 것은, 롬바르드가 선을 향한 실질적 갈망을 하나님의 은혜로 돌리는 반면, 인간이 무익하나마 자신의 본성에 따라 어떻게든 선을 추구한다는 암시를 주기 때문이다.[76]

올라가 모든 세상을 질서 있게 한다. 반면에 영혼이 불완전하여 그녀의 날개를 잃어버렸을 때, 그녀의 비행은 아래로 쳐져 마침내 딱딱한 바닥에 내려앉는다. 그녀는 그곳에서 집을 찾는다. 그녀는 스스로 움직이는 것처럼 보이는 땅의 몸(frame)을 받는다. 그녀는 자신이 힘으로 진정 움직인다. 그것은 영혼과 육체의 구성으로 살아 있지만 결국 죽게 되는 피조물이라 불린다."(Benjamin Jowett 역).

75 Inst. II.2.22.
76 Ibid., II.2.6. 칼빈은 롬바르드를 언급한다. Sent. II. dist. xxxvi.1 and Bernard, De gratia 14.46. 그 차이는 아우구스티누스에게서도 또한 발견된다. De gratia et libero arbitrio XVII.33, 칼빈은 동의를 얻어 Inst. II.3.11.에 그것을 인용했다. 사람은 "자신의 본성으로 선을 추구한다는 생각을 칼빈이 정말 이 '구분'으로 돌렸는지는 분명하지 않다. 버나드는 동의에 영향을 미치는 하나의 작동하는 은혜가 있음을 주장했으며, 또한 선

칼빈은 버나드에게서도 이 같은 경향이 있음을 보았다.

> 버나드는 선한 의지는 하나님의 일이라고 선언하지만, 인간이 자신의 충동으로 이런 종류의 선한 의지를 추구하는 것에 동의한다.[77]

칼빈은 인간 본성이 선을 추구할 수 있다는 모든 제안은 타락의 결과를 완화하며 타락 이전의 본성과 타락 이후의 본성 사이의 근본적 괴리를 흐릿하게 만든다고 보았다. 이런 논쟁들 한가운데에서 칼빈은 타락한 인간 본성에 대한 견해를 제시했다. 물론 그것은 의지의 결박에 강조점을 두는 아우구스티누스의 주장에서 영향을 받았다.

타락한 인간 본성에 대한 칼빈의 분석을 이해하기 위해서는 두 가지 원칙을 기억해야 한다.

첫째, 자연적인 것과 초자연적인 것 사이를 구분
둘째, 인간 본성의 내재적인 활동적 특성

한 의지 자체가 은혜의 진전하는 사역의 효과라고 언급했다. Bernard *De gratia* 14:46. See also: Jill Raitt. "Calvin's Use of Bernard of Clairvaux," A. *für Reformations-geschichte* (1981):98-121, Lombard reads: "이것은 작동하는(operating) 은혜와 협력하는(co-operating) 은혜이다. 작동하는 은혜는 인간의 의지를 준비시켜 선한 일들을 행하도록 한다. 협력하는 은혜는 그것을 도와 헛되이 행하지 않게 한다. 아우구스티누스는 하나님이 작동함으로써 시작한 것을 우리 안에서 성취하신다고 보았다. 왜냐하면, 하나님은 우리가 갈망하도록 일하심으로써 시작하시며, 갈망하는 자들과 협력함으로써 성취하시기 때문이다. 이렇게 하나님은 우리가 갈망하도록 일하신다. 우리가 진심으로 갈망하며, 너무나 갈망하여 그것을 행하기 위해 움직일 때, 하나님은 우리와 협력하신다. 그러나 하나님 없이 우리가 갈망하도록 작동하는 것이나 우리가 행할 때 협력하는 것은 경건의 선한 일들을 향해서는 아무것도 하지 못한다"(*Sent.* II dist xxvi.1).

[77] *Inst*. II.2.6.

칼빈은 피터 롬바르를 비판했음에도 불구하고, 타락 때 초자연적 선물들이 없어졌고, 자연적 선물들은 부패되었다는 롬바르의 진술을 찬성하여 인용했다.[78]

믿음, 하나님에 대한 사랑, 자비, 거룩을 향한 열정은 아담이 변절했을 때 잃어버렸다. 인간의 영혼은 타락으로 무질서하게 되었고, 영적 영역은 전적으로 부패되었다. 이런 영적 이해의 상실은 "자연의 책"에서 하나님을 인식하지 못하는 남자들과 여자들의 무능력을 예로 들 수 있다. 타락은 자연 질서의 "혼돈"이었고, 상응하는 혼돈으로 인식의 질서에 영향을 주었다.[79]

인간은 더 이상 자신의 탁월함이 하나님에게서 온다고 인정하지 않으며, 결과적으로 자연 안에서 하나님을 더 이상 인식할 수 없다. 간단히 말해 하나님 형상의 관계적 특성이 파괴되었다.

그러나 자연적 선물들은 남아 있다. 인간은 타락으로 야수와 같은 동물이 되지 않았지만, 생각의 온전함과 마음의 강직함을 잃어버렸다.

> 사람은 이성으로 선과 악 사이를 구별하고 이해하며 판단하기에, 이성은 자연적 선물이다. 그것은 완전하게 지워질 수 없다. 그러나 이성의 일부분은 약하고 부패하게 되었다. … 먼저 사람의 왜곡되고 타락한 본성 안에서, 어떤 부분들은 여전히 불꽃을 환하게 틔운다. 사람에게 이해가 부여되었

---

[78] Ibid. II.2.4, II.2.12, Lombard, *Sententiae* II dist. xxv.8: "은혜로 말미암아 회복되기 이전의 의지는 악을 행할 자유를 가진다. 그러나 의지가 은혜로 말미암아 회복되면, 그것은 선을 행할 자유를 가진다. 왜냐하면, 은혜가 오기 이전의 의지는 악을 향해 자유롭다. 그러나 은혜로 말미암아 의지는 선행 향해 자유롭게 된다. 사람의 의지는 어떤 측면에서 항상 자유롭지만, 의지가 죄에서 해방되지 않았다면, 그것이 항상 선한 것은 아니다. 그러나 의지는 필요로부터 자유롭다. 아우구스티누스는 다음과 같이 주장한다. '의지는 우리 안에서 항상 자유롭지만, 그것은 항상 선한 것은 아니다. 의지가 정의에서 벗어나 죄를 섬길 때 그 의지는 악한 것이며, 의지가 죄에서 해방되어 정의를 섬길 때 그 의지는 선한 것이다.'"

[79] *Inst.* I.2.1, 1.5.4.11.14.

기 때문에 짐승 같은 야수와는 다른 이성적 존재의 모습을 볼 수 있다. … 마찬가지로 의지는 인간의 본성에서 나누어질 수 없기에 소멸되지 않았지만 악한 욕구들과 강하게 결합되어 있어 옳은 것을 행할 수 없다.[80]

칼빈은 인간 본성 안에 의지와 마음이 있다는 사실은 다음 두 가지를 의미한다고 보았다. 그것은 하나님의 형상의 남은 부분이 있다는 것과 인간은 항상 활동적이라는 것이다.

타락한 영혼의 이 내재적인 활동적 본성은 죄에 대한 칼빈의 분석뿐 아니라 하나님의 형상, 자연법, 사회의 유지에 관한 그의 사상을 이해하기 위해 결정적으로 중요하다. 칼빈은 그들이 초자연적 영역과 자연적 영역으로 향할 때, 죄악 된 인류의 활동적 본성은 마음과 의지 모두에서 분명히 드러난다고 주장한다.

칼빈은 초자연적 영역에서 타락한 마음의 활동은 우상 숭배의 죄에서 가장 분명하게 나타난다고 보았다. "신성한 것을 추구하는" 타락한 마음은 창조자에 대한 지식을 찾기 위해 노력한다. 그러나 창조자 대신에 "미로"와 "끊임없는 우상들의 공장"이 되어, 본성을 통해서는 하나님을 찾기가 불가능하며, 타락한 마음에서 많은 우상이 나타난다. "크고 가득 찬 샘에서 물이 솟아나는 것처럼, 인간의 마음에서 엄청난 우상의 무리가 흘러나온다."[81]

칼빈에 따르면, 타락한 의지는 본질적으로 활동적이다. 아우구스티누스의 공식을 채택한 칼빈은 선과 악 사이에서 선택할 수 있는 원래의 의지는 약하고 불안정하다고 진술한다. 그럼에도 칼빈은 "하나님이 인간에게 평범하고 일시적인 의지 이외의 다른 것을 주셔서, 인간의 타락에서도 하나

---

[80] Ibid., II.2.12.
[81] Ibid., I.5.12

님의 영광을 위해 더 많은 기회를 가질 수 있음"을 강조한다.[82]

타락 후 의지는 완전한 죄의 노예가 되어 "선을 향해 움직일 수 없다. 또한 의지는 선에게 자신을 내어 주지 않는다. 선을 향한 의지의 움직임은 하나님께로 향하는 회심의 시작이다. 성경에서 이것은 전적으로 하나님의 은혜로 주어진다."[83]

그럼에도 의지는 항상 의도적으로 죄를 짓는다. 왜냐하면, "서둘러 죄를 짓는 경향이 의지에 강하게 남아 있기 때문이다. 인간이 이런 의향에 자신을 내어 줄 때, 그는 의지를 빼앗긴 것이 아니라 의지의 온전함을 빼앗긴 것이다."[84] 칼빈은 인간의 본성이 본질적으로 활동적이기 때문에 의지의 지속적인 "움직임"은 선과 악 사이에서 선택하는 아담의 본래적 자유와 구별되어야 한다고 보았다.

칼빈이 아우구스티누스의 권위에 의지했을 때 잘 알았던 것처럼, 이런 구분을 한 것은 칼빈 혼자만은 아니었다. 의지의 본성에 대한 아우구스티누스의 가장 초기의 분석은 『자유의지에 관하여』(De libero arbitrio)에서 발견된다. 여기에서 그는 "자신의 능력 안에 무언가를 가진다는 것"이 무엇을 의미하는지 분석했다. 의지는 사람에게 "부여되었기에" 그것은 자신의 능력 안에 있으며 자유롭다고 보았다.

> 우리의 능력 안에 가장 많이 내재하는 것은 의지이다. 왜냐하면, 우리가 의도하는 즉시 반드시 무엇인가 나타나기 때문이다. … 의지는 우리의 능력 안에 내재하기 때문에 자유롭다.[85]

---

82   Ibid.
83   Ibid., II.3.5.
84   Ibid.: "그럼에도 의지는 여전히 남아 있어서 죄를 향한 강한 욕구로 기울어지며, 죄를 향해 바쁘게 줄달음을 친다." Cf. Inst. III.23.4-8.
85   Augustine, *De libero arbitrio* III.3.7.

의지는 "우리의 능력 안에" 있다. 왜냐하면, 우리가 "의도할 때"(*volumus*), 우리는 그것에 "영향을 미친다"(*facimus*). 그러므로 "강요"는 의지의 본성에 상충되는 개념이다. 왜냐하면, 의지는 항상 "드러나며"(*praesto est*), 인간들은 죄와 은혜 안에서 그들의 의지를 행사하기 때문이다.

아우구스티누스가 심플리시안(Simplician)에게 글을 쓰기까지, 그는 지식의 부족, 습관의 힘, 선에서 기쁨을 창출하는 인간의 무능을 점점 더 인식하게 되었다. 그럼에도 죄가 의지의 활동을 뿌리 뽑을 수 없다고 확신했다.

로마서 7:7-19("내가 원하는 바 선은 행하지 아니하고")을 해설하면서 아우구스티누스는 다음과 같이 말한다.

> 이 구절들을 바르게 이해하지 못하는 자들에게, 바울은 자유의지를 제거하는 것처럼 보인다.
> "의도한 것이 드러났다"라고 말할 때, 어떻게 그것을 행하는가?
> 그렇다면 실제 의도한 것은 확실히 우리의 능력 안에 있다. 선을 행하는 것이 우리의 능력 안에 있지 않다는 것은 원죄에 이어지는 후식(desserts)과 같다. … "의도한 것이 드러났다"라는 표현에서, 그는 의도하는 것은 쉽다고 말한다. 법 아래 있는 사람은 선한 것을 의도하지만 악한 것을 행하는 것이 더 쉽다. 의도하는 것은 아무런 어려움이 없지만, 의도한 것을 행하는 것은 그렇게 쉽지 않다.[86]

아우구스티누스는 『영과 문자에 관하여』(*De spiritu et littera*)에서 이 구절을 회심한 기독교인의 생활에 대한 묘사로 설명한다. 인간은 역사 안에 원죄를 지니고 태어난다. 죄는 의지를 분산시키고 영혼에 대한 사랑을 무질

---

[86] Augustine, *De diversis quaestionibus ad Simplicianum* 1.11.

서하게 한다. 인간은 자신을 기쁘게 하는 것과 스스로에게 동기부여 하는 것을 결정할 수 없기에, 존재의 가장 깊은 곳에서 뭔가를 결정하고 단지 죄를 지으려고 의도한다. 그러나 이 '속박'은 결코 의지의 근본 활동을 파괴하지 못한다.

> 만약 당신이 심문을 받으면서, 뭔가를 본의(*invitus*) 아니게 한 것이 드러날지라도, 그것은 당신의 의지로 한 것이다. 당신이 다르게 행동하기 원했고, 어떤 악 때문에 그것을 부득이하게 행했고(*facere compellitur*) … 그래서 충동적으로, 당신의 의지에 반하여, 즉 본의 아니게 했다고 생각해 보자. 당신이 행한 것이 비록 완전한 의지 또는 자유로운 의지로 된 것은 아니라 할지라도, 그것은 의지가 없이는 결코 수행될 수 없다. 왜냐하면, 우리는 의지를 실행에 옮기기에 그 연기자가 무력하다고 말할 수 없다.[87]

아우구스티누스의 사상에서 노예화된 의지는 결코 수동적이지 않다. 심지어 사람들이 악한 방향으로 의도할 때 항상 적극적으로 의도한다.

아우구스티누스는 노예화된 의지의 활동적 본성을 통해 진정한 자유는 의지의 단순한 실행을 초월한다고 보았다. 자유는 죄에 대한 무능력과 불변하는 의지에 대한 선물로 구성된다. 아우구스티누스에게 진정한 자유는 무력함이다. 즉, 선에 뿌리를 내린 변함없는 의지는 악을 의도함에 있어서의 무력하다.[88]

루터는 아우구스티누스의 분석을 활용하여 완전히 타락한 의지는 결코 수동적이지 않다는 강조로 에라스무스의 주장에 반대했다. 루터는 수동성의 혐의가 에라스무스의 가장 강력한 주장들 가운데 하나임을 알고 있었으며, 죄를 범하는 의지는 필연적으로 의도를 가지고 행한다고 보았다. 루

---

87 Augustine, *De spiritu et littera* LIII.31.
88 Augustine, *De civitate Dei* XXII.30.

터는 하나님과 피조물은 항상 활동적이며 하나님은 "활동" 안에 계시고 본질적으로 활동적인 도구들을 사용하신다고 주장한다.

> 지금 사탄과 인간은 하나님에게서 분리되고 버림받아 선한 것을 의도할 수 없으며, 계속해서 자신의 욕망을 따라간다. 그래서 그들은 자신의 것을 추구할 수 없다. 그들의 의지와 본성은 그대로 남아 있으며 하나님을 싫어한다. 비록 그들의 본성은 부패하고 하나님을 싫어하지만, 사탄과 경건하지 않은 사람은 존재하며 본성과 의지를 소유하고 있다.[89]

아우구스티누스와 같이 루터는 자유와 활동 사이의 구분을 인식했다. 필요한 의지는 항상 활발하다. 악한 자들은 "의지에 행해진 어떤 폭력도 없이," 자신의 악한 본성에 "따라 움직인다." "왜냐하면, 의지는 마지못해 강요된 것이 아니라(*quia non cogitur nolens*) 악한 특성에 따라 자연스럽게 의지에 허락된 하나님의 자연적 활동에 따라 움직이는 것이다."[90]

칼빈은 분명히 타락으로 노예화된 의지는 적극적으로 죄를 짓는다는 주장으로 이 전통을 유지했다. 그는 아우구스티누스와 루터의 주장뿐 아니라 아가서 설교 81에서 볼 수 있는 버나드의 의지에 관한 분석에도 의존했다.[91] 그 설교에서 의지는 항상 "의도"하며 죄 안에서 의지는 "자발적 노예 상태"를 겪는다고 버나드는 주장했다.

그러나 이 노예 상태는 의지를 자신에 반하여 가지고 있는 것은 아니다. 왜냐하면, 죄인은 전적으로 의도하는 존재로 항상 남아 있기 때문이다. 그

---

89 Luther, *De servo arbitrio* WA 18.709.11-19. Cf. WA 18.616. note 1.
90 WA 18.714.30-35.
91 보하텍은 루터가 강제(coactio)와 필요(necessitas) 사이의 구분을 "지키지" 않았기에, 칼빈의 사고는 부서(Bucer)의 사고에 더 가깝다고 주장한다. See Bohatec, "Calvins Vorsehungslehre," 372-373. 루터가 이 구분을 지켰는가에 대해서는 논쟁의 여지가 있다.

러므로 죄인들은 항상 용납될 수 없다. 왜냐하면, 그들은 내적 필요에 대한 주체이며, 다른 사람에 의해 강요되거나 강제되지 않기 때문이다.[92]

칼빈은 버나드의 의견에 동의해 그의 글을 인용했으며, 강요와 필요 사이의 구분을 통해 이 주제를 명확히 했다. 칼빈은 필요가 의지의 방향을 결정하는 영혼의 내적 상태로 보았다. 하나님은 반드시 선한 것을 의도하시지만 죄인들은 반드시 악한 것을 의도한다. 강요는 의지의 본성에 반하는 내적 힘이다. 칼빈은 타락한 의지의 내적 필요에 따라 사람들이 죄를 지으며, 외적 힘 또는 강요 때문은 아니라고 결론짓는다.[93]

> 이 구분의 주된 요점은 사람이 타락으로 부패했기 때문에, 의도적으로 죄를 짓는다는 것이다. 자신이 의도한 것이지 강요에 의해 죄를 짓는 것은 아니다(*non invitum nec coactum*). … 자신의 탐욕으로 죄를 짓는 것이지, 강요에 의해 죄를 짓는 것은 아니다. 그는 본성이 너무 타락하여 오직 악에 의해서만 움직이고 충동을 받는다. 만약 이것이 사실이라면, 사람은 분명 죄를 짓는 주체이다.[94]

요약하면, 칼빈의 분석은 이성과 의지의 지속적 활동뿐 아니라 하나님 앞에서 인간 본성의 전적 타락을 포함한다. 칼빈은 의지가 오로지 악을 향해 움직이는 동안, 마음은 오류의 덫에 빠지고 단지 우상들만을 만들어 낸다고 주장한다. 이런 능력이 원래의 질서 있는 온전성을 포함하고 있다는 주장은 타락 전 영혼의 본성과 타락 후 영혼의 본성을 혼란스럽게 한다.

---

92 Bernard, *On the Song of Songs* IV, 81, IV.7-V.9. See also: Raitt, "Calvin's Use of Bernard of Clairvaux," 102-111, and W. S. Reid, "Bernard of Clairvaux in the Thought of John Calvin," *Westminster Theological Journal,* 41 (1978) 138-139.
93 *Inst*. II.3.5.
94 Ibid.

5. 구원 밖에 있는 자연적 인간

칼 바르트는 에밀 브루너와의 초기 논쟁에서, "죄인인 인간일지라도 인간이지 거북이가 아니다"라는 말에 공감했다.[95] 칼빈은 이보다 더 적절하게 표현하지 못했다. 인간의 본질적인 활동적 본성은 죄 가운데에서뿐 아니라 남자와 여자가 그들의 자연적 사회생활에서 활동하고 판단하며 공헌하는 동안 분명히 나타난다.

사람은 거북이가 될 수 없다는 겉보기에 명백한 사실이 자연 질서에 관한 칼빈의 이해에 매우 큰 역할을 했지만, 그것은 칼빈의 하나님의 형상(imago Dei)이라는 용어 사용에 관해 혼란을 야기하기도 했다.

자연 질서의 관점으로 본다면, 칼빈은 사람이 창조 세계의 주된 일과 "창조 세계의 가장 멋진 장신구와 지구의 영광"으로 남아 있다고 생각한다.[96] 만약 인류가 사라진다면, "하나님이 지구에서 모든 재물을 앗아가는 것만큼이나 끔찍한" 적막과 고독의 광경을 보게 될 것이다.[97]

창조 세계에서 사람의 중심성은 자연이 여전히 사람을 섬긴다는 사실에서 또한 명백하다.

> 사람들을 섬기는 것이 아니라면 왜 별들은 하늘에서 빛나고 있는가?
> 사람에게 음식을 제공하는 것이 아니라면, 왜 하늘에서 비가 내리고, 땅은 과일들을 생산하는가?[98]

---

[95] Barth, "No! Answer to Emil Brunner," 79.
[96] Comm. on Ps. 24:1, CO 31:244. 또한 욥기 10:7-15에 관한 설교를 보라. CO 33:481. 칼빈은 창세기에 관한 다섯 번째 설교에서, 창조에서 사람의 위치를 설명하기 위해 "다가오시는 하나님"이라는 표현을 사용한다.
[97] Comm. on Ps. 24:1, CO 31:244.
[98] Comm. on Acts 14:17, CO 48:328.

칼빈은 죄가 왜곡하긴 했지만, 창조의 근본 질서를 파괴하지는 않았다고 보았다. 우주는 여전히 그것의 머리가 되는 인류를 심긴다. 또한, 칼빈은 사람이 소우주라는 르네상스의 진부한 표현을 채택하여, 우주 안에서 사람이 중심이라고 강조한다. 자신 안에 "작은 세계"를 포함하고 있는 사람은 "하나님의 능력, 선하심, 지혜의 희귀한 예이며, 자신 안에 우리의 마음을 사로잡는 충분한 기적을 가지고 있다. … "[99]

인간 몸의 구조에서 상상할 수 없는 솜씨를 볼 수 있다. 칼빈은 인간의 생식에서 기인한 이런 복잡한 구조는 그 자체가 감탄의 원천이라고 주장한다. 단순한 씨로부터 점차 질서 있는 형태의 육체, 피부, 신경, 뼈, 심지어 손톱이 나온다. (정신질환에서 볼 수 있는 것처럼) 육체를 감옥으로 보았던 칼빈의 언급은 몸의 놀라움을 칭송하는 시편 139편과 욥기 10:7-15에 관한 그의 해설에서 균형을 찾는다.

물론 창조 세계 안에서 인류는 영혼 때문에 중심이 되는 탁월한 위치를 부여받는다. 브루너가 지적했듯이 개혁가들은 사람의 지속적인 사람됨(humanum)을 설명하기 위해 하나님의 형상의 "남은 부분"(remnant) 또는 "유물"(relic)의 개념을 채택했다.[100]

칼빈은 이레니우스의 형상과 모양에 대한 구분을 거부했고, 루터처럼 신적 형상의 남은 부분과 타락한 인간들을 짐승처럼 혼란한 창조 세계 위로 높이는 이성, 의지, 양심과 같은 인간적 자질들을 죄인들도 보유하고 있다고 보았다.

칼빈이 잘 알고 있듯이, 사람에게 이성이 남아 있기에 "거친 들짐승에게서 사람을 구별하고 … 사람의 왜곡되고 타락한 본성 안에서도 미약한 불꽃

---

99 *Inst*. 1.5.3. 소우주의 관념에 대한 역사는 다음을 참조하라. Rudolf Allers, "Microcosmus from Anaximandros to Paracelsus," *Traditio* (1944):319-407, and G.P. Congar, *Theories of Macrocosms and Microcosms in the History of Philosophy* (New York, 1922).

100 Brunner, *Man in Revolt*, 94-95.

이 여전히 비춘다."[101]

칼빈은 사람이 지금은 천사들보다 훨씬 못하지만,[102] 여전히 사람으로 남아 있고 야수들과 구별되는 창조 세계의 머리라고 보았다. 칼빈은 멜랑히톤처럼, 요한복음 1:9("각 사람에게 비추는 빛이 있었나니")은 성령으로 거듭난 사람이 아니라 모든 사람을 가리킨다고 보았다.

> 전도자가 일반적으로 "세상의 모든 사람"을 언급했기 때문에, 나는 다른 의미를 더 좋아한다. 내가 이전에 말했듯이 이 빛의 광선이 인류 전체에 비춘다. 사람에게는 이성과 지능이 부여되었고, 옳고 그름을 구분할 수 있는 양심이 있기에 동물을 뛰어넘는 고유한 자질을 지니고 있다. 그러므로 영원한 삶에 관한 인식이 전혀 없는 사람은 존재하지 않는다. … 이것은 믿음보다 훨씬 하위 영역에 있는 자연의 공통된 빛을 언급하고 있음을 기억하자.[103]

칼빈은 이 공통의 빛이 법과 문명을 창조하고 발전시키는 보편적 충동이며, 구원받지 않은 사람의 마음에 자신을 드러낸다고 보았다. 타락한 인간의 본질적인 활동적 본성은 예술과 과학과 국가법의 형성에서 분명하게 드러난다. 인간의 이성과 의지는 타락 때문에 멈추지 않았다.

칼빈은 인간의 지각과 이해를 부인하는 것은 인간이 모든 곳에서 지식을 찾는다는 경험적 증거를 부인하는 것과 같다고 주장한다.

---

101 *Inst*. II.2.12. See also Comm. on John 1:4-5, CO 47:78; sermon on Job 35:8-11. CO 35:237-239.
102 Comm. on Ps. 8:6, CO 31:92-93. 칼빈은 원래 창조되었을 때의 사람에 대한 다윗의 칭송을 언급한다.
103 Comm. on John 1:9, CO 47:9.

비록 우리는 비참한 사람들이지만, 지식을 갈망하지 않는 사람은 우리 가운데 아무도 없다. 그것은 모든 사람 안에 불타고 있는 자연스러운 갈망이다. 우리는 부를 늘리기 위해 몸과 생명을 아끼지 않는 많은 사람을 본다.

무엇 때문인가?

지식을 얻기 위함이다.

우리는 여기저기로 바쁘게 다니는 사람들을 본다.

왜인가?

지식을 얻기 위함이다. 모든 사람은 다소의 차이는 있지만 그 갈망을 지니고 있다. 지식을 갈망하지 않는 사람은 아무도 없다.[104]

칼빈은 만약 누군가가 인간의 이해력을 비난하여 사물의 인식에 관해 아무것도 남기지 않는다면, 이것은 하나님의 말씀에 대한 반역일 뿐 아니라 공통된 감각의 경험에도 어긋나는 것으로 보았다.

칼빈은 진리를 찾는 사람의 본성 안에 심긴 어떤 종류의 갈망을 우리가 본다고 믿었다. 만약 사람이 그것을 아직 만끽하지 못했다면, 그는 전혀 갈망하지 않을 것이다. 그러므로 인간의 이해력은 인지력을 지니고 있다. 왜냐하면, 인간은 자연스럽게 진리에 대한 사랑으로 자연스럽게 마음이 사로잡히기 때문이다.[105]

여전히 인간을 이끌어 가는 하나님의 형상의 남은 부분 또는 이 "공통의 빛"의 기능은 무엇인가?

그것은 인간과 하나님 사이의 "접촉점"인가?

그것은 인간을 하나님 앞에서 용납되지 못하게 하는가?

물론 영적 영역에 관해서 인간의 이성, 의지, 양심, 판단은 인간을 하나님 앞에서 용납되지 못하게 한다.

---

[104] Sermon on Eph. 3:14-19, CO 51:497.
[105] *Inst.* II.2.12

이 "공통의 빛"의 성취에 대한 칼빈의 언급은 단지 그의 일깨워진 "인문주의"(humanism)의 단순한 예시인가?[106]

확실히 칼빈의 "인문주의"는 예술, 과학, 법학에 관한 그의 이해에 중요한 역할을 했다. 그러나 하나님의 형상의 남은 부분은 16세기 인문주의에 관한 그의 이해를 넘어 칼빈의 사상 안에서 또 다른 핵심적 역할을 했다. 이번 장을 통해 다양하게 인용된 글이 보여 준 것처럼, 칼빈은 "사람이 야수가 되지 않음"을 지속적으로 언급한다.

이어지는 장에서 우리는 타락 후 인간 사회가 왜 완전한 혼돈과 혼란으로 와해되지 않는가를 설명하기 위해 칼빈이 이성, 의지, 양심의 잔존을 활용하는 것을 보게 될 것이다. 칼빈은 인류가 짐승과 같이 되지 않았다는 사실은 단지 수사적 문구가 아니라 놀라움과 감사의 이유로 보았다.

6. 결론

인간 본성에 관한 칼빈의 진술은 논쟁적으로 발전되었기에 이 논쟁적 맥락과 함께 그가 말하는 관점에 대한 주의가 요구된다. 이 다양한 맥락에서 하나님의 형상 개념은 모순되지 않지만 다른 의미들을 지니고 있다.

1) 칼빈은 아리스토텔레스주의와 기독교 영혼수면주의와의 논쟁에서 하나님의 형상을 불멸성과 동일시한다

영혼은 육신의 죽음 이후에 죽거나 잠들 만큼 육신에 밀착되어 있지 않다고 주장한다. 영혼은 부활을 기다리는 동안 죽지 않으며 몸과는 독립된

---

[106] Wendel, Calvin, *The Origins and Development of His Religious Thought*, 193.

의식이 있는 삶을 산다. 칼빈은 하나님의 형상이 불멸성과 동일시된다면 그것은 없어지거나 잃어버릴 수 없다고 주장한다.

2) 칼빈은 철학자들과 스콜라주의 학자들에 대항해서, 하나님 앞에서의 인간 본성을 논하고 타락한 영혼의 무질서와 부패를 강조한다

타락 전 인류 안의 하나님 형상은 창조자의 탁월함을 나타내는 질서 있는 영혼으로 구성되었다. 그 형상의 질서 있고 관계적인 성격은 훼손되었고, 그 결과 마음은 우상 숭배에 빠졌다. 의지는 죄의 노예가 되었고, 초자연적인 선물들은 파괴되었다.

3) 인간은 활동적 주체로 남아 있다

영적 수준에서 영혼의 활동성은 단지 죄가 될 뿐이다. 그러나 자연적 수준에서 인간 본성은 여전히 남아 있다. 하나님의 형상의 "남은 부분"(remnant) 또는 "유물"(relic)의 견해를 강조하면서, 칼빈은 하나님의 형상을 이성과 의지와 같은 자연적 인간 자질의 지속과 동일시한다.

만약 우리가 하나님의 지식에 주목한다면, 이 남은 부분이 우리를 용납되게 하지 못한다. 이처럼 그것은 "자연신학"(natural theology)의 주제에서는 단지 비판적 역할을 한다. 그러나 칼빈은 단지 하나님의 지식의 문맥에서는 남은 부분의 개념을 사용하지 않는다.

현대의 칼빈 연구에서 이 주제의 우위는 똑같이 중요한 다른 문맥에 그늘을 드리우며 위협한다. 그 문맥 안에서 칼빈은 남은 부분의 개념 또는 인간 본성의 자연적 자질, 즉 인간 사회의 지속 개념을 사용한다. 이 남은 부분에 관한 칼빈의 이끌림은 그의 인문주의뿐 아니라 인류가 짐승처럼 되지 않고 계속 생존하고 있다는 놀라움에서 기인한 것임을 우리는 보게 될 것이다.

제4장

양심의 증언: 자연법과 사회생활

사람들은 하나님의 형상의 남은 부분 때문에 여전히 인간으로 남아 사회에서 계속 살아갈 수 있다. 칼빈은 사회의 본질을 자연법의 도움으로 분석한다. 칼빈이 섭리, 천사, 하나님의 형상에 관한 교회의 전통적 주장을 이어받은 것처럼, 그는 고대와 중세 이론가들에게서 유래한 자연법의 유산을 이어받았다.

제4장에서는 칼빈이 이 유산과 하나님의 형상의 남은 부분에 대한 믿음 둘 다 사용한 방법에 대해 분석하고자 한다. 먼저 자연법 이론의 간략한 역사를 살펴보자.

1. 역사적 배경

역사가들은 자연법이 로마에서 기원한 것이 아니라는 주장에 동의한다. 자연법은 그리스 철학, 특히 스토아주의에서 차용되었으며, 로마의 사상과 법으로 이어져 왔다.[1] 자연법은 스토아주의에 의해 고무되었고, 기독교

---

[1] 자연법 이론의 역사는 다음을 참조하라. A.P. d'Entreves, *Natural Law, an historical Survey* (New York: Harper, 1965); idem, *Natural Law, an Introduction to Legal Philosophy* (London: Hutchison U. Library, 1970); Odon Lottin, *Le Droit naturel chez Saint Thomas d'Aquin et ses prédécesseurs*, 2nd ed. (Bruges: Charles Beyaert, 1931); D.E. Luscombe, "Natural Moranty and Natural Law," in *The Cambridge History of Later Medieval Philosophy*

작가 락탄티우스(Lactantius)에 의해 보존되었다.

자연법에 관한 키케로의(Ciceronian) 정의가 유명한데, 이것은 『공화국에 관하여』(De republica)에서 볼 수 있다.

> 진정한 법은 자연과 일치되는 바른 이성이다. 법은 보편적 적용이며 변하지 않고 영원하다. 법은 명령을 통해 의무를 행하게 하고, 금지를 통해 악행을 방지한다. 비록 법이 악한 자들에게 별다른 영향을 주지 못할지라도, 법의 명령 또는 금지가 선한 사람들에게 헛되이 부과되는 것은 아니다. 이 법을 바꾸려는 노력은 죄이며, 법의 어떤 부분을 폐지하려는 시도 또한 허용될 수 없다.
>
> 우리는 원로원과 백성들로서 법의 의무에서 자유로울 수 없다. 법의 해설자와 통역가를 우리 자신 밖에서 찾을 필요가 없다. 로마와 아테네에서 다른 법은 존재하지 않을 것이다. 지금과 미래에 서로 다르지 않은 영원히 변치 않는 하나의 법이 모든 나라와 모든 시간에 대해 유효할 것이다. 주인과 통치자이신 한 분 하나님만이 모든 사람 위에 계실 것이다. 왜냐하면, 하나님이 이 법의 창시자와 공포자가 되시며 법을 집행하는 재판관이시기 때문이다.[2]

로마의 법학자들과 교회는 자연법의 개념을 이어받았다. 자연법에 대한 이론은 황제 유스티니아누스(Justinian)의 요구로 비잔틴 법률가들에 의해 편집된 『로마법 대전』(Corpus Iuris Civilis, 주후 534)의 중요한 요소를 형성했다.

그러나 다이제스트(Digest)에서 발견되는 법의 분류들은 서로 일치하지 않는다. 울피안(Ulpian), 가이우스(Gaius), 파울루스(Paulus)의 서로 다른 의견들은 조화를 위한 어떤 시도도 없이 단순히 열거되었다. 가이우스와 파

(Cambridge: Cambridge U. Press, 1982), 705-720.

[2] Cicero, De republica III.xxii.33, preserved by Lactantius, Divinae Institutiones VI.viii (CSEL 19, 508).

울루스는 법에 대한 이중적 정의를 제시한다.

가이우스는 법이 각 도시와 사람들 특유의 국가들의 법인 시민법(ius civile)과 자연적 이성이 명령하고 모든 국민이 공통적으로 행하는 만민법(ius gentium)으로 구성된다고 주장한다.[3]

그러나 파울루스는 자연법과 시민법 사이를 구분한다. 시민법은 "각 도시 안의 모든 사람 또는 많은 사람에게 유익한 것"이고 자연법(ius naturale)은 항상 공평하고 선한 것이다.[4]

그러나 울피안은 삼분법으로 법을 정의한다. 이것은 중세 시대의 많은 이론가에 의해 수정된 형태로 채택되었다.[5] 울피안은 자연법의 속성이 (인간을 포함하는) 모든 동물을 가르치며 남성과 여성의 결합, 인류의 생식(procreation), 후손의 교육 등을 포함한다고 주장한다. 시민법은 각 사람에게 적합한, 즉 도시국가(state)의 법이다. 마지막으로, 만민법은 모든 사람에게 공통된 것이다.

세빌레의 이시도르(Isidore of Seville)는 울피안의 삼분법을 채택했지만, 그 정의를 수정한다. 이시도르는 시민법은 각 사람에게 적합한 것이며, 자연법은 가장 많은 사람 사이에서 사용되는 법으로 보았다. 이시도르는 자연법을 모든 사람에게 공통된 것으로 정의한다. 왜냐하면, 그는 자연법을 사회의 실증적 헌법이 아니라, 자연의 성향으로 간주하기 때문이다. 결론적으로 이시도르의 자연법은 "남자와 여자의 결합, 자유인의 결집과 교육, 모든 공적 소유와 모든 사람의 자유"를 포함한다.

이시도르는 더 나아가 신법(divine laws)과 인간법(human laws)을 구분한다. "모든 법은 신적이거나 또는 인간적이다. 신법은 자연에 근거하고, 인간법은 관습에 근거한다." 때때로 인간법이 다양한 이유는 "각 나라마다

---

3 *Digest* I.i.9.
4 Ibid., I.i.11.
5 Ibid., I.i.1.

다른 법을 채택하기 때문이다."⁶

『그라티아누스 교령집』(*Decretum Gratiani*, A.D. 1140)은 그 후의 중세를 통해 자연법 강령의 주된 원천이 되었다. 그라티아누스(Gratian)는 이시도르의 자연법, 국가법, 시민법의 삼분법을 반복한다. 그라티아누스는 자연법은 인류와 관련되고, 성경의 도덕법은 자연법과 일치한다고 주장한다.

> 인류는 두 개의 법, 즉 자연과 관습에 의해 다스려진다. 자연법은 성경과 복음 안에 포함되어 있다.

그라티아누스는 자연법을 마태복음 7:12의 '황금률'과 일치시키면서 다음과 같이 설명한다.

> [자연법은] 자신에게 행하고자 하는 것은 다른 사람에게도 행하도록 모두에게 명령된 것이고, 자신에게 행하고자 의도하지 않은 것은 다른 사람에게도 행하는 것을 금하는 것이다.

『그라티아누스 교령집』으로 인해 자연법이 고양되었다. 자연법은 모든 법을 하나로 묶고, 자연법 앞에서 모든 법은 무효가 된다. 자연법은 시간상 모든 법에 앞서며, 변치 않고 남아 있는 법이다. 만약 실정법 또는 관습이 자연법과 모순된다면, 그것들은 아무 가치가 없고 공허한 것으로 간주되어야 한다.⁷

물론 토마스 아퀴나스는 중세에서 자연법에 대한 가장 완전하고 중요한 설명 중 하나를 만들어 냈다. 『신학대전』(*Summa Theologiae*)에서 자연법에

---

6 *Etymologies* I.V.4 (PL 82, 199-200); Lottin, *Le Droit naturel*, 9-11.
7 *Decretum Gratiani* I.1. Praef., I.V.1, I.VIII.2 (Leipzig, 1879); d'Entreves, *Natural Law, an Historical Survey*, 34; Lottin, *Le Droit naturel*, 11-12.

관한 토마스 아퀴나스의 가르침은 하나님이 그의 백성들과 함께 만든 구약과 신약의 법을 논하기 위한 하나의 예비적 질문이 되었다. 이것은 『신학대전』의 두 번째 부분에 위치하며, 그것은 사람이 어떻게 행복을 얻을 수 있는가에 대한 분석과 함께 시작한다.

토마스 아퀴나스는 『신학대전』의 법률론(S.T. IaIIae.) 90에서 법은 일반적으로 방향과 판단의 원리로 이성에 속한다고 설명함으로써 분석을 시작한다. 그는 자연법이 습관인가라는 질문에 대해, "습관은 당신이 행동하는 자질이기 때문에, 법은 그 용어의 적합하고 본질적 의미에서 습관이 될 수 없다는 결론에 이르게 된다"라고 답한다.

그러나 토마스 아퀴나스는 "자연법의 계명은 때때로 이성에 의해 실제로 다루어지기도 하고, 때로는 정해진 확신으로 자리 잡기 때문에 자연법은 습관이라고도 할 수 있다"라고 설명한다.

그는 "양지양능(synderesis, 역자주-경험이나 교육에 의하지 아니하고도 알며 행할 수 있는 선천적 지능과 도덕의식)이 자연법칙을 지키는 습관인 점을 고려하면, 이해의 법으로 불린다"고 언급함으로써, 양지양능의 역할을 설명한다. "자연법칙은 인간 활동의 첫 번째 원리이다."[8]

토마스 아퀴나스는 법률론(S.T. IaIIae.), qu. 91, art. 1-2에서 자연법의 위치를 신적 질서 안에서 정의한다. 그에 따르면, 모든 우주는 섭리 또는 신적 이성에 의해 다스려진다. 창조 세계에 대한 이성의 인도는 하나님의 영원한 법에 의해 이루어진다.

이 영원한 법 안에서 모든 피조물이 그들의 본성에 적합한 행동과 목적의 경향을 이끌어 간다. 다른 모든 피조물 위에 존재하는 이성적 피조물은 자신과 다른 피조물을 부양함으로 섭리에 참여한다. 토마스 아퀴나스는 이성적 피조물들이 영원한 법을 지키는 것을 자연법으로 일컫는다고 보았다.[9]

---

8 S.T. IaIIae. 90.1, 94.1.2.
9 S.T. IaIIae. 91 art. 2: "거기에서부터 그리고 바로 그 특별하고 영원한 방식에 의해서 실

토마스 아퀴나스는 사람들이 자연법에 관한 관심 때문에 자연적 경향성을 갖게 된다고 주장한다. 이성은 본성에 의해서 "인간이 선한 목적의 자연적 경향을 가진 대상들을 이해한다." 토마스 아퀴나스는 이 원리로 인간의 타고난 경향에 따라 자연법의 계명을 평가한다.

첫째, 인간 본성 안에는 자기 보존을 위한 욕구가 있다. 그리고 자연법은 인간 생명의 기초적 욕구들을 유지하고 방어하기 위해 기능한다.

둘째, 토마스 아퀴나스는 울피안을 추종하여, 인간은 다른 동물과 같은 성향이 있다고 주장한다. 이런 이유로 자연법은 "남성과 여성의 결합, 자녀 양육 등"을 가르친다.

셋째, 인간 본성은 이성적 본성의 선한 것들을 갈망한다. 예를 들면, 하나님에 대한 진리와 사회 안에서 살아가는 것에 대한 진리를 아는 것을 들 수 있다. 그러므로 자연법은 사람이 무지를 피해야 한다는 것, 함께 살아야 하는 사람들의 기분을 상하게 해서는 안 된다는 것, 그리고 그 외 관련된 요구들을 명령한다.[10]

자연법이 모두에게 공통적이냐는 질문에 대해, 토마스 아퀴나스는 "첫 번째 공통된 원리들에 관해 자연법은 인식뿐 아니라 그것을 향한 바른 태도를 요구하며, 모두에 똑같다고 대답한다. 특정 사항에 대해서도 이것은 공통의 원리에서 결론처럼 이끌어지는데, 자연법은 무엇이 옳은가에 대한 그들의 느낌과 지식 안에서 대부분 사람에게 동등하다"고 주장한다. 그런데도 더욱 세세한 부분으로 내려갈수록, 더 많은 예외가 인정되어야 하며 "그래서 당신은 경고와 단서로 대비책을 마련해야 한다"라고 설명한다.[11]

제적이며 유한한 채무(debitum)에 대한 자연적 성향이 주어진다. 그리고 피조물이 영원한 법에 참여하는 것은 '자연법'으로 불린다."
10 S.T. IaIIae 94.2.
11 S.T. IaIIae 94.4.

넷째, 토마스 아퀴나스는 자연적 권리가 구약의 법과 신약의 법 안에 포함되어 있다는 그라티아누스의 언급을 재차 확인함으로써 "이 말씀 때문에 모든 사람은 자신에게 하고자 하는 것을 다른 사람들에게도 행하며, 자신에게 하지 않는 것을 다른 사람에게 행하는 것은 금하도록 명령받는다"[12]라고 결론짓는다.

토마스 아퀴나스는 인간의 법을 분류하면서 이시도르의 성스러운 권위를 옹호하기 원했다. 동물과 인간에게 확장되는 자연법에 대한 울피안의 정의와 구별하여, 그는 만민법이 오직 사람들에게만 속한다고 주장한다. 토마스 아퀴나스는 "인간은 합리적이며, 그것이 원칙에서 나온 결론처럼 추론된다는 점에서" 만민법은 사람에게 자연스럽다고 보았다.[13]

자연법과 만민법에 대한 그의 정의에서 로마의 법, 즉 울피안과 가이우스의 메아리가 들린다.[14] 로틴(Lottin)이 주장한 것처럼, 토마스 아퀴나스는 이시도르를 옹호하는 가운데 로마법의 제정에 동조한다.[15]

중세 후기 신학자들은 자연법의 기원을 신적 의지 또는 신적 이성에서 찾을 수 있는가에 관해 논쟁했다.

이 주제에 관해 오토 본 기에르케(Otto von Gierke)는 몇 가지 중세의 견해를 구분한다. 더 이전의 '실재론자들'(Realists)은 자연법을 의지와는 독립된 지적 행동으로 묘사했다. 이 견해에 따르면, 기에르케는 하나님이 이성으로 일하시는 교사가 되심을 주장한다. 이성은 "하나님의 존재에 근거하며, 심지어 자신에 의해서도 바뀌지 않는다."

---

12 S.T. IaIIae. 94.4.1.
13 S.T. IaIIae. 95.3. and IaIIae. 95.4.
14 S.T. IaIIae. 94.4.2 (여기에서 토마스 아퀴나스는 동물과 사람 모두를 포함하는 자연법의 전통적 정의를 반영한다.); IaIIae.95.4.1; Cf. IIaIIae.57.3, 58.1.
15 Lottin, *Le Droit naturel*, 67.

유명론(nominalism)은 자연법을 하나님의 의지 안에 근거하는 신적 명령으로 본다고 기에르케는 설명한다. 자연법의 계명은 오직 하나님이 창시자가 되시므로 구속력이 있고 올바르다.

기에르케에 따르면, 토마스 아퀴나스는 "자연법의 실체를 반드시 신적 존재의 형태를 따르는 심판으로 간주하고, 하나님 안에 있는 사물의 본질에 의해 결정되는 중재적 의견"에 속한다고 보았다. 그러나 이 법의 구속력은 하나님의 의지에까지 거슬러 올라간다.[16]

기에르케의 일반적 구분을 재차 확인하면서, 프란시스 오클레이(Francis Oakley)는 토마스 아퀴나스를 오캄(Occam)의 "의지주의자"(voluntarist) 전통과 중세 후기 유명론을 비교한다.[17] 오캄, 드아일리(d'Ailly), 메이저(Major)는 13세기에 아리스토텔레스의 철학을 수용하여 발전한 철학적 결정주의(determinism)에 반대해 자유롭고 주권적인 하나님에 대한 성경적 교리를 옹호하려는 시도에서, 둔스 스코투스(Duns Scotus)의 "의지주의자 윤리"의 영향을 발전시켰다.

14세기와 15세기의 사상가들은 세상의 창조와 창조 영역의 통치와 관련된 하나님의 자유와 전능성을 강조했다. 자연법에 대해 의지주의자는 이성이 아니라 신적 의지가 그 법의 원천이라고 강조했다. 하나님의 의지는 정의의 규칙이기 때문에, 하나님은 어떤 법의 의무 아래에 있지 않고, 논리적 모순이 없는 것을 의도하신다.

16　Otto von Gierke, *Political Theories of the Middle Ages*, tr. FW. Maitland (Cambridge: The University Press, 1922), 172-173.

17　Francis Oakley, "Medieval Theories of Natural Law: William of Ockham and the Significance of the Voluntarist Tradition," *Natural Law Forum* 6 (1961):65-83; idem. *Omnipotence. Covenant, and Order, An Excursion in the History of Ideas from Abelard to Leibniz* (Ithaca, NY: Cornell U. Press, 1984), 77-84. 의지주의자(voluntarist) 전통에 관해 다음을 참조하라. A.P. d'Entreves, *Natural Law, an Historical Survey*, 36ff.

오클레이는 오캄이 절대적이고 변치 않는 법을 말할 때, 하나님이 규정하신 능력의 틀 안에서 생각하고 있다고 주장한다.[18] 하나님은 절대적 능력으로(De potentia absoluta) 자신이 금하신 것을 명령하실 수 있다.

오클레이를 포함하는 최근의 학자들은 신성의 탁월성이 하나님을 변덕스러운 분으로 만들지 않으며 도덕 질서를 포함하는 창조 질서에 대한 신뢰를 파괴하지 않는다는 것을 보여 주었다.[19]

예를 들어, 오캄과 드아일리는 하나님의 절대적(absolute) 능력과 규정적(ordained) 능력의 구분을 통해 도덕 질서 또는 자연 질서의 안정성과 신뢰성을 주장한다. 비록 하나님이 절대적 능력의 소유자이시기에 도덕법 또는 도덕 질서에 매이지 않지만, 제정하신 도덕법의 영역 안에서 일하시기 위해 자신을 낮추시며, 바른 이성이 그 영역에서 안내를 제공한다.[20]

존 맥네일(John McNeill)은 자연법의 주제가 스콜라주의 전통과 개혁자들 사이에서 논쟁의 원인은 아니라고 주장한다.[21] 16세기 개혁자들은 선임자들이 그랬던 것처럼, 성경 특히 로마서 2:15은 자연법의 존재를 단언하며, 십계명은 기록된 "더 분명한" 자연법의 형태이며, 십계명은 자연법에 따라 이미 사실로 인정되었다고 주장한다.

---

18 Oakley, "Medieval Theories of Natural Law," 65ff.
19 유명론에 관한 평가의 변화는 다음을 참조하라. William J. Courtenay, "Nominalism and Late Medieval Religion," in *The Pursuit of Holiness in Late Medieval Religion*, ed. C. Trinkaus and H.A. Oberman (Leiden, 1974), 26-59; H.A. Oberman, "Some Notes on the Theology of Nominalism with Attention to Its Relation to the Renaissance," 46-76; idem, *The Harvest of Late Medieval Theology* (Cambridge, MA: Harvard U. Press, 1963); Leif Grane, "Gabriel Biels Lehre von der Allmacht Gottes." *Zeitschrift für Theologie und Kirche* 53 (1956):53-75; D.C. Steinmetz. "Scholasticism and Radical Reform: Nominalist Motifs in the Theology of Balthasar Hubmeier." *Mennonite Quarterly Review* 45 (1971):123-143.
20 Oakley, *Omnipotence, Covenant, and Order*, 81-84.
21 John T McNeill. "Natural Law in the Teaching of the Reformers," *Journal of Religion* 26 (1946):168-182. On Melanchton's view of natural law (which may have influenced Calvin) see Clemens Bauer, "Melanchthons Naturrechtslehre," *Archiv für Reformationsgeschichte* 42. (1951):64-100. 루터의 자연법 교리에 관해 다음을 참조하라. John T. McNeill. "Natural Thought of Luther," *Church History* 10 (1941):211-227.

중세 전통과의 비교에서, 자연법에 대한 칼빈의 논의는 모호하고 체계적이지 않다. 그는 자연법을 체계적으로 다루지 않았으며, 고대와 중세 사상가들이 흔히 논의한 많은 주제를 분석하지도 않았다. 그런데도 칼빈은 전통적인 전문용어를 이어받아 "평등법"(ius aequum), "자연법"(lex naturae), "생득법"(lex naturalis), "만민법"(ius gentium)을 (때때로 상호교환적으로) 언급했다. "만민법"은 결혼, 대사관들의 안전, 도둑, 살인, 도주한 노예들에 관한 법을 포함하는 국가들 사이의 관계를 다스리는 법이다.[22]

보하텍(Bohatec)은 다음과 같이 주장한다.

> 자연법이 특히 실천적 개념으로서 인간 영혼의 본유적인 올바른 도덕적 원리이며, 헬라인들은 이를 프롤레이스(προλήεις)로 칭했다.[23]

종종 칼빈은 "상식", "자연의 지시" 또는 단순히 "자연"을 간단히 언급했다. 앞으로 보게 될 칼빈의 글을 통해 그가 자연적 통찰의 필요성을 강조했음을 알 수 있다. 자연법에 관한 칼빈의 가장 폭넓은 두 개의 진술은 로마서 2:14-15 해설과 『기독교 강요』 II.8.1이다.

> 그들은 의심의 여지없이 정의와 정직에 관한 개념들을 가지고 있었다. 그리스인들은 이것을 프롤레이스(προλήεις)라고 부르며, 사람들의 마음 안에 자연적으로 타고난(naturalites ingenitas) 것으로 보았다. 그러므로 그들은 율법이 아닌 다른 법을 가지고 있었다. 비록 그리스인들은 기록된 모세의 법을 가

---

22 칼빈의 "만민법" 개념의 사용에 관해 다음을 참조하라. Gloede, *Theologia naturalis bei Calvin*, 182-187; Jürgen Baur, Gott, *Recht und weltliches Regiment im Werke Calvins* (Bonn: H. Bouvier, 1965), 62-64, 214-215. 비록 칼빈은 모든 법의 기원을 하나님의 의지까지 거슬러 올라가지만, 이 전통은 울피안과 가이우스에게서 유래했다.

23 Josef Bohatec, *Calvin und das Recht* (Feudingen: Buchdruck und Verlags-Anstalt, 1934), 4; idem, *Budé und Calvin*, 383.

지고 있지 않았지만, 정의와 평등에 관한 지식에는 부족함이 없었다. 만약 그렇지 않았다면 그들은 악과 덕 사이를 분별할 수 없었을 것이다.

악은 처벌로써 억제되고 덕은 승인과 보상으로 명예를 높여서 이것을 따르도록 명령한다. 바울은 법의 정당한 자리를 부여하는 정의에 대해 바른 인식을 가진 이방인들의 가르침으로 율법이 만들어졌다는 성문법과 관련된 주장을 반대했다.[24]

우리가 설명해 온 모든 사람의 마음과 감각에 새겨져 있는 내면의 법(*lex illa interior*)은 두 돌판에서 배울 수 있는 것과 같은 점을 선명하게 한다. … 그런 이유로 (그것은 우리의 우둔함과 교만을 막기 위해 필요하기 때문에) 주님은 자연법 안에서 이해하기 힘든 부분에 대한 더 분명한 증거를 우리에게 주시고, 우리의 나태함을 떨쳐 버리고, 마음과 기억에 더 잘 떠오르도록, 성문화된 법을 우리에게 주셨다.[25]

칼빈은 이 글과 유사한 글에서 "자연법"에 관한 전통적 표현에 의지한다. 칼빈은 선임자들처럼 로마서 2:14-15에 근거해, 자연법은 보편적으로 알려졌지만 모세는 성문화된 법을 받았다고 말한다. 결론적으로 출애굽기와 신명기에 대한 그의 주해에서 그 계명들은 자연법의 신적 공식화처럼 보인다.[26]

---

24 Comm. on Rom. 2:14-15, *Commentarius*, 45-46. See also: sermon on Job 31:1-4, CO 34:631; sermon on I Tim. 5:4, CO 53:456.
25 *Inst*. II.8.1. See also: sermon on Deut. 19:14-15, CO 27:568. "사람들은 모세가 율법을 전한 사실을 몰랐지만, 이 율법은 사람들에 의해 인정받아 왔다. 우리의 주님은 사람들의 마음에 이것을 새겨 두어 행하게 하셨고, 그의 백성에게는 율법을 성문화된 형태로 주셨다. 확실히 이것은 법의 수여자가 이스라엘 백성들에게 행하신 특별한 은혜이다. 그럼에도 이스라엘 백성이 모세의 율법 안에서 행하는 것처럼, 하나님은 사람들이 공평의 기반이 없는 짐승처럼 되도록 허락하지 않으셨다. 이런 동의가 있다는 것을 본다면, 하나님이 사람들 안에 남아 있는 약간의 정의의 씨앗도 없이 인류를 결코 방치하지 않으셨음을 주목해야 한다."
26 십계명에 대한 칼빈의 해설은 다음에서 볼 수 있다. *Inst* II.8.13-51 and Volume 24 of

그러나 성문화된 모세의 법은 자연적 인식에 대한 죄의 영향력 때문에 불가피한 것이었다. 십계명은 부패한 이성이 더 이상 이해할 수 없는 것 또는 이성이 지금은 단지 희미하게 인식하는 것을 분명하게 한다. 이것은 하나님에 대한 법적 경배를 요구하는 첫 번째 돌판에서 특히 분명하다.

> 확실히 자연적 이성은 우리의 믿음을 하나님께 두는 것, 하나님의 탁월함과 의로움에 합당한 찬양을 드리는 것, 그리고 하나님의 이름을 부르고 안식일을 진심으로 지키는 것과 같은 첫 번째 돌판의 주된 요점들에 전혀 순응하지 못한다.
>
> 자연적 인식에 의존하는 영혼이 하나님을 향한 합당한 예배가 이것들과 비슷한 문제들에 놓여 있다는 암시를 가질 수 있을까?[27]

칼빈은 율법의 두 번째 돌판에 대한 우리의 지식은 단지 부분적이고 불완전하다고 이해한다. 우리가 자격이 없는 통치자들에게 순종해야 한다는 율법의 요구에서, 다섯 번째 명령은 실제로 자연적 이성에 모순된다. 칼빈은 십계명이 명령을 통해 단순한 행위뿐 아니라 바른 동기, 즉 하나님과 이웃에 대한 사랑을 요구한다고 주장한다.[28]

칼빈은 자연법 이론에 흔히 있는 다른 일들을 또한 추정한다. 법의 "씨앗들"과 정의와 평등의 개념들이 모든 사람의 마음에 심겨 있어 우리는 교사 또는 입법자 없이도 법과 정의에 대한 필요를 인식한다.[29] 키케로와 마찬가지로, 칼빈도 모든 법을 다스리는 원리는 평등의 원리라고 보았다.

---

the *Calvini Opera*.
27 *Inst*. II.8.2. See also *Inst*. II.2.24.
28 칼빈은 로마서 2:15의 해설에서, "이 본문에서 사람들 안에 율법에 대한 충분한 지식이 있다고 결론지을 수 없으며, 사람들의 본성 안에 무엇이 옳은가에 대한 약간의 씨앗만이 심겨 있다"라고 주장한다. 칼빈의 기독교 윤리와 자연법의 결합에 관해 다음을 참조하라. Bohatec, *Calvin und das Recht*, 33-45; idem, *Budé und Calvin*, 386-395.
29 *Inst*. II.2.13.

그리고 평등은 자연적이기 때문에 모든 사람에게 똑같이 적용된다.³⁰

칼빈은 인간의 실증법이 특별한 상황에 알맞고, 평등이 똑같이 요구되는 동안에도 서로 다를 수 있다고 보았다. 이전의 기독교 전통과 관련해 칼빈에게 자연법과 평등의 창시자는 물론 하나님이다.

칼빈은 하나님이 자연법과 모세의 법에 반대되게 명하시는 것처럼 보이는 어려운 본문들을 해석하면서, 중세 후기 유명론과 유사한 방식으로 하나님의 의지는 정의의 규칙이며 하나님은 국가들의 법과 자연법을 포함하여 모든 법 위에 계신 주권자이심을 주장한다.

칼빈은 유명론자들의 용어들인 "법의 구속을 받지 않는"(*exlex*)과 "절대적 능력"(*potentia absoluta*)에 대한 모든 언급을 피하면서, 자연법에 대한 하나님의 우월성 안에서 그분의 능력은 정의와 항상 결합된다고 조심스럽게 주장한다.³¹

칼빈의 사상에서 이런 진술들은 특별한 중요성이 있는가?

랑(Lang)이 주장한 것처럼, 이것들은 필요하지 않고 결정적인 중요성이 없는가?³²

---

30 *Inst*. IV.20.16. See also Comm. on Gen. 29:17, CO 23:401; Comm. on Hab. 2:6, CO 43:540; Comm. on Matt. 10:21, CO 45:284. 칼빈의 "자연적 공평"(natural equity)이라는 고대 개념의 사용에 관해 다음을 참조하라. *Calvin und das Recht* 47, 97ff.; idem, *Budé und Calvin*, 391-395.

31 모세오경의 조화에 관한 해설. Ex. 3:20, CO 24:49, 131 ff. 오클레이(Oakley)는 칼빈을 중세 후기 유명론의 의지주의자(voluntarist) 입장과 연결한다. (*Omnipotence, Covenant, and Order*, 82). 하나님의 "자연법"에 대한 초월, "원칙의 중요성", 그리고 하나님의 능력과 정의의 불가분성에 관한 칼빈의 신념에 대한 논의는 다음을 참조하라. Gisbert Beyerhaus, *Studien zur Staatsanschauung Calvins, mit besonderer Berücksichtigung seines Souveränitätsbegriffs* (Berlin, 1910), 71-77. 칼빈의 이 로마 속담의 사용에 관한 다른 분석 그리고 자연법과 모세 율법에 대한 하나님의 우월성에 대한 논의는 다음을 참조하라. Bohatec, *Calvin und das Recht*, 91-93; idem, *Calvins Lehre von Staat und Kirche* (Breslau: Marcus. 1937), 25; Jürgen Baur, *Gott, Recht und weltliches Regiment im Werke Calvins* (Bonn: H. Bouvier, 1965), 20-25. 이 주제는 욥의 설교에서 지속되는 주제이다.

32 A. Lang, *Die Reformation und das Naturrecht* (Gütersloh, 1909), 20.

아니면 보하텍, 도메규, 베예르하우스, 브루너, 글로데, 맥닐이 말한 것처럼 이것들이 칼빈의 윤리적, 정치적, 사회적 이론에서 중심적 역할을 하는가?

칼빈 연구자들은 고대와 중세의 자료들과 칼빈 사상의 관계, 동료 개혁자들과 칼빈의 유사성, 신적 주권에 대한 그의 믿음, 자연신학(natural theology)에 대한 그의 입장, 그리고 저항권에 대한 그의 진술들을 포함하는 다양한 관점에서 칼빈과 자연법을 연구했다. 이런 중요한 연구로 인해 랑의 논지에 대한 신빙성이 사라졌고 칼빈의 자연법 사용에 대한 다면적 성격들을 명확하게 했다.

보하텍은 칼빈이 반복적으로 고대 후기의 가르침에 의존함을 보여 주었다. 그는 칼빈이 자연에 의해 모든 사람에게 주어지며 사람들과 국가들로 구성된 법에 대한 구분을 퀸틸리안에게서 이끌어 냈음을 보여 준다. 칼빈은 키케로로부터 모든 유효한 법의 근본 요소인 평등의 중요성을 배웠다.[33]

베예르하우스와 보하텍은 칼빈의 사상에서 고대 로마법과 자연법의 역할을 조사하여 종종 다른 결과를 얻었다.[34] 보하텍과 맥닐은 칼빈을 그의 동료 개혁자들, 특히 멜랑히톤과 비교하여 이들 사이의 유사점과 차이점을 기록했다.[35] 브루너와 글로데는 사회, 정부, 양심에 관한 글에서 칼빈의 "자연신학"에서 "규범의 개념"인 자연법의 중요성을 주장했다.[36]

마지막으로, 보하텍과 베예르하우스는 사적 저항권에 대한 칼빈의 거부를 분석했다. 칼빈은 오직 합법적이며 법적인 수단을 통해서만 통치자를

---

33 Bohatec, *Calvin und das Recht*, 98-99. Cf. Cicero, *De topica* II.9.
34 Beyerhaus, *Studien zur Staatsanschauung Calvins*, 77-84; Bohatec, *Calvin und das Recht*, 120-121.
35 Bohatec, *Calvin und das Recht*, 103-129; J. McNeill, "Natural Law in the Teaching of the Reformers," 168-182.
36 Emil Brunner, "Nature and Grace," 37; Gloede, *Theologia naturalis bei Calvin*, 78ff. See also Doumergue, *Jean Calvin - Les hommes et les choses de son temps*, V:469ff.

물러나게 할 수 있다고 주장한다.[37]

이번 장의 초점은 조금 다르다. 우리는 섭리에 대한 칼빈 교리의 확장으로써 자연 '법' 또는 '명령'에 관한 그의 글에 접근할 것이다. 이를 통해 칼빈의 주된 관심이 자연법의 이론을 만들어 내는 것이 아니라, 타락의 파괴적 영향 이후 사회의 지속을 설명하는 한 방법으로 자연법의 구상을 사용하는 것임을 볼 수 있을 것이다.

혼돈과 악의 제한을 묘사하는 반복되는 은유는 섭리에 대한 논의에 빈번히 나타나며 우주적 영역의 보존과 사회적 영역의 보존 사이의 상호 연결에 관해 칼빈이 날카롭게 인식하고 있음을 볼 수 있을 것이다.

자연의 영역처럼 사회 영역의 지속은 하나님의 섭리와 무질서에 대한 지속적인 굴레 때문에 가능하다. 칼빈의 진술은 창조 세계와 역사에 대해 명백히 이중적 태도를 드러낸다. 이중적 태도는 항상 위협하는 혼돈에 대한 두려움과 안정과 질서의 연속 앞에서 드러나는 경외심이다.

2. 자연과 사회 생활

비록 하나님은 죄로 인해 초래된 부패 이후 창조 세계 안에서 덜 즐거워하셨지만, "자신의 사역 안에서 계속 기쁨을 찾으셨다."[38]

칼빈은 다음과 같이 설명한다.

---

37 Bohatec, *Calvin und das Recht*, 133ff.; Beyerhaus, *Studien zur Staatsanschauung Calvins*. 97. See also: John T. McNeill, "John Calvin on Civil Government," in *Calvinism and the Political Order*, ed. George L. Hunt (Philadelphia: Westminster, 1965), 22-45.
38 Comm. on Ps. 104:31, CO 32:96-97.

하나님은 자신이 만든 세상을 자신의 능력으로 유지하기를 멈추지 않으시며, 자신의 지혜로 세상을 다스리시기를, 자신의 선함으로 세상을 지탱하시기를, 하늘과 땅에 있는 모든 것을 자신의 선하신 기쁨으로 조정하시기를 멈추지 않으신다.[39]

칼빈은 죄가 하나님의 섭리적 목적을 바꾸지 않았다고 주장한다. 이런 이유로 칼빈은 독자들의 관심을 자연의 존속으로 이끈다. 태양은 계속해서 비추고, 하나님의 지혜는 여전히 자연 안의 어마어마한 다양성 가운데 가득한 질서 속에 반영된다.

계절은 계속 바뀌고, 씨를 뿌리고 추수를 위해 지정된 시간은 돌아온다. 동물들은 먹이를 찾는 숨겨진 본능을 통해 보존되며, 어떤 음식도 생산되지 않는 메마른 계절은 없다. 비록 타락으로 해를 입었지만, 자연 질서는 지속하여 하나님의 영광의 거울과 섭리의 증거가 된다.[40]

이차적 인과관계와 창조 세계의 단순한 지속을 의미하는 자연의 내재적 연약함은 하나님이 여전히 그분의 창조 세계를 사랑하고 보존하신다는 것을 신도들에게 보여 주는 하나의 증거가 된다.

그러나 자연은 창조 세계의 머리인 인간을 섬기기 위해 디자인되었다.[41] 아우구스티누스와는 달리, 칼빈은 하나님이 세상을 창조하시는 데 '6일'이 걸렸다는 사실에 대해 걱정하지 않았다. 창조 이야기는 아담의 행복을 위해 창조 질서가 구비되기까지는 하나님이 그를 창조하지 않으셨다고 가르친다.

39　Comm. on John 5:17, CO 47:111.
40　Comm. on Ps. 96:10, CO 32:41; Comm. on Ps. 145:9,15-16, CO 32:415-417; Comm. on Ps. 147:7-9, CO 32:428-429: Comm. on Is. 24:6. CO 36:402; sermon on Job 11:7-12, CO 33:540-541; Comm. on Gen. 8:22, CO 23:141; *Inst*. I.5.1-2,11.
41　Comm. on Ps. 8:7. CO 31:94: Comm. on Ps. 24:1, CO 31:244; Comm. on Ps. 115:16, CO 32:1907 Comm. on Ps. 147-149, CO 32-428: Comm. on Acts 14:17, CO 48:327-328.

하나님은 부지런하고 자상한 아버지처럼 사람들에게 필요한 태양과 별들의 움직임을 먼저 배치하셨다. 그 후 하나님은 땅, 물, 하늘을 살아 있는 피조물들로 채우셨다. 하나님은 마지막으로 과일들을 음식으로 제공한 후에 아담을 창조하셨다. 타락 이후 자연 질서의 유지는 하나님의 영광을 반영하며 창조의 주된 작품인 사람을 위해 제공되고 있다.[42]

타락 이후 인류의 보존을 설명하기 위해, 칼빈은 하나님의 형상 개념을 도입한다. 남자들과 여자들이 하나님의 형상으로 창조되었기 때문에, 하나님은 그들의 생명을 보호하는 일을 도맡으셨다. 칼빈은 살인에 대한 신적 처벌에 관해 해설하면서, 하나님이 인간의 생명을 보존하기 위해 애쓰심을 설명한다.

> 만약 누군가가 이 신적 형상이 지워졌다는 주장에 반대해야 한다면, 그 해결책은 간단하다.
> 첫째, 하나님의 형상 일부가 여전히 남아 있다. 그래서 사람은 적지 않은 존엄성을 지니고 있다.
> 둘째, 인간이 타락했을지라도 천상의 창조자 자신이 원래의 창조 목적을 여전히 유지하신다.[43]

하나님은 단지 동물 세계만을 창조하실 수 있었지만, 그분의 영광을 더 잘 반영하기 위해, 자신의 형상을 따라 사람을 만들기로 하셨다.[44]

---

42 Inst. I.14.22.
43 Comm. on Gen. 9:6, CO 23:146; Comm. on Jonah 1:13-14, CO 43:226-227: "하나님은 사람의 생명을 보존하기 원하시는데, 그 이유는 사람이 하나님의 형상대로 지음받았기 때문이라는 것을 우리는 알아야 한다."
44 Comm. on Malachi 1:2-6, CO 44:395-409; Comm. on Ezekiel 3:18, CO 40:92.

하나님은 하늘과 땅에서, 우리가 보는 모든 하나님의 사역에서, 궁극적으로 인간 안에서 찬양받기를 원하신다. 이런 이유로 그는 다른 어떤 피조물보다도 사람들 안에 그의 형상을 새기셨다. 하나님은 태양, 별, 다른 피조물이 사람만큼 뛰어나다고 말씀하지 않으셨다.

"나의 형상과 모양을 따라 여기에 최고의 작품을 만들기 원한다."[45]

칼빈은 하나님이 사람들을 그분의 형상으로 만드셨기 때문에 인류를 향해 아버지의 사랑을 가지신다고 주장한다. 작업자가 그의 작품에서 수고한 결과를 통해 자신의 솜씨를 사랑하는 것처럼, 하나님은 사람들의 형상 안에 그분의 능력과 선하심을 나타내 보이셨으며 그들을 사랑으로 품으신다.

우리가 사람으로 있는 한 … 하나님이 보시기에 우리는 사랑스럽다.[46]

여기에서 다시 칼빈은 하나님의 속성을 근거로 주장한다. 인류의 계속되는 보존은 그들의 가치 때문이 아니라 하나님의 형상과 그분의 수고의 열매를 향한 사랑 때문임을 칼빈은 반복적으로 독자들에게 상기시킨다.

사람들은 하나님의 형상으로 창조되었기 때문에 타락 후에도 동물의 상황과는 달리 우월하게 남아 있다.[47] 하나님은 우주가 혼돈의 나락으로 떨어지거나 인류가 짐승 같은 혼란에 빠지는 것을 허용하지 않으셨다고 칼

---

45 *Congrégation sur la divinité de Jésus Christ*, CO 47:480-481, cited by Stauffer, *Dieu, la création et la Providence dans la prédication de Calvin*, 238. 하나님의 형상에 대한 스토페르의 논의는 다음을 참조하라. 201-205, 244-245. 욥기에 대한 설교는 다음을 참조하라. 30:1-10, CO 34:595-596; sermon on Job 35:8-11, CO 35:240.
46 Comm. on Ezekiel 18:1-4, CO 40:424. See also: sermon on Job 23:13-17, CO 34:357ff.
47 Sermon on Deut. 13:1-2, 2-5, CO 27:234,244; sermon on Deut. 28:1-4, CO 27:488-489; sermon on Job 10:7-15, CO 33:483; sermon on Job 29:18-25, CO 34:571ff.; sermon on Job 35:8-11, CO 35:238-239.

빈은 반복적으로 말한다. 칼빈은 하나님이 질서 있는 사회의 영역을 지원하고 보존하신다고 주장한다. 왜냐하면, "땅에는 사람들이 거주하라"라는 하나님의 변경할 수 없는 명령 때문이다.

> 하나님이 "땅에 사람들이 거주하라"는 자신의 명령을 지키지 않으셨다면, 어떻게 하나님이 우리를 양육하시고 필요한 모든 것을 공급하실 수 있을까? 하나님은 심지어 악한 자들에게도 필요한 모든 것을 공급하신다. 다른 관점에서 보면, 하나님이 너무 많은 범죄와 부끄러운 일들을 참으시는 것이 이상하게 보일 수 있다.
>
> 하나님은 우리의 존엄성이 아니라 자신의 목적에 유념하신다. 그렇기에 왕국과 제국들이 유지될 수 있다. 이 사회 질서와 정부 조직들은 심지어 야만인들과 신앙심이 없는 자들 사이에서도 보호된다. … 그럼에도 땅에 사람들이 거주할 수 있도록 항상 질서 있게 이런 경향이 유지되는데, 이것은 침범할 수 없는 하나님의 명령 때문이다.[48]

이런 진술들은 학자들이 칼빈의 사상에 근거하여 "일반은총"(common grace)의 교리를 형성하도록 이끌었다.[49] 이런 본문을 지배하는 배경은 삼

---

[48] Comm. on Is. 45:18, CO 37:144.
[49] Herman Kuiper, *Calvin on Common Grace* (Grand Rapids: Smitter, 1928). 일반은총의 교리에 대한 지지는 아브라함 카이퍼의 세 권의 책과 함께 시작되었다. Abraham Kuyper's three-volume work *De Gemeene Gratie* (Praetoria: Hoveker and Wormser, 1902-4) 그리고 일반은총은 바빙크의 글에서 더욱 지지되었다. Bavinck's essay, "Calvin on Common Grace," in *Calvin and the Reformation*, ed. W.P. Armstrong (New York: Fleming H. Revell, 1909), 99-131. 일반은총 교리에 관한 논쟁의 역사는 다음을 참조하라. William Masselink, *General Revelation and Common Grace* (Grand Rapids: Eerdmans, 1953); H. Henry Meeter, *Calvinism: An Introduction to its Basic Ideas* (Grand Rapids: Zondervan, 1939), 69-77; Cornelius van Til, *Common Grace* (Philadelphia: The Presbyterian and Reformed Publ. Co., 1947). 브렌(Breen)은 칼빈의 글에서 "일반은총"의 용어를 언급하는 것으로써 다음 본문을 인용한다. Comm. on Amos 9:7, CO 43:164; Comm. on Col. 1:20, CO 52:89; Comm. on Heb. 1:5. CO 55:15; Comm. on Rom. 5:18, *Commentarius*

중적이다. 그것은 자신의 형상을 향한 하나님의 사랑, 그분의 본질적인 섭리적 본성, 그리고 자신의 목적들과 명령들에 대한 불변성이다.

시편 145:9("여호와께서는 그 지으신 모든 것에 긍휼을 베푸시는도다")을 통해 칼빈은 인간의 죄가 하나님의 자비롭고 아버지 같은 본성을 보여 주는 것 그리고 선한 자들과 악한 자들 모두에게 그분의 선하심을 베푸는 것을 막지 못한다는 것을 깨달았다.[50]

비록 악한 자들은 하나님의 아버지 같은 성품을 중요하게 여기지 않지만, 모든 좋은 것이 하나님에게서 오며 자연과 사회 안에서 유지되는 질서를 통해 유익을 얻고 있음을 아는 지식은 선천적이다.[51] 믿지 않는 자들은 양육받고 옷을 공급받으며 태양의 빛, 계절의 변화, 이 땅의 풍성함에서 유익을 얻는다.[52]

그럼에도 칼빈은 타락을 통해 들어온 무질서는 인간 사회가 단지 유지되고 보존되는 것 이상을 요구한다고 보았다. 또한, 인류와 문명의 보존은 신적 섭리의 억제하는 기능을 요구한다. 우리는 앞에서 별들과 물을 제 자리에 유지하기 위해 창조의 시작부터 억제의 개념이 칼빈의 신학에 필요함을 보았다.

칼빈이 인간 사회의 보존을 논할 때, 그는 동물에 대한 신적 억제를 강조한다. 아담이 자기 위에 계신 창조자를 반역했을 때, 마찬가지로 더 아래에 위치한 동물들이 아담을 반역해 일어났다.[53] 그 결과로 초래된 짐승들의 야만성이 하나님의 "비밀스런 굴레"에 의해 억제되었기에 짐승들의 폭력성이 발동되어 인류를 삼키는 일은 일어나지 않았다.

116-117 (Breen, John Calvin, 165ff.).
50　Comm. on Ps. 145:9, CO 32:415.
51　Comm. on Ps. 74:16, CO 31:698; Comm. on Amos 3:1-2, CO 43:36-38; sermon on Deut. 28:9-14, CO 28:371-382.
52　Comm. on Ps. 31:19, CO 31:310; Comm. on Ps. 145:9, CO 32:415.
53　Comm. on Gen. 9:2, CO 23:143-144.

무엇이 사자들을 그들의 굴 안에 있도록 통제하고 코끼리들이 마을과 사람에게서 멀리 떨어진 숲에서 식물을 먹는 것에 만족하도록 만들었나? 이에 대해 칼빈은 궁금해했다.

> 하나님이 이곳 아래에 우리가 살 수 있는 장소를 주시기 위해 이 짐승들을 억누르고자 하지 않으셨다면, 이런 일이 다른 이유 때문에 발생할 수 있을까?
> 우리가 여러 종류의 사나운 짐승들로 둘러싸여 있기에, 하나님이 비밀스런 굴레(*bride secrette*)로 이 사나운 짐승들의 분노를 억제하지 않으신다면, 우리가 이 세상에서 잡아 먹히지 않고 단 하루를 살아가는 것이 가능할까?[54]

칼빈은 이 "굴레"의 특징을 타락 이후 동물들 안에 새겨진 인간을 향한 어떤 두려움과 무서움이라고 묘사한다. 이것은 동물들이 사람을 지속적으로 두려워하게 함으로써 인간이 사회를 유지하기 위한 공간을 보존하도록 하기 위한 것이다. 동물들에 대한 부분적인 길들이기와 동물들이 여전히 사육될 수 있다는 사실은 비록 인간의 원래 지배가 타락으로 인해 감소되었지만, 사회가 즉시 무너지지 않도록, 그 지배가 완전하게 폐지되지 않았음을 칼빈에게 보여 주었다.[55]

하나님은 인간 사회의 질서 유지를 위해, "두려움과 무서움"의 흔적을 사람들 안에도 심으셨는데, 이것은 하나님이 그들 위에 세우신 통치자들과 왕들에게 순종하도록 하기 위함이라고 칼빈은 주장한다.

칼빈은 짐승들 안에 새겨진 사람들을 향한 두려움과 사람들 안에 새겨진 시민의 권위자들을 향한 두려움을 조심스럽게 비교한다. 이 두 경우에

---

54 Sermon on Job 40:7-19, CO 35:462.
55 Comm. on Gen. 9:2, CO 23:143-144; Comm. on Isaiah 24:17, CO 36:408; Comm. on Hab. 2:5, CO 55:24.

서, 칼빈은 사회를 위한 공간을 얻기 위해 하나님이 힘써 일하심을 보았다. 하나님은 인간 사회가 유지될 수 있도록 짐승들에 대한 인간들의 지배와 인간 서로를 향한 지배를 승인하셨다.

칼빈은 창세기 9:2("땅의 모든 짐승과 공중의 모든 새와 … 너희를 두려워하며 너희를 무서워하리니")을 해설하면서, 하나님에 의해 새겨진 무서움과 두려움의 흔적을 설명한다. 칼빈이 동물들의 영역에서 통치자들의 영역으로 쉽게 이동하는 것에 주목할 필요가 있다.

> 나머지 동물들에 대한 통치권이 사람에게 남아 있는 것은 주로 세상의 회복과 관계가 있다. 사람의 타락 이후 비록 짐승들의 새로운 흉포가 넘쳐나지만, 하나님이 태초에 부여하신 지배권의 일부가 여전히 남아 있다. … 실제로 야생 짐승들이 사람들에게 사납게 달려드는 것을 본다.
> 만약 하나님이 짐승들의 사나움을 놀랍게 억제하지 않는다면, 인류는 완전히 멸망당할 것이다. … 사람들을 공격하는 야생 짐승들의 잔인성을 억제하는 주님의 굴레는 하나님이 짐승들 안에 새기신 두려움과 무서움이다. 그래서 짐승들은 사람들의 존재를 받을 수 있다.
> 특히, 다니엘은 왕들에 대한 존경을 표현했다. 주님께서 통치권에 대한 무서움과 두려움을 사람들과 동물들 안에 두었기 때문에, 왕들은 통치권을 소유할 수 있다. 그러나 두려움이 처음으로 활용된 것은 인류의 사회를 지키기 위함이었다. 가장 높은 지위의 사람이나 가장 낮은 지위의 사람이나 하나님이 사람들에게 부여하신 짐승들에 대한 일반적인 권위만큼의 두려움이 존재한다. 야생 짐승들의 잔인성이 그것들의 폭력으로 만연해지지 않게 하는 숨겨진 흔적이 있다는 것을 나는 안다.[56]

---

56 Comm. on Gen. 9:2, CO 23:144.

3. 국가와 질서 있는 생활

칼빈은 남아 있는 모든 다스림의 흔적이 인간 생활에 대한 신적 보존을 증거한다고 보았다. 하나님은 정부의 통제를 허락하셨다. 왜냐하면, 남자들과 여자들의 악이 굴레 씌워지지 않는다면 인류가 멸망될 수 있기 때문이다. 칼빈은 악한 자들을 억제하지 않고 놔두는 것을 땅에 "넘쳐날" 물에 자주 비유한다.

국가는 (아우구스티누스의 이해와 같이) 타락으로 존재하게 되었는가?

또는 트뢸췌(Troeltsch)와 도위(Dowey)의 주장처럼, 국가는 창조의 한 부분이며 인간 사회 안에 내재되어 있었는가?[57]

후자의 견해를 지지하는 학자들은 아래의 본문에 의지한다.

> 치안판사의 권력은 하나님에게서 유래했지만, 전염병, 기근, 전쟁, 그리고 죄에 대한 처벌은 하나님에게서 유래한 것이 아님을 이해해야 한다. 왜냐하면, 세상의 정의롭고 합법적인 통치를 위해 하나님이 그들을 임명하셨기 때문이다.[58]

여기에서 칼빈은 하나님이 국가를 긍정적으로 인정하셨다고(ordination) 보았다. 또한, "국가는 이 땅의 모든 권력을 왕과 다른 통치자들의 손아귀에

---

[57] 도위는 다음과 같이 말한다. "양심, 교회, 국가 사이의 관계를 간단하게 보여 주는 것은 타당하다. 인간의 타락과 구속은 제쳐 두고라도, 이것들이 인간의 기관이며, 인간 안의 원래의 자질과 지속적인 관계를 맺고 있다. 최소한 국가는 하나님이 그것을 창조하신 것처럼 인간 사회에 속해 있다." (*The Knowledge of God in Calvin's Theology*, 63). 트뢸췌는 "아우구스티누스주의적이고 루터파적인 의미에서 국가에 대해 냉혹하게 표현된 견해는 찾을 수 없다고 말한다. 모든 곳에서 그리고 직접적으로 국가는 신적 기관(Divine institution)이다. … 국가는 인간 존재에 절대적으로 필요한 수단에 속한다." (Ernst Troeltsch, *The Social Teaching of the Christian Churches*, tr. Olive Wyon (New York: Macmillan, 1949), II:898).

[58] Comm. on Rom. 13:1, Commentarius, 281-282.

두는 인간의 악함으로 인해 생겨난 것이 아니라, 신적 섭리와 거룩한 법령에 의해 생겨나게 되었다고 칼빈은 주장한다."[59]

그러나 두 본문에서 하나님이 단지 치안판사들의 권력을 허락하셨음을 언급하는 것에 주목해야 한다. 칼빈은 정부가 타락 이전부터 존재한 기관이라고 명백하게 언급하지 않았다. 분명히 칼빈에게 타락 이전 사회는 질서 있는 사회였다. 그러나 국가가 인간의 존재를 위해 필요하다고 말하는 것은 칼빈이 쓴 글의 경계를 넘어서는 것이다.

보하텍은 국가의 역할에 있어서 죄가 이차적 요소 이상임을 트뢸췌에게 바르게 대답했다. 칼빈은 국가를 죄에 대한 해결책 또는 "굴레"로서의 기능을 위해 신적 의지로 결정된 질서로 보았다.[60]

칼빈의 무질서를 억제하는 국가의 기능적 관점은 16세기 상황 안에서 이해되어야 한다. 칼빈의 우선적인 관심은 국가를 타락 전 또는 타락 후 기관으로 정의 내리는 것이 아니라, 정부를 거부하는 재세례파에 반대해 법을 집행하는 자들의 권위를 옹호하는 것이었다.[61]

그는 로마서 13장의 주해를 다음과 같은 진술로 시작한다.

> 땅의 모든 권력이 폐지될 때에만 그리스도의 왕국이 올바르게 높여질 것이라 믿으며, 그들이 인간 노예의 모든 멍에를 떨쳐 버릴 때만 그리스도께

---

[59] *Inst.* IV.20.4.
[60] 보하텍은 국가의 기원에 대해 세 가지 원인을 제시한다. 사람의 죄, 하나님의 선하심, 인류의 보존(*Calvin und das Recht*, 57ff.). See also Bohatec, *Budé und Calvin*, 439-464; idem., *Calvins Lehre von Staat und Kirche*, 164-173. 보하텍은 국가의 기원에 대한 칼빈의 견해는 아리스토텔레스의 견해와 구분되어야 한다고 주장한다. 칼빈은 국가의 기원에 대한 원인을 인간의 집단적 추동(drive)이 아니라, 하나님의 명령에 두었다.
[61] 재세례파의 국가 이해는 다음을 참조하라. Willem Balke, *Calvin and the Anabaptist Radicals*, tr. W.J. Heynen (Grand Rapids: Eerdmans, 1981), 193-195, 260-265; Robert Friedmann, "The Doctrine of the Two Worlds," in *The Recovery of the Anabaptist Vision* (Scottsdale, PA: Herald, 1957):105-118; Robert Kreider, "The Anabaptist and the State," in *The Recovery of the Anabaptist Vision*, 180-193.

서 주신 자유를 누릴 수 있을 것으로 믿는 안절부절못하는 몇몇 사람이 항상 있다.[62]

『기독교 강요』 첫 번째 판과 이어진 판에서 반복된 이 비판은 재세례파를 겨냥한 것이었다. 그리고 1544년 2월 이후에는 특히 1527년의 슐라이트하임 고백서(Schleitheim Confession)에 반대하는 것이었다.[63] 기독교인들이 치안판사로 일하거나, 전쟁에 참여하거나, 선서하기를 금해야 한다는 재세례파의 글을 비판하는 칼빈은 재세례파야말로 "모든 질서의 원수"라고 결론지었다.

칼빈이 때때로 인정한 것처럼, 그 후 재세례파는 정부가 필요하고, 정부는 하나님이 명하신 것이라고 그들 스스로 고백하기도 했다.[64] 새틀러(Sattler)와 그의 동료 재세례파들은 평화주의 또는 분리주의에 대한 그들의 신념으로 치안판사가 폐지되어야 한다고 결론짓지 않았다.

그들은 단지 기독교 세례공동체가 세상에서 분리되어야 한다고 주장했다. 그러므로 기독교인은 칼을 사용해서는 안 되며, 정부의 일을 해서도 안 된다. 그럼에도 다스리는 권위는 악한 자들을 벌하고 선한 자들을 보호하기 위해 명령을 받았다고 확신했다. 이런 이유로 재세례파들은 비기독교 세계를 위해서는 국가가 필요하지만, 세상에서 분리된 기독교인들을 위해서는 필요하지 않다고 생각했다.[65]

62　Comm. on Rom. 13:1, *Commentarius*, 281-282.
63　*Brieve instruction*, CO 7:49-142. 재세례파와 칼빈 사이에서 국가에 관한 견해의 근본적인 차이에 관한 논의는 다음을 참조하라. Bohatec, *Calvins Lehre von Staat und Kirche*, and Balke, *Calvin and the Anabaptist Radicals*. At Neuchâtel in 1544 the *Confessio Schlaltensis* or Schleitheim Confession은 독일어로부터 번역되었다. (*Brüderliche Vereinigung*). 뇌샤텔(Neuchâtel)에서 목사였던 장 샤포노(Jean Chaponneau)는 칼빈에게 차례로 책을 보냈던 파렐(Farel)에게 책을 보냈다. Balke, *Calvin and the Anabaptist Radicals*, 174-175.
64　*Brieve instruction*, CO 7:84.
65　보하텍은 트뢸췌가 칼빈의 완벽주의(perfectionism)를 재세례파의 완벽주의와 동일시

근본적으로 칼빈과 재세례파는 창조, 사회 안에서 인간의 역할, 그리고 하나님의 구원의 영역에 대한 의견이 서로 달랐다. 이런 차이는 각각의 교회론에서 가장 분명하게 볼 수 있다. 재세례파에 따르면 교회는 죄와 어둠의 세상 밖으로 분리되었다.

> 우리는 마귀가 세상에 심어 놓은 악과 부정에서 분리되었고 교회 안에서 연합되었다. 우리는 세상 사람들과 교제하지 않기에, 그들과 함께 치우쳐 혐오스러운 혼돈에 빠지지 않는다. 믿음의 순종 안으로 나아가지 않고, 하나님과 연합하지 않는 모든 자는 그분 앞에서 혐오스런 존재들이다.
> 그러므로 그들에게는 혐오스러운 것 이외에 아무것도 자라거나 나타날 수 없다. 세상과 모든 창조 세계는 선과 악, 신앙과 불신앙, 어둠과 빛, 세상 안과 세상 밖에 있는 사람들, 하나님의 성전과 우상들, 그리스도와 벨리알(Belial) 이외의 다른 영역에 속할 수 없다. 빛과 어둠은 서로 연관되지 않는다.
> 주님의 명령은 분명하다. 주님의 명령은 우리를 악한 자로부터 분리되게 하셨으며, 주님은 우리의 하나님이시며, 우리는 그분의 아들과 딸이 되었다. 더욱이 주님은 우리가 바벨론과 이집트에서 떠나도록 권고하시며, 주님이

한 것을 비판했다. 보하텍에 따르면, 재세례파의 절대적인 완벽주의와 비교하면 칼빈은 상대적 완벽주의를 발전시켰다. (*Calvins Lehre von Staat und Kirche*, 302-345).
그러나 몇몇 역사학자는 모든 재세례파를 완벽주의 교리와 동일시하는 것에 의문을 제기한다. Robert Friedmann, "The Essence of the Anabaptist Faith, an Essay in Interpretation," Mennonite Quarterly Review, 41 (April 1967):5-24; Hans J. Hillerbrand, "Anabaptism and the Reformation; Another Look," Church History 29 (Jan. 1960):404-424. 이 역사학자들은 재세례파들에게 완벽은 이 땅에서의 삶의 궁극적 목표였다고 결론짓는다. 비록 재세례파 문서들은 세상과의 분리에서 찾아지는 완벽을 말하고 있지만, 그들에게도 죄가 없지 않다는 것을 인정했다. 힐러브란드(Hillerbrand)는 다음과 같이 결론지었다. "재세례파의 칭의의 견해에 관한 대부분의 문서에서 볼 수 있듯이, 종교개혁자들과는 달리, 재세례파에게 완벽은 반드시 경험적 실체는 아닐지라도 잠재적 목표였다." 424. 완벽주의에 관한 칼빈의 비판에 대한 분석은 다음을 참조하라. Balke, *Calvin and the Anabaptist Radicals*, 228ff.

그들 위에 내릴 고통과 고난에 우리가 참여하기를 원하지 않으신다.[66]

칼빈은 타락한 인간 사회 안에서 무질서와 악의 어둠에도 불구하고 분리주의를 결코 지지하지 않았다. 칼빈은 재세례주의 안에 내재하는 비현실적 완벽주의에 반대하는 논쟁을 이어 갔다. 칼빈은 훈련의 필요를 인식했지만, 그의 관심은 교회의 순수성이 아니라 교리의 순수성에 있었다.

칼빈의 미래 삶에 대한 묵상의 촉구는 세상에서 돌아서는 것이 아니라, "현재의 삶과 그것의 도움"을 어떻게 사용할 것인가에 대한 충고로 나타났다.[67] '세상'을 향한 이런 태도는 두 가지의 지각에서 자라났다. 그것은 기독교인들은 불완전하며 불가분적으로 자연 질서에 연결되어 있다는 점과 창조 세계 자체는 하나님의 보존과 구원의 대상이라는 점이다.

칼빈은 현재 삶은 항상 죄의 다스림을 받는다고 생각했다. 신자들은 항상 죄인으로 남아 있으며 교회의 거룩함은 불완전하다.[68] 더욱이 신자들은 타락의 영향으로 고통받는 자연 질서 안에서 악한 자들과 공존한다고 보았다.

> 그러므로 세상에 완벽한 교회가 있다고 상상함으로써 우리 자신을 속이지 말자. 왜냐하면, 우리 주 예수 그리스도께서 천국은 좋은 씨앗들이 종종 눈에 보이지 않는 잡초들과 함께 섞여 있는 밭과 같다고 선포하셨기 때문이다(마 13:24). … 주 예수님이 흠과 주름에서 교회를 자유롭게 하시고, 교회를 깨끗하게 하시기 위해 피를 흘리신 것은 현재의 교회가 모든 더러움에서 자유롭다는 것을 의미하지 않는다. 교회는 이 땅에서 결코 이룰 수 없는 목표

66　66. Michael Sattler, *Schleitheim Confession*, 1527, tr. John Yoder, *The Legacy of Michael Sattler* (Scottdale, PA: Herald, 1973), 37-38. See also: Clarence Baumer, "The Theology of the 'Two Kingdoms', A Comparison of Luther and the Anabaptists," *Mennonite Quarterly Review* (Jan. 1964):37-49.
67　*Inst*. III. 10.1-6.
68　Ibid., III.3.10-14, IV.1.17.

를 향해 나아가며 날마다 자라야 하고 유익을 얻어야 한다.

더욱이 교회는 두 가지 방식으로 악에 의해 더럽혀졌다. 교회의 구성원은 많은 불완전함으로 둘러싸여 있어 그렇게 순결하거나 완전하지 않다. 따라서 모든 믿는 자가 이 땅에 사는 동안 그들의 육신은 약간의 오점을 항상 지니고 있다. … 교회는 선한 무리뿐 아니라 모임을 오염시키는 악한 위선자들을 항상 포함하고 있다. 교회는 이런 방식으로 훼손된다.[69]

칼빈은 이 이중적 불완전함으로 기독교인들이 현실주의(realism)를 필요로 하게 된다고 보았다. 성도들은 세상의 속성에 대해 바르게 이해하고 세상에 대한 책임을 져야 한다. 칼빈은 기독교 현실주의가 신자들이 영적 영역과 시민적 영역 사이를 주의하여 구분하고, 후자의 타락한 속성을 심각하게 받아들여야 한다고 주장한다.

칼빈은 세상에서 신자들의 역할에 관한 논의에서, 기독교인의 자유와 두 개의 정부에 관한 그의 이론을 자세히 설명한다. "영적 정부"는 영혼의 삶에 적용되며, 반면에 시민의 정부는 "정치적"이며 시민과 인간의 의무를 가르치기 위해 시민들을 교육한다. 두 정부는 상반되지 않으며 결코, 혼동되지 않는다.

영적 자유에 관한 복음의 메시지를 정치적 질서에 적용하지 않는 이 구분을 통해 알 수 있듯이, 기독교인들의 양심이 하나님 보시기에 자유롭게 되었기에, 그들은 외부 인간 정부의 법에 영향을 덜 받는 것처럼 보인다. 그들은 영이 자유롭게 되었기에, 모든 육신의 노예 상태에서 해방된 것처럼 보인다.[70]

69　*Brieve instruction*, CO 7:66. *Treatise Against the Anabaptists and the Libertines*, 58-59.
70　*Inst*. III. 19.15. 시민의 왕국과 영적 왕국 사이를 구분하는 것에 실패한 재세례파를 비판하는 칼빈에 관해 다음을 참조하라. Balke, *Calvin and the Anabaptist Radicals*, 290. 발

칼빈은 재세례파의 완벽주의와 분리주의가 사회적 삶에 위험하다고 보았다. 칼빈은 이 입장을 가장 초기의 글을 쓸 때부터 고수했다. 『기독교 강요』 1536년 판에서 발췌한 아래의 글은 이것을 분명히 보여 준다.

> 복음이 어떤 왕과 치안판사도 인정하지 않고, 오직 그리스도만 바라보는 자유를 약속한다는 말을 들을 때, 어떤 사람들은 그들 위에 군림하는 권력이 있는 것을 보는 동안 자유의 유익을 얻을 수 없다고 생각한다. 그러므로 그들은 법원, 법, 치안판사, 그리고 그들의 자유를 제한하는 어떤 것도 존재하지 않는 새로운 형태의 세상을 다시 만들지 않고는, 어떤 것도 안전하지 않다고 생각한다. 그러나 육체와 영혼 사이를 구분할 줄 알며, 현재의 덧없는 삶과 미래의 영원한 왕국 사이를 구분할 줄 아는 사람은 누구나 어려움 없이, 그리스도의 영적 왕국과 시민적 사법권은 완전히 별개의 것임을 이해할 수 있을 것이다.[71]

칼빈은 양심의 자유가 세상의 악한 자들과 공존하는 이 땅의 신자들을 분리하지 않는다고 보았다. 단지 하늘 왕국 또는 "영적 정부"의 "출발"이 이 땅 위에 시작되었다고 보았다.[72]

결론적으로 자연의 영역은 무질서의 영향으로 계속 고통당한다. 왜냐하면, 그리스도의 속죄는 우주를 원래의 질서로 회복하지 않았으며, 기독교인들을 원래의 완전함으로 회복하지 않았다. 그러므로 신도들은 만성적 불완전과 무질서의 힘으로 위협당하는 사회 안에 살아간다.

케(Balke)가 지적했듯이, "칼빈은 악한 세상의 한가운데에서 무방비로 존재하는 완전한 교회가 인내심으로 그 왕국의 도래를 기다리는 것과 광적 종파 사이에는 한 걸음의 간격도 되지 않는다고 믿는다."

71 *Inst.* IV.20.1; *Inst.* (1536) VI.35.
72 Ibid., IV.20.2.

그러나 칼빈은 재세례파에 반대해, 불완전과 무질서는 창조된 시민의 질서를 불필요하게 하거나 악하게 만들지 않는다고 주장한다. 교회 안의 악한 자들의 존재를 포함하여, 세상의 무질서는 하나님의 구속 목적에 위험을 주지 않는다. 교회의 형성은 과거와 창조 세계에 대한 거부가 아니다.

그러므로 기독교인들은 이 땅의 영역 안에서 살아야 하고 참여해야 한다. 간단히 말해 칼빈은 기독교인들이 무질서로 오염된 세상 안에 기꺼이 살아야 한다고 믿었다. 기독교인들은 죄에서 벗어날 수 없기 때문에, 죄를 심각하고도 정확하게 이해해야 한다.

칼빈은 신도들이 마주해야 하는 가장 심각한 죄의 영향 가운데 하나는 인간의 반역이라고 주장한다. 사람들은 타락 이후 서로를 등지고 지배를 향한 욕망을 품는다.[73] 칼빈은 십계명의 다섯 번째 명령은 타락하고 죄악 된 인간 본성에게 복종은 고통스러울 뿐임을 가르친다고 보았다. 죄가 없다면 복종은 질서 있는 사회 안에서 자연스러웠을 것이다.[74] 그러나 지금 탐욕과 야망은 질서 있는 사회의 유대를 파괴하기 위해 지속적으로 위협한다.

모든 사람은 현재 "자신이 원하는 길로 가기 원하며" 권력과 개인의 이익을 추구한다.[75] 사람들은 타인에게서 자신을 분리하며 하나님이 제정하신 질서를 파괴한다.[76] 칼빈은 무정부 상태를 항상 두려워했다. 사회 안에서 지위의 구별이 지속되지 않는다면 인간들을 짐승으로 바꾸는 무정부적 혼란이 일어날 것이다.[77] 정부의 몰락은 신적 노여움의 징표이다. 왜냐하

---

[73] Ibid., II.8.35. 칼빈의 설교에서 이 주제에 관한 논의는 다음을 참조하라. Erwin Mülhaupt. *Die Predigt Calvins: ihre Geschichte, ihre Form und ihre religiösen Grundgedanken* (Berlin: Walter de Gruyer, 1931), 95-103

[74] Harmony of the Five Books of Moses, Lev. 19:3, CO 24:606-607.

[75] Sermon on Eph. 5:28-30, CO 51:765. See also: sermon on Eph. 5:15-18, CO 51:716. sermon on Job 12:1-6, CO 33:566; sermon on Job 20:8-15, CO 34:161.

[76] Sermon on Eph. 4:6-8, CO 51:529-30; Comm. on Is. 3:4, CO 36:82

[77] 칼빈은 만일 사람들이 도덕적으로 행동하지 않거나 "자연"에 따라 행동하지 않는다

면, 뒤따르는 무질서와 혼돈 안에서 인류는 살아갈 수 없기 때문이다.

그것은 결국 에돔 땅은 훼손된 몸과 같고, 무서운 혼란 이외에 아무것도 볼 수 없다는 결론에 이르게 된다. 이것은 하나님이 내리시는 최악의 저주이다. 사람들은 나라를 다스리는 정부를 가지고 있지 않기 때문에 짐승들과 별반 다르지 않다.[78]

면, 그들은 짐승처럼 될 것이라고 종종 언급했다. 인간이 동물로 바뀌는 변형은 오비드의 『변형』(Metamorphoses)에 자주 등장하는 주제이다. 오비드의 인기는 12세기부터 14세기에 최고 절정에 이른다. 한 번 인정받게 되자, 오비드는 가장 잘 알려진 고전작가들 중 한 사람으로 남게 된다. 『변형』의 다소 우화적인 버전으로 많은 역본이 만들어졌다. 16세기에는 영어, 독일어, 이탈리아어, 스페인어, 불어 역본들이 있었다. 다음을 참조하라. Mary M. Innes, "Introduction" to Ovid, *Metamorphoses* (London: Penguin, 1955), 18-24.
인간 영혼의 심리적 상황에 대한 외형의 징후인 사람이 동물로 변한다는 개념은 아풀레이우스(Apuleius)의 『루시우스의 변형』(*Transformations of Lucius*)과 『황금 당나귀』(*The Golden Ass*)에서 중심 주제이다. 아풀레이우스는 의심의 여지없이 플라톤의 『파이돈』(*Phaedo*) 81D-82A에서 주된 영감을 얻었다. 아풀레이우스는 아우구스티누스를 포함한 기독교 작가들 사이에 널리 알려져 있었다. (*De civitate Dei* IX.18.18), Lactantius (Inst. II.15, V.3), Jerome (Psalm 1:18), and Apollinaris Sidonius (Ep. II. 10.5, VI.3.1). See: Carl Weyman, "Studien zu Apuleius und seinen Nachahmern," in *Sitzungsberichte Akademie der Wissenschaften zu Munichen*, II:321-392. 아풀레이우스의 작품은 중세와 르네상스 기간 동안 엄청난 영향을 주었다. 14세기에서 19세기까지 이탈리아, 스페인, 프랑스, 독일에서 아풀레이우스의 넓은 층의 독자들이 있었다. See: Elizabeth H. Haight, *Apuleius and His Influence* (New York: Cooper Square, 1963), 90-134.
인간이 동물로 변한다는 주제는 피에트로 폼포나찌(Pietro Pomponazzi) 같은 르네상스 작자에게서도 나타났다는 것은 주목할 만하다. 폼포나찌는 우주에서 인간의 중심성과 인간의 이중적 본성의 관점에서 다음과 같이 논의한다. "그러므로 인간 영혼은 약간의 지적 특성과 약간의 물질적 특성을 가지고 있다. 영혼이 지성과의 일치를 통해 기능을 수행할 때, 영혼은 신적이며 신으로 변한다고 말할 수 있다. 그러나 영혼이 짐승들의 기능을 수행할 때, 영혼은 짐승으로 변한다고 말할 수 있다. 영혼의 악으로 인해 그것은 뱀 또는 여우로 불리며, 영혼의 잔인함으로 인해 그것은 호랑이나 다른 것으로 불린다." (Cited by Paul Oskar Kristeller, "Ficino and Pomponazzi on the Place of Man in the Universe," 241.)

78 Comm. on Is. 34:12, CO 36:586.

칼빈은 하나님이 사람들 안에 두려움과 무서움의 흔적을 두어 그들이 통치자들에게 순종하게 하셨음을 믿었다. 또한, 사람들이 생존할 수 있도록 주님은 지위와 계층을 유지하신다고 생각했다. 칼빈은 무역과 시민의 질서가 파괴되지 않도록 사회 안에서 사람들 사이에 차이가 유지되어야 한다고 보았다.[79]

비록 칼빈은 개인이 직업을 바꿀 수 있다고 생각했지만, 그는 평안과 질서를 파괴하는 모든 급하고 불안정한 변동을 비난했다. 칼빈은 키케로가 각 사람이 자신의 구역에 머무르며 "자신이 맡은 자리를 지켜서" 사회의 질서와 유대가 와해되지 않도록 가르쳤음을 독자들에게 상기시켰다.[80]

칼빈은 계급의 구분이 없다면 사람들의 삶은 가축과 짐승의 삶과 별반 다르지 않을 것이라고 주장했다. 칼빈이 말한 것처럼, 우리는 "개와 고양이 같은 동물"이 된다.[81] 굴레가 없을 때 발생할 수 있는 현상처럼, "하나님은 사람들이 함께 뒤섞이지 않게 하셨다. 어떤 사람들은 다스리며 다른 사람들에게 명령할 권위를 가진다. 그리고 아래에 있는 사람들은 통치자들에게 복종한다."[82]

79　Comm. on Is. 24:2, CO 36:400; Comm. on I Cor. 11:3, CO 49:474.
80　*Inst*. III.10.6. The citation is from Cicero, *De senectute* XX.73. See also: Comm. on Ps. 131:1, CO 32:339; Comm. on I Cor. 7:20-21, CO 49:415-416.
81　Sermon on Eph. 5:28-30, CO 51:759-772; sermon on Eph. 6:1-4, CO 51:787; sermon on Eph. 6:5-9. CO 51:800; sermon on 2nd book of Samuel 4:11-12, *Supplementa Calviniana* I:95.
82　Sermon on Eph. 6:5-9, CO 51:800: "여기에서 사도 바울은 왕들과 치안판사들을 분명히 언급하고 있지만, 그것은 아버지의 자녀에 대한 권위, 남편의 아내에 대한 권위, 주인의 종에 대한 권위 등의 모든 권위로 확장된다. 그러므로 우리는 이것을 분명히 확신해야 한다. 하나님의 의도는 (통제가 없다면 발생할 수 있는) 모든 사람이 뒤죽박죽 뒤섞이는 것이 아니라, 누군가는 권위를 가지고 다스리면서 사람들에게 명령해야 하고, 아래에 있는 사람들은 위에 있는 사람에게 순종해야 한다는 것이다." 칼빈의 질서에 대한 호소와 혼란에 대한 두려움은 여성들이 통치하는 것이 혐오스럽다는 그의 주장을 강하게 했다. 글뢰데(Gloede)가 지적하듯이, 칼빈은 여성이 통치하는 것은 "자연" 또는 "본성"을 거스르는 것이라고 믿었다. 여성의 통치는 사회를 무질서로 몰아넣을 것이다. (Gloede, *Theologia naturalis bei Calvin*, 186-187).

이런 사회적 가르침의 전형적 예인 '보수주의'(conservatism)의 바탕이 되는 것은 무정부와 무질서에 대한 칼빈의 지속적 두려움이다. 사회 안에서 "모든 변화와 시민 질서의 왜곡은 두려운 것"이라는 칼빈의 확신이 깔려 있다.[83] 사람들은 지위와 질서를 존중해야 하는데, 왜냐하면 이 원리가 안전을 보존하며 변화와 분리를 도모하는 무정부 세력들을 저지하기 때문이라고 칼빈은 보았다.

칼빈은 무질서, 탐욕, 분리, 혼란으로 특징지어지는 세계가 정부의 폐지를 막지 못할 것이라고 믿었다. 그는 (재세례파가 진정 의도하지 않았던) 이런 생각은 위험하고, 기독교인들이 반드시 참여해야 하는 인간의 상황에 대한 오해에 근거한다고 보았다. 칼빈은 어떤 의미에서 대적자인 재세례파처럼 사회에 대한 어두운 전망을 가지고 있었다.

> 악한 자들의 오만이 너무 크고 그들의 악함이 너무 완고해서 극도로 엄격한 법으로도 좀처럼 억제되지 않는다.
> 만약 그들이 행하는 악을 막을 수 있는 권력이 존재하지 않아, 악한 자들이 부패한 일들을 마음대로 자행하도록 놔둔다면, 그들이 어떤 일을 벌일 것이라 예상하는가?[84]

어떤 사람도, 심지어 선택받은 자들도 나라를 불필요하게 만드는 완전함을 가지고 있지 않기에, 칼빈은 훨씬 더 비관적이었다. 칼빈은 재세례파가 사회의 불완전함과 죄의 무질서로 위협당하는 이 세상 안에서 기독교인들 역시 같이 살아가야 한다는 것을 이해하지 못했기 때문에, 그들의 전망은 위험하고 낙관적이라고 주장한다. "만약 인간이 어떤 통치자에 의해

83　Sermon on Deut. 19:14-15, CO 27:567. 그러나 칼빈은 이 경구를 거부하고 수용하지 않았음을 교황지지자들(papists)에게 표했다.
84　*Inst.* IV.20.2.

억제되지 않는다면, 사람보다 더 잔인한 것은 존재하지 않을 것이다."[85]

4. 자연법과 질서를 향한 통찰

지금까지 우리는 칼빈이 타락 후 자연을 억제하고 국가를 통해 사람들을 통제하는 하나님의 섭리의 관점에서 설명하는 것을 살펴보았다. 칼빈은 세상이 지속적으로 하나님에 의해 억제되고 있다고 묘사한다. 하나님이 보존하시는 이 영역 안에서 사람들은 "짐승 같은 혼란"에 빠지지 않고 이 땅에서 해야 할 일들을 수행할 수 있다. 칼빈이 하나님의 외적 억제만을 강조한 것은 아니다.

칼빈은 타락한 인간의 영혼 안에 여전히 존재하는 자연적 본능, 인식, 명령, 능력으로 인해 사회에서 질서 있는 시민의 생활이 번창할 수 있다고 보았다. "자연의 명령" 또는 자연법의 진리를 인식할 수 있는 능력이 인간에게 남아 있기 때문에 그들은 정부와 시민 생활의 형성에 참여할 수 있다.

칼빈은 인간의 양심이 질서와 자연법의 필요성을 인식한다고 주장한다.[86] 칼빈은 계속해서 자연법을 양심의 "증인", "감시자", 또는 "증거"와

---

85 Sermon on Job 1:9-12, CO 33:73.
86 *Inst*. IV.20.16. 칼빈의 사상에서 양심의 역할에 관해 다음을 참조하라. M.E. Chenevière, *La Pensée politique de Calvin* (Genève: Ed. Labor, 1937), 46ff.; Bohatec, Budé und Calvin 384-385; David Lee Foxgrover, "John Calvin's Understanding of the Conscience," (Ph.D dissertation, Claremont Graduate School, 1978); Gloede, *Theologia naturalis bei Calvin*, 103-134. Peter Pelkonen. "The Teaching of John Calvin on the Nature and Function of the Conscience" *Lutheran Quarterly* 21 (1969):77-88. 쉐느비에(Chenevière)와 보하텍(Bohatec)은 이성보다는 양심이 자연법을 분별한다고 주장함으로써 칼빈이 로마의 법학자들과는 다르다는 것을 지적한다. 자연법을 분별할 때의 양심의 역할에 관해 다음을 참조하라. Baur, *Gott, Recht und weltliches Regiment im Werke Calvins*, 46-49. 율법의 두 번째 돌판과 "자연 질서"와의 상응에 관해 다음을 참조하라. Wallace, *Cal-*

관련시킨다. 우리가 도덕법이라고 부르는 "하나님의 법"은 하나님이 사람들의 마음에 새겨 놓으신 자연법과 양심법이다.[87]

신적 형상의 남은 부분인 인간의 양심은 선과 악, 평등과 불평등, 질서와 무질서를 구분함으로써 하나님의 심판 앞에서 인간을 비난할 뿐 아니라 사회를 보존한다.[88] 양심의 자연적 분별에 관한 칼빈의 진술은 세 개의 일반적 주제를 형성한다.

이 세 주제는 연합 또는 사회적 형성을 위한 자연적 충동, 가족 안에서 질서를 위한 본능, 그리고 질서 있는 시민 정부의 필요성이다. 후자에 포함된 것은 이방인들의 법, 재산, 지혜에 관한 칼빈의 해설이다. 칼빈의 이런 진술은 자연법에 대한 인간의 분별이 사회를 조성하는 내적 굴레로 기능함을 우리는 보게 될 것이다.

칼빈은 하나님이 하와를 창조하신 것은 "그들 사이에 상호적 사회를 만들어 가는 사람들이 있도록" 하기 위함으로 보았다. 창세기에 기록된 이 인간 사회의 시작은 일반적 원리, 즉 사람은 사회적 동물이 되기 위해 형성되었다는 것의 한 예시이다. 사회의 형성을 위한 자연적 충동은 사람들이 인류를 돌보는 것을 지향하도록 돕는다. 본능은 우리가 서로를 느낄 수 있도록 돕는다.

왜냐하면, 우리는 본능의 "숨겨진 충동에 의해 자비를 구하는 방향으로 나아가기를 추구하기" 때문이다. 칼빈은 살인이 범죄일 뿐 아니라 우리의 자연적 본능에도 혐오스러운 것이라고 주장한다. 우리는 모두 하나님의 형상으로 만들어졌기 때문에, 살인은 자연의 질서뿐 아니라 "본능의 정서"

---

vin's Doctrine of the Christian Life, 141-147

87 *Inst*. IV.20.16.

88 Sermon on Job 10:7-15, CO 33:489. "… 하나님의 형상은 우리 안에 각인되어 있다. 왜냐하면, 우리는 이해와 이성을 지니고 있으며, 선한 것과 악한 것을 분별할 수 있으며, 어느 정도의 질서를 가지고서 사람들 사이에 공동의 사회를 형성하도록 태어났기 때문이다. 그래서 모든 사람은 무엇이 선하고 무엇이 악한지를 자신에게 말해 주는 양심을 지니고 있다." See also sermon on Job 35:8-11, CO 35:238-239.

에도 반하는 것이다.[89]

인류의 보존 의지는 인간의 본성에 새겨져 있으며 자연법의 한 부분이다. 칼빈은 유다의 아들 오난이 그의 형수와 동침했던 사건을 인류 보존을 위한 "자연적 본능"으로 해석한다.[90] 심지어 이방인들도 결합과 보존을 위한 자연적 경향을 인식한다. 왜냐하면, 모든 사람은 서로의 유익을 위해 태어난다는 것을 알고 있기 때문이다.[91] 칼빈은 이방인들 역시 인간 사회의 결속은 상호 나눔으로 유지될 수 있음을 가르친다고 믿었다.

칼빈은 또 이런 논의를 통해, 사회의 지속적 존재를 설명하는 인간 본성의 인식과 본능의 온전성을 믿었다.

> 인간은 본성적으로 사회적 동물이기 때문에, 자연적 본능을 통해 사회를 촉진하고 보존하려는 경향이 있다. 결론적으로 시민의 공정한 거래와 질서에 대한 보편적 인식이 모든 사람의 마음 안에 있음을 관찰할 수 있다.[92]

칼빈은 이 "보편적 인식"이 결혼과 가족의 결합과 시민적 권력과 법의 명령에 대한 복종에서 저절로 드러난다고 보았다. 결혼에 의한 결합과 가족의 유대는 영원하고 불가침적인 자연의 법에 새겨져 있기에 특별한 신적 계시 없이도 모든 사람이 이해할 수 있다. "자연 질서"는 여자가 남자의 조력자가 되어야 하며 남자에게 기꺼이 복종해야 함을 가르친다고

---

[89] Comm. on Gen. 4:15, CO 23:96-97; Harmony of the Five Books of Mose, Ex. 20:13, CO 24:611-612, sermon on 2nd book of Samuel 4:11-12, *Supplementa Calviniana* 1:95ff.
[90] Comm. on Gen. 38:8, CO 23:495.
[91] Harmony of the Five Books of Moses, Ex. 22:25, CO 24:679.
[92] *Inst*. 11.2.13. 칼빈은 아리스토텔레스의 정치학에 의지하는 것 같다. Aristotle, *Politics* 1.2 (1252a.25-1253.18). 칼빈은 "자연적 본능"(natural instincts)과 "보편적 인상"(universal impressions)의 기원을 하나님께 둔다.

칼빈은 보았다.[93]

또한, 칼빈은 간음과 난혼이 가정을 파괴하며, 이것은 성경에 의해 명령된 도덕의 위반일 뿐 아니라, "자연의 명령"에 상반되는 것이라고 가르친다.

> 게다가 신성한 결혼에 대한 위반이 신적 앙갚음을 받을 만한 범죄라는 정서가 모든 민족의 마음에 내재하고 있다. 민족들이 하나님의 심판에 대한 두려움이 있다는 아비멜렉의 말에서, 우리는 이런 근거들을 찾을 수 있다.[94]

칼빈은 일부일처제는 침범할 수 없으며 모든 사회가 이를 인식하고 있다고 주장한다.

> 단지 자연적 이해만을 갖고서 그들의 판단[감각]만으로 행동하는 무지한 영혼들은, 아내는 남편의 한 부분이며, 만약 서로를 억지로 헤어지게 하는 것이 아니라면, 그들 사이에는 나눌 수 없는 유대감이 있어 서로를 저버릴 수 없다는 것을 알지 못하는가?[95]

간음, 일부다처제, 근친상간은 비도덕적이며 "자연에 반대되며" 하나님이 정하신 질서에 상반된다. 칼빈은 이런 비정상적 행동들이 사람을 짐승의 수준으로 떨어지도록 위협한다고 주장한다. 일부다처제는 "무질서하고 혼란스러우며" 간음하는 자들은 발정이 난 말과 같이 "음탕함이 만연한 곳을 찾고,

---

93 Comm. on Gen. 2:18, CO 23:46-47; Comm. on I Tim. 2:13, CO 52:277.
94 Comm. on Gen. 26:16, CO 23:362-363.
95 Sermon on Eph. 5:28-30, CO 51:759, 762.

결국 사람들은 짐승으로 퇴보하게 된다."[96]

칼빈은 "자연의 순수한 정서"가 사회의 안전과 안정을 위협하는 간음을 비난한다고 보았다.[97] 본성적으로 "모든 사람은 근친상간을 큰 공포로 받아들이며, 자연적 이성은 유다가 며느리 다말과 동침한 것을 혐오스러운 것으로 판단한다."[98]

칼빈은 근친혼이 "자연의 모든 법을 짓밟으며" 근친상간에 대한 공포는 "하나님이 우리 안에 심어 두신 자연스러운 감정"에서 기인한다고 보았다. 심지어 동방의 "야만인들"도 근친상간을 금하는 법을 무효로 만들 수 없다. 칼빈은 그 이유를 다음과 같이 말한다.

> 자연적인 것은 동의나 관습으로도 폐지될 수 없기 때문이다. 간단히 말해, 여기에서 제시된 근친상간에 대한 금지는 결코 시간과 장소의 상황에 따라 흔히 폐지될 수 있는 그런 법 가운데 하나가 아니다. 왜냐하면, 그것은 자연 그 자체의 근원에서 나온 것이며 모든 법의 일반적 원리 위에 세워진 것이기 때문이다. 그 법들은 영속적이며 바뀔 수 없다.[99]

---

96 Comm. on Deut. 22.22, CO 24:648. 칼빈은 자연법과 일부다처제에 관해 전통적 논의에서 벗어났다. 아우구스티누스는 관습과 출산의 필요에 근거하여 족장들의 일부다처제를 옹호했다. 중세의 저자들은 종종 절대적 계율(absolute precepts)과 이차적 계율(secondary precepts)을 구분했다. 더 큰 선을 이루기 위해 하나님은 이차적 계율 없이는 아무것도 하지 않으신다. (St. Bernard, *Liber de praecepto et dispensatione*, ch. II-III; PL 182:863-865). (Cf. Thomas Aquinas, *In IV Sent.* d.33, q.1, art. 2, in Lottin, *Le Droit naturel*, 31-93.) 칼빈은 이런 예외 조항을 만들지 않았다. 일부다처제는 항상 죄가 된다. 그러므로 야곱이 빌하와 결혼했을 때 하나님의 법을 떠난 것이다. 하나님은 간음적 결합으로도 선을 이룰 수 있다. 그러나 그것 때문에 일부다처제가 용납되어서는 안 된다.

97 Comm. on Gen. 31:50, 38:24, CO 23:433,499.

98 Comm. on Gen. 38:26, CO 23:500; Harmony of the Five Books of Moses, Lev. 18:6, CO 24:661-662; sermon on 2nd Samuel 20:2-10, *Supplementa Calviniana* I:358,585-586.

99 Harmony of the Five Books of Moses, Lev. 18:6, CO 24:662, sermon on Deut. 22:25-30, CO 28:61,63.

왕도 근친혼을 명령할 수 없다. 그 이유는 다음과 같다.

> 자연이 악하다고 선언한 것을 어떤 입법자도 그것이 악하지 않다고 주장할 수 없기 때문이다. 만약 독재자의 오만함이 그것을 시도하려 할지라도, 자연의 빛이 이내 밖으로 비추어 만연하게 된다. … 심지어 이교도 나라들 사이에도, 마치 사람들의 마음에 심기고 새겨진 것처럼 이 법은 폐기될 수 없는 것으로 간주된다.[100]

따라서 본성의 진정한 선함이 훼손된 이후에도, 주님이 얼마나 많은 선물을 인간 본성에 두셨는지를 여러 예시를 통해 배울 수 있다.

결론적으로 남편, 아내, 아이들 사이의 가족 유대는 자연법에 근거하고 있으며, 자연적 이성을 통해 인식된다.[101] 이와 같은 '자연'에 대한 호소는 시민 정부에 관한 칼빈의 논의 안에서 반복된다. 칼빈은 정치적 논의를 통해 "자연", "이방인들의 지혜", 정의와 평등에 관한 자연의 원리들을 요청한다. 칼빈은 하나님의 성령이 진리의 유일한 근거이기 때문에 이방인들의 지혜가 멸시되어서는 안 된다고 주장한다.

> 진리로 시민의 질서를 세우고 위대한 평등으로 훈련했던 고대의 법학자들을 우리가 무엇을 근거로 거부할 수 있는가?
> 성경이 '자연적 사람들'이라고 부르는 자들은 하위 영역의 연구에서 진정 날카로운 통찰력을 가지고 있다.[102]

---

100 Harmony of the Five Books of Moses, Lev. 18:6, CO 24:662-623.
101 Comm. on I Tim. 5:8, CO 52:309; Comm. on I Cor. 7:37, CO 49:425; Harmony of the Five Books of Moses 20:12, CO 24:602-603; sermon on Deut. 21:18-21, CO 27:686-687; sermon on Eph. 5:31,33, 6:1-4, CO 51:774,788.
102 *Inst*. II.2.15.

칼빈은 시민의 질서와 정부에 관한 자신의 견해를 뒷받침해 줄 권위자들로 플라톤, 세네카, 키케로를 종종 언급한다. 칼빈은 그들의 이론들을 일관성 있거나 조직적인 방식으로 제시하지 않고 그의 다양한 주장을 지지하기 위해 임의로 그들을 인용한다. 칼빈은 민주주의와 귀족주의가 결합된 그의 견해를 옹호하기 위해 정부의 다른 유형과 위험에 관한 플라톤의 분석을 사용한다.[103] 또한, 하나님에 의해 지명되지 않았다면 어떤 사람도 연방을 다스릴 자격이 없음을 가르치기 위해 칼빈은 플라톤의 주장을 인용한다.[104]

칼빈은 치안판사가 "나라의 아버지"이며 그에게 순종해야 함을 세네카가 알았다고 주장한다.[105] 그러나 가장 중요한 것은 이방인들도 법의 중요성을 인식하고 있다는 것이다. 정치술과 법학은 이방인들에게서 물려받았다. 키케로는 법이 "국가의 힘줄"이라고 가르쳤다.

칼빈은 『기독교 강요』에서 법에 관련된 키케로에 관한 다음의 진술로 말문을 연다.

> 시민 국가에서 치안판사 다음으로 연방의 가장 든든한 버팀목은 법이다. 플라톤 이후 키케로는 치안판사로부터 떨어져 있는 법 자체가 아무 힘이 없는 것처럼, 치안판사들은 법 없이는 스스로 설 수 없다고 보았다. 법은 침묵하는 치안판사이며, 치안판사는 살아 있는 법이라고 말하는 것이 가장 바른 표현이 될 것이다.[106]

---

103 *Inst*. IV.20.8; Cf. Plato, *The Statesman* 291D; idem, *The Republic* VIII.
104 Comm. on Is. 3:4, CO 36:82. 국가의 수호자들은 신들에 관한 지식을 가져야 한다고 진술하는 플라톤의 『법』(*Laws*) XII을 칼빈이 언급하고 있는 것 같다. 플라톤은 『법』 VI.762-763에서 법의 봉사는 신들에 대한 봉사라고 말했다. 플라톤은 『법』 IV.709에서 인간 입법에 대한 하나님의 섭리를 단언했다. 그럼에도 플라톤은 이런 하나님이 통치자들을 "지명하셨다"라고 진술하지 않았다.
105 *Inst*. IV.20.24. Cf. *Calvin's Commentary on Seneca's "De clementia"*, ed. Battles, I.XIV. 세네카는 이 구절을 『관용론』(*De clementia*) I.XIV.2.에서 사용했다.
106 *Inst*. IV.20.14. Cf. Cicero, *Laws* II.IV, V.1; Plato, *Laws* IX.875. 아마도 칼빈은 여기에서 아리스토텔레스를 의지하는 것 같다. *Nicomachean Ethics* V.4 (1132a, 20-22) 이 책

칼빈은 강하고 안정된 정부의 필요, 통치자들을 향한 복종, 그리고 법의 명령을 지지하기 위해 "고대인들의 지혜"를 반복적으로 활용한다. 칼빈은 법의 명령 또는 "정의의 명령"은 질서의 필요를 인식하는 인간의 자연적 감각에 상응한다고 보았다. 자연은 인간의 생활이 법에 의해 다스려져야 하고, 평등과 정의의 원리들에 따라 다스려져야 함을 가르친다.

> 평등은 자연적으로 요구되기에 모두에게 똑같이 적용되어야 한다. 그러므로 법의 목적이 무엇이든 간에, 모든 법에 같은 목적이 적용되어야 한다.[107]

칼빈은 인간의 양심이 평등과 정의의 자연적 원리에 관한 통찰을 가지고 있기에 사회를 올바르게 다스릴 수 있다고 주장한다. 정부의 특정한 임무와 규정에 관한 칼빈의 논의에서, 자연적 평등에 관한 주장은 혼돈의 위협에 관한 주장과 연결된다. 재산에 대한 권리와 경계에 대한 필요는 세심하게 보호되어야 한다는 것이 칼빈의 신념이다. 그렇지 않다면 모든 것이 혼돈 속으로 와해될 것이기 때문이다.

칼빈은 몇몇 재세례파와 자유주의자에 의해 지지된 공산주의에 반대해, 하나님이 각 국가에 지역을 나누어 주시고 사유재산을 각 개인에게 나누어 주심으로 그의 선하심을 보이셨다고 주장한다.[108] 모든 것을 공동으로 소유하기를 원하는 이 "광신도들"은 모든 시민의 질서를 전복하여 모든

에서 "재판은 살아 있는 정의의 한 종류가 될 수 있다"라고 언급한다.
107 *Inst*. IV,20.16. See also: Comm. on Gen. 29:17, CO 23:402; Comm. on Hab. 2:6. CO 43:540; Comm. on Matt. 10:21, CO 45:284.
108 *Brieve instruction*, CO 7:87ff.: *Contre la secte phakntastique et furieuse des Libertins*, Co 1:105, 214-220. Comm. on Ps. 74.17. CO 31.698. On Hutterite communism see: Robert Fried mann, "The Christian Communism of the Hutterite Brethren." *Mennonite Quarterly Review* (Apm 1955):196-208; Williams, *The Radical Reformation*. 429-436. 중세의 재산권 개념에 대한 논의는 다음을 참조하라. cf: A.J. Carlyle, "The Theory of Property in Medieval Theology," in *Property: Its Duties and Rights* (London: Macmillan, 1913), 119-132.

것을 혼란 속으로 내던질 것이다.

칼빈은 신명기 19:14에 의지해 사유재산의 권리를 지지하고 이것을 "자연적 권리"로 여겼다.

> 네 하나님 여호와께서 네게 주어 차지하게 하시는 땅 곧 네 소유가 된 기업의 땅에서 조상이 정한 네 이웃의 경계표를 옮기지 말지니라(신 19:14).

칼빈은 심지어 이방인들도 재산권은 보존되어야 함을 알고 있었다고 말한다. 그렇지 않다면 "사람들 사이에는 어떠한 평등도 있을 수 없으며 모든 것은 혼란하게 될 것이다."[109]

> 자연이 항상 가르치는 이 원리들을 볼 때, 경계가 유지되고 지켜지지 않는다면, 사람들 사이에 끔찍한 혼란이 발생하고, 법은 준수되지 않을 것이다. … 누군가 자신의 땅을 마음대로 확장하고 싶다면, 그것은 마치 자연 질서를 어기는 것과 같다. 모든 사람이 살아갈 수 있도록 사람들을 구별하시며 무질서한 혼돈이 없도록 질서 가운데 의사소통하게 하시는 하나님을 보라. 그러므로 각 사람은 자신의 경계에 만족해야 한다.[110]

이런 주장은 칼빈의 글에 자주 반복된다. 만약 자연 질서가 지켜지지 않는다면, 사회는 혼돈 속으로 빠질 것이다. 자연 질서와 "정의에 대한 감각"

---

[109] Sermon on Deut. 19:14-15, CO 27:566.
[110] Sermon on Deut. 19:14-15, CO 27:566-567: "사람들이 자신의 지배력을 너무 확장하려 할 때, 자연 질서가 무너진다. 하나님이 나라들을 서로 분리해 두신 것을 보라. 그것은 모든 나라가 각자의 삶을 살며, 의사소통을 통해 혼란스러운 무질서가 없도록 하기 위함이다. 이것은 모든 사람이 그들의 경계에 만족해야 한다는 것을 보여 주는 것이다." See also: Bohatec, *Calvin und das Recht*, 61-65, 72ff.; Harmony of the Five Books of Moses, Ex. 16:17, CO 24:171. 칼빈은 타락 이후에 사유재산의 개념이 생겨났다는 전통적 주장을 거부했다.

은 살인, 거짓 증거, 깨어진 계약, 사업에서의 부정직이 자연 질서에 반하는 것임을 가르치고, 이런 것들은 "일반적인 혼란으로 되돌아가도록 모든 종족을 위협한다고 가르친다."[111]

이 본문에서 칼빈의 마음에 다시 어떤 추정과 근심이 나타나는 것을 볼 수 있다. 자연의 변치 않는 법에 대한 자연적 마음의 인식은 질서와 억제를 위한 지속적 필요에 상응한다. 그래서 사회는 타락 이후에도 지속될 수 있다. 이런 통찰은 인류가 짐승들의 수준으로 떨어지지 않도록 막는다. 결론적으로 사회는 자연, 악, 반역에 대한 하나님의 억제뿐 아니라 타락 후 무정부로 나아가는 것을 막는 인간의 자연적 본능에 의해 유지된다.

5. 활동적인 생활

사회생활에 관한 칼빈의 다양한 진술은 자연적 선물과 초자연적 선물 사이의 관점과 차이에 대한 조심스러운 주의를 전제로 한다. 루터와 멜랑히톤처럼, 칼빈은 칭의에 관한 주제와 자연적 창조 질서 안에서의 이성의 역할을 조심스럽게 구분한다. 인간 타락에 대한 그들의 믿음은 자연적인 것들의 소멸 또는 무용성을 암시하지 않는다. 그 개혁자들은 신적 섭리가 우주를 유지하는 것처럼, 하나님이 정치적, 사회적 삶을 조성하기 위해 인간에게 능력을 남겨 놓으셨음을 잘 알고 있었다.

칼빈은 인간의 지성과 의지가 타락으로 말미암아 완전히 사라지지 않았음을 독자들에게 상기시킨다. 인간은 칭의와 성화에 관해서는 비난받지만, 문명의 삶을 형성하는 것에는 기능을 계속한다. 칼빈이 계속해서 말한 것

---

[111] Sermon on Deut. 19:8-13, CO 27:563-564; sermon on Deut. 19:16-21, CO 27:588; sermon on Deut. 25:13-19, CO 28:236-237; Harmony of the Five Books of Moses, Lev. 19:35, CO 24:675.

처럼, "우리는 짐승이 되지 않았다."

루터가 이 땅의 영역과 천상의 영역 사이의 올바른 구분을 강조한 이유는 개인이 하나님 앞과 사람 앞이라는 근본적인 두 관계 안에 놓여 있다는 신학적 원리가 지배하기 때문이다.[112] 루터는 바른 관점을 가지는 것이 정의, 법, 이성에 대한 바른 이해를 결정한다고 보았다.[113] 하나님 앞에서 인간은 항상 수동적이며 낯선 의와 주입된 의를 받는다. 그러나 이웃 앞에서 개인은 정치적, 사회적 일에 적극적으로 참여한다.

루터는 중세 교회의 교리를 비판하면서 마귀와 그의 추종자인 "소르본주의자들"(Sorbonnists)이 두 영역의 근본적 관계를 혼동했기 때문에, 신학의 타락을 초래했다고 비판한다. 루터는 그들이 존재의 두 영역을 바르게 구분하지 못했기에, 법의 올바른 사용과 일의 가치에 대한 믿음에서 오해를 불러왔다고 주장한다.[114]

존재의 두 영역 사이의 이 근본적 구분은 시민의 정의와 이성의 사용에 대한 루터의 이해를 지배한다. 하나님 앞에서 인간 본성은 전적으로 타락했다. 이성은 하나님이 거저 주시는 칭의의 의미에 대해 아무것도 이해할 수 없으며, 의지는 구원을 향해 한 걸음도 나아갈 수 없다. 이성이 영적 영역 안으로 침입한 것은 영광의 신학과 인간의 일에 관한 잘못된 확신을 낳았다.[115]

---

112 Luther, *De servo arbitrio*, WA 18.720-21, 748-753; Brian Gerrish, *Grace and Reason* (Oxford: Clarendon, 1962), 25ff.

113 F. Edward Cranz, *An Essay on the Development of Luther's Thought on Justice, Law, and Society*, Harvard Theological Studies, No. 19 (Cambridge, MA: Harvard U. Press, 1959); Gerrish, *Grace and Reason*, 76ff.

114 WA 39-1.227.1, 230.4, 231.1; WA 40-1.370.23. See also: Gerrish, *Grace and Reason*, 73.

115 Gerrish, *Grace and Reason*, 76; Walter von Loewenich, *Luther's Theology of the Cross*, tr. Herbert A. Bouman (Minneapolis: Augsburg, 1976), 58-76.

루터는 이성이 율법에 맞추어 생각을 조정하기 때문에, 이성은 복음의 공격으로 깨어져야 한다고 주장한다. 사람은 구원의 약속으로 나아가기 전에 먼저 절망으로 이끌려야 한다.[116]

그런데도 이성은 세상의 영역 안에서 합법적이며 바르게 기능한다. 이 점에 관해 루터와 그의 동료 개혁자들은 이전의 스콜라주의 전통과 논쟁하지 않는다. 그들이 전통에서 자연법의 비논쟁적 원리를 채택한 것처럼, 그들은 이성이 인간의 마음에 남겨진 "자연의 빛"의 알맞은 영역에서 능력 있게 기능한다고 추정한다.

루터가 지적한 것같이, 우리는 집을 어떻게 지을지, 옷을 어떻게 만들지, 전쟁을 어떻게 벌일지, 정부를 어떻게 운영할지, 또는 배를 어떻게 항해할지를 배우기 위해 성경으로 달려갈 필요는 없다.[117]

우리가 이런 하위 영역을 이해하기 위해 필요한 것은 자연적 이성의 빛이면 충분하다. 타락의 엄청난 영향력에도 불구하고, 인간 이성은 인간적 수준의 필요에 알맞은 "시민의 정의"와 "자연적 도덕성"을 촉진할 수 있다. 그러나 이성은 칭의에 관해서는 아무것도 기여할 수 없다.[118]

멜랑히톤의 『골로새서에 대한 중요한 해설』(Scholia in Epistulam Pauli ad Colossenses, 1527)은 자연적 영역과 영적 영역 사이의 바른 구분에 관한 가장 선명한 진술들을 포함하고 있다. 멜랑히톤은 "자연철학"(natural philosophy)의 연구를 위한 영역을 확보하기 위해 이 구분을 수립하기 원했다. 멜랑히톤은 인간 이성의 사용은 철학의 한계를 인식하는 한 합법적이며 하나님에 의해 정해진 것이라고 보았다.

---

[116] WA 40-1.365.15-30, 370.12.17.
[117] WA 40-1.471.13.
[118] Gerrish, *Grace and Reason*, 73ff.; Cranz, *An Essay on the Development of Luther's Thought on Justice, Law, and Society*, 113-178.

그러나 그는 루터의 견해에 동의하여, 만약 자연적 이성이 자신의 한계 너머의 영역으로 들어가고자 노력한다면, 많은 오류가 나타난다고 주장한다. 인간 이성은 이 세상에서 하나님의 통치, 칭의의 본질, 죄와의 싸움에서 필요한 성령의 도움을 오해한다.[119]

멜랑히톤은 복음이 영적 생명에 관심을 기울인다고 보았다. 그러나 철학은 인간 사회의 보존에 적용된다. 멜랑히톤은 더 하위의 영역에 관심을 기울여 이성이 확실한 지식을 가질 수 있다는 것을 증명하기 원했다.[120] 그는 쾌락주의자들, 스토아주의자들, 아리스토텔레스주의자들의 오류는 철학에 관련된 것이 아니라고 주장한다. 왜냐하면, 이런 경우에 이성은 그것의 경계 너머에서 길을 잃으며 바울이 경고했던 "속임" 또는 불확실성 속으로 빠진다.

멜랑히톤은 자연적 마음이 학문 연구에서 확실성을 발견하여 자연 계시의 어떤 측면들을 분별하여 사회적 영역의 보존 안에서 이 연구들을 활용할 수 있다고 주장한다. 심지어 타락 이후에도 이성의 자연적 빛은 이런 연구들에 적합하고 수, 측량, 언어, 의학, 건축, 항해, 농업, 정부와 같은 "자연적 일"에서 적절하게 기능한다. 천문학, 의학, 산술, 웅변, 변증법, 수사법, 윤리, 법은 창조 세계 안에서 하나님의 선물이며 사회의 보존을 위한 신적 섭리의 선물이다.[121]

칼빈은 또한 현세적 영역 안에서 이성의 역할을 논하기 위해 존재의 두 영역 사이의 구분을 활용한다. 칼빈은 우리의 자연적 능력과 통찰은 질서 있는 생활의 형성과 보존에 기여할 수 있다고 보았다. 우리가 보아 온 것처럼, 신적 억제가 자연과 인간 악의 위협 한가운데 인류를 위한 공간을

---

119   Melanchthon, *Scholia in Epistulam Pauli ad Colossenses* MW IV.230-243.
120   Ibid., 235. 멜랑히톤은 확실한 이성과 경험으로 확언할 수 있는 철학을 옹호했다. 그의 관심은 자연철학에서 분명하고 확실한 지식을 얻는 것이었다. 다음을 참조하라. *Initia doctrinae physicae* 13:179-189.
121   Melanchthon, *Scholia in Epistulam Pauli ad Colossenses* MW IV.230-234.

보존하는 역할을 한다.

더욱이 칼빈은 자연적 본능과 법의 인식이 사회를 보존하고 인간의 탐욕과 욕심에 사로잡힌 세력들이 큰 혼란을 일으키는 것을 막도록 돕는다고 추정한다. 칼빈은 사회 영역 안에서 문명의 발전에 대해 깊이 생각하면서, 자연법 또는 "자연의 명령"에 대해 그가 언급한 범위를 넘어선다. 그는 학문과 과학의 영역에서 자연적 이성의 사용을 권고한다.[122]

칼빈은 기독교인이 자연적 세상에 참여하는 것과 관련된 많은 진술에서 재세례파의 완벽주의와 분리주의에 반대한다.[123] 이 "새로운 도나티스주의자"에 반대해, 칼빈은 인간의 사회 참여를 비난하는 모든 분리주의를 배격한다. 칼빈은 기독교인들의 신앙이 성장할 때 생활의 필요와 실재가 사라지지 않는다고 주장한다. 재세례파들과는 달리, 칼빈에게 신앙과 사회의 실재들이 상반되지 않는다.

칼빈은 사회적, 정치적 영역에서 재세례파들의 철수를 비판하면서, 정부 조직의 필요성을 역설하고 그것의 임무들을 규정한다.

> 그러나 이 구분은 정부의 모든 성격이 오염되었기에 기독교인들과 아무런 관계가 없다고 생각하도록 우리를 이끌지 않는다. 어떤 광신도들은 방종으로 굴레를 벗어던지고 다음과 같이 외치고 다니며 자랑한다.
>
> "우리가 그리스도를 통하여 이 세상의 것들에 대해 죽은 후에(골로새서 2:20), 우리는 하나님의 왕국으로 이동하여 천상의 존재들 사이에 앉는다. 기독교인에게 맞지 않는 악한 세상의 일에 시달리는 것은 우리에게 어울리지

---

122 *Inst.* II.2.12-16.
123 완벽주의(perfectionism)와 분리주의(separatism)에 대한 쟁점은 다음을 참조하라. Willem Balke, *Calvin and the Anabaptist Radicals*, 248-252, 275-278; Bohatec, *Budé und Calvin*, 298-299; idem, *Calvins Lehre von Staat und Kirche*, 302ff.; Walter Klassen, "The Anabaptist Critique of Constantinian Christendom." *Mennonite Quarterly Review* 55 (July 1987):218-231.

않는다.

무슨 목적을 위해 법은 재판과 법원 없이도 존재할 수 있는가?

기독교인이 재판과 무슨 상관이 있는가?"

그들은 묻는다. …

우리가 지금 지적한 것같이, 이런 종류의 정부는 영적이며 내면적인 그리스도의 왕국과는 완전히 다르다. 정부와 그리스도의 왕국은 서로 상충되지 않음을 우리는 알아야 한다. 이 땅 위에 이미 시작된 영적 정부는 하늘 왕국의 시작이다. 이 죽을 수밖에 없는 덧없는 삶이 불멸하고 부패하지 않는 축복을 맛볼 수 있다.

우리가 사람들 가운데 살아가는 동안 시민 정부는 정해진 목적을 가진다. 그것은 하나님의 예배를 소중히 여겨 보호하며, 경건의 건전한 교리를 옹호하고, 교회를 보호하며, 성도들의 삶을 사회에 적응시키고, 사람들의 사회적 행동이 시민의 정의에 부합되게 하며, 사람들 사이를 화해시키며, 전반적인 평화와 평온을 증진시키는 일이다.

만약 우리 가운데 있는 하나님의 왕국이 현재의 삶을 근절시킨다면, 나는 이 모든 것이 필요하지 않다고 인정할 것이다. 그러나 만약 우리가 진정 아버지의 땅을 갈망하면서, 이 땅에서 순례자처럼 살아가는 것이 하나님의 뜻이라고 믿는다면, 이 순례에는 이런 도움이 필요하다. 이런 도움을 앗아 가는 것은 사람에게서 인간성을 빼앗는 것과 같다.[124]

칼빈은 하나님의 왕국이 현재의 생활을 "완전히 파괴하지" 않는다고 주장한다. 왜냐하면, 신도들은 세상의 한 부분으로 남아 있기 때문이다. 칼빈은 재세례파의 분리를 비판하면서 사회생활의 선함을 단언했다. 영적 정부와 같이 사회생활 역시 하나님에 의해 정해졌다. 칼빈은 기독교인이

---

124 *Inst.* IV.20.2.

치안판사가 될 수 없다는 재세례파의 주장을 거부한다. 그는 기독교인들이 질서 있는 사회생활에 참여하는 것에 찬성한다.

신자들은 사회의 경제적, 정치적 삶에 참여해야 하며, 예술을 공부해야 하고, (사랑의 동기로만) 법원을 활용해야 하며, 맹세를 할 수 있고, 무기를 지녀야 하며, 치안판사가 되어야 하고, 이웃들의 권리를 보호해야 한다.[125] 심지어 칼빈은 법의 사용과 정부의 일에 적극적으로 참여하는 것은 기독교인의 사랑의 의무라고 주장한다. 왜냐하면, 이런 활동들이 질서를 유지하고 이웃의 권리를 보호할 수 있기 때문이다.[126]

사회에 적극적으로 참여하라는 이 모든 간곡한 권고에서, 칼빈은 하나님이 결코 창조 세계의 영역을 어둠의 세력들에게 내어 주지 않으셨음을 전제한다. 하나님이 인간 안에 있는 그분의 형상을 지속적으로 사랑하시는 것처럼, 하나님은 사회생활을 위한 공급과 보호를 계속하신다.

칼빈은 질서가 잘 잡힌 연방은 하나님의 보기 드문 선물이라고 주장한다. 판사, 의원, 군인, 선장, 기능공, 교사 모두 서로 도우며, 모든 사람의 일반적 안전을 촉진할 때, "정의의 질서" 안에서 하나님의 현존이 분명히 드러난다.[127]

결론적으로 칼빈은 이 지상의 모든 도구와 은사를 사용해야 한다고 믿는다. 신자들은 육체노동을 포함한 어떤 소명도 멸시해서는 안 된다. 칼빈은

---

[125] Ibid. IV.20.17; Comm. on I Cor. 6:7, CO 49:391-392; Harmony of the Five Books of Moses Ex. 22:25. CO 24:680-683. See also: *Brieve instruction*, CO 7:93ff.; and John T. McNeill, "John Calvin on Civil Government." 맥닐은 칼빈이 정치적 문제들에 대해 잘 알고 있었으며, 종교개혁에 도움이 되는 방식으로 프랑스의 정치에 영향을 주기 위해 노력한 것을 보여 준다. 이 주제에 관해 다음을 참조하라. Bohatec, *Calvin und das Recht*, 133ff. 사회의 경제와 정치에서 적극적인 역할을 해야 하는 기독교인들에 대한 칼빈의 견해는 다음을 참조하라. André Biéler, *Le Pensée économique et sociale de Calvin* (Geneva: Georg, 1959), 281-292, 321ff., 378-47

[126] Comm. on Rom. 13:8-10, *Commentarius*, 287. Comm. on the Harmo Gospels, Matt. 7:12, CO 45:220.

[127] Comm. on Is. 3:4, CO 36:82.

기계공학, 농업, 건축, 모든 육체노동과 관련된 직업을 칭찬한다. 왜냐하면, 이런 직업에 대한 추구는 인간 사회의 복지와 보존을 촉진하기 때문이다.

또한, 칼빈은 예술, 과학, 고대의 지혜를 권한다.[128] 예를 들어, 웅변은 특정한 주제와 원리에 대한 진리를 설명하기 위해 공적 생활과 개인의 생활에 유용하다.[129]

칼빈에 따르면, 모세는 이 땅의 생활에 남아 있는 모든 복은 인류를 통해 복을 내려 주시는 하나님으로부터 온 것으로 묘사한다.

> [가인의 후손들이] 비록 갱신의 마음은 빼앗겼지만, 나쁘지 않은 여러 종류의 은사를 받았다. 모든 시대의 경험이 우리에게 가르치듯이, 현재 삶의 유익을 위해 믿지 않는 나라에도 하나님의 빛이 넓게 비춘다. … "[130]

교양 과목은 이교도에게서 물려받았으며 "천문학, 철학, 의학, 질서 있는 시민의 정부도 그들로부터 받았음을 인정해야 한다"라고 칼빈은 주장한다.[131] 칼빈은 멜랑히톤처럼, 바울이 고린도전서 1:17에서 이런 과목을 비난하지 않았다고 말한다. 비록 영적 지혜를 얻기에는 소용이 없지만, 이런 과목은 이 땅의 영역에서 가치 있는 활동들을 수행하기 위한 유용한 도구들이다.[132]

칼빈은 고린도전서 15:33에서 메난드로스(Menander)의 사용을 주목한 후에, 모든 것은 하나님에게서 말미암았기 때문에 우리는 모든 영역에서 자유롭게 차용할 수 있다고 주장한다.

---

128 Comm. on Gen. 4:22, CO 23:100; *Inst.* II.2.14-16. See also Bohatec, *Budé und Calvin*, 257-306.
129 Comm. on Is. 3:4, CO 36:82.
130 Comm. on Gen. 4:22, CO 23:100.
131 Ibid.
132 Comm. on I Cor. 1:17, CO 49:321-322.

하나님은 악한 자들의 입에도 약간의 진실하고 유용한 교리를 두셨다.[133]

그러므로 자연의 영역, 자연의 지식, 자연의 통찰이 시민의 질서 안으로 들어오는 것을 비난하지 않는다. 오히려 칼빈은 사회 영역의 제한적 온전성을 단언하고 그 안에서의 인간 활동을 격려한다.

6. 결론

1) 칼빈은 자연법에 관한 흔한 가르침을 그의 글에 인용한다

칼빈은 하나님이 창시자이신 자연법의 존재를 추정한다. 칼빈은 타락 이후에 하나님이 이 법을 십계명의 성문화된 형태로 더욱 분명하게 만드셨다고 믿는다. 칼빈은 모든 사람이 선천적 정의와 정직에 관한 개념들을 마음에 가지고 있다고 주장한다. 특히, 모든 인류는 평등, 법, 질서에 대한 필요성을 인식한다.

칼빈은 자연법 그 자체에 관심을 두지 않는다. 칼빈은 자연법의 신학을 발전시키지 않았지만, 문명의 존속을 설명하기 위해 섭리교리의 확장으로서 자연법의 원리를 사용한다. 그러므로 칼빈의 자연과 자연법에 대한 호소는 교리의 수준이 아니라 전용의 수준이다. 이런 전통적 사고의 전용에서 칼빈은 균형을 잡아 주는 두 원리로 사회의 유지를 설명한다.

---

133 Comm. on Titus 1:12, CO 52:414; Comm. on I Cor. 15:33, CO 49:554.

2) 칼빈은 죄로 인한 무질서로 야기된, 인류의 생존을 위협하는 자연과 인간의 힘을 억제하기 위해 하나님을 필요로 한다고 믿는다

하나님은 인류 안에 있는 자신의 형상을 사랑하시고 그분의 사역 안에서 기쁨을 계속 누리시기 때문에, 이런 통제를 행하신다. 하나님은 창조 세계를 향한 자신의 목적에 진실되게 남아 있기 위해 창조 영역의 안전과 질서를 보존하신다. 사회생활을 위해 요구되었던 억제는 자연법에 관한 양심의 인식을 통해 내적으로 행사된다. 칼빈에 따르면, 자연의 명령과 통찰은 남자들과 여자들이 짐승 같은 혼란에 빠지는 것을 막아 준다.

칼빈은 빈번히 자연에 호소할 때 반복되는 논증의 형식을 보여 준다. 그것은 자연적 마음이 여전히 질서와 억제의 필요를 인식한다는 것이다. 칼빈은 자연법에 대한 자연적 인식이 사람들이 서로를 죽이고, 법을 위반하며, 간음과 근친상간을 범하고, 계약을 위반하며, 도둑질하고 맹세하고서도 거짓말하며, 정부와 가정의 권위자들에게 반역하고, 사유재산을 폐지하는 것을 막아 준다고 보았다.

이런 자연적 본능은 하나의 내적 굴레로 작용한다. 달리 표현하면, 이 굴레는 인간 본성 안에 도사리고 있는 혼돈 상태의 욕망과 탐욕의 힘을 막아 주는 역할을 한다.

3) 타락한 영혼 안에 하나님의 형상이 남아 있다는 것은 사회 유지를 위한 두 가지 방식에 대한 칼빈의 설명을 돕는다

칼빈은 하나님이 인류 안에 있는 자신의 형상을 계속 사랑하시기 때문에 사회를 유지하신다고 믿는다. 또한, 양심과 자연적 이성이 시민 영역의 질서와 안정에 기여한다고 주장한다. 칼빈은 신적 형상의 잔존이 굴레의 역할 뿐 아니라, 종종 잔존한다는 생각 이상의 자연적 본능 안에서의 긍정적 역할을 인식한다.

칼빈은 자연이 우리가 종족을 이어 가고, 아이들을 양육하며, 심지어 하나님의 형상을 인식하거나 우리의 이웃 안에 있는 공통된 인간 본성을 인식하게 하는 요인이 된다고 주장한다.[134]

칼빈은 자주 문명의 보존과 복지를 위해 학문과 과학을 추구하는 것과 같은 긍정적 기능이 자연적 이성 때문에 가능하다고 주장한다. 칼빈은 멜랑히톤처럼 수사법, 웅변, 의학, 법률, 그리고 과학의 지식과 그 활용을 칭찬한다. 그는 재세례파에 반대해, 창조 세계는 신도들에게 악하거나 이질적이지 않음을 주장한다.

그러므로 칼빈은 죄의 억제뿐 아니라 자연과 사회에 남아 있는 선함과 진실성을 강조한다. 칼빈은 사회가 어둠의 영역이 아니라 그리스도인들이 거룩을 추구해야 할 무대라고 본다.

칼빈에 따르면, 하나님은 그분의 창조를 거부하지 않으셨으며, 그분의 손으로 하신 사역에 대해 섭리를 행하시고, 이 땅의 극장 안에서 자신의 영광을 드러내기를 지속하신다. 칼빈은 광신도들과의 논쟁에서, 사회생활에 대한 기독교 현실주의를 주장한다. 이 현실주의는 혼돈의 위협을 헤아리는 이해와 함께 세상 안에서의 활동을 요구한다.

이어지는 장에서 인류의 능력과 활동은 구속의 목표이며 창조의 새로움을 위한 도구라는 것을 칼빈의 주장에서 보게 될 것이다.

---

[134] Sermon on Deut. 2:1-7, CO 26:9: "… 모든 사람은 하나님의 형상으로 지음받았으며 모두에게 공통된 속성이 있음을 생각해야 한다. 이방인들도 그것을 잘 알고 있다. 우리에게는 얼마간의 분별력이 있어서 화평과 화합을 유지하려 하고 또 어떤 사람의 재물을 강탈하거나 폭행하지 않고 모든 사람의 권리를 인정해 주기도 한다. 그러나 인간은 자연 질서를 어지럽힐 뿐 아니라 자기와 같은 종족을 만나면 서로 반가워하는 짐승보다 더 못한 존재가 되기도 한다."

제5장

해방된 피조물

칼빈은 재세례파와의 논쟁에서, 교회는 잃어버린 창조 세계에서 고립된 오아시스가 아니며 또한 악한 세상에서 선택받은 자들을 건져 내는 구원선도 아니라고 주장한다. 제5장에서는 '창조 세계와 구속의 관계에 대한 칼빈의 진술 속에 새로운 도나투스주의(Donatism)'에 대한 거부가 스며들어 있음을 보게 될 것이다.

구속과 성화에 대한 칼빈의 견해는 칼빈 연구자들에게 집중적 연구의 대상이 되어 왔으나[1] 하나님의 구원 계획에서 자연의 기능에 관한 그의 견해는 관심을 덜 받았다. 이 주제에 관한 중요한 몇몇 연구는 다음과 같다.

퀴스토르프(Quistorp)는 몸의 부활과 우주의 회복에 대한 칼빈의 믿음을 보여 주었다.[2] 밀러(Milner), 리처드(Richard), 웰레스(Wallace)는 "질서의 회복"이 성화에 관한 칼빈의 견해를 지배하는 주제임을 보여 주었다.[3]

---

[1] 칼빈의 성화 교리에 관한 기본 저서들은 다음과 같다. A. Göhler, *Calvins Lehre von der Heiligung* (Munich: C. Kaiser, 1934); W. Kolfhaus, *Vom christlichen Leben nach Johannes Calvin*; R.S. Wallace, *Calvin's Doctrine of the Christian Life* (Edinburgh and London: Oliver & Boyd, 1959).

[2] Heinrich Quistorp, *Calvin's Doctrine of the Last Things*, 185: "칼빈은 천국을 완전한 교회의 영역으로 언급하며, 복을 순수한 영적 전망과 하나님의 즐거움으로 구성된 것으로 보았다. 그러나 영광의 마지막 단계에서 창조 세계의 보이는 것들을 전혀 가치가 없는 것으로 간주하는 신비적 영성에서 칼빈은 벗어나 있다."

[3] Milner, *Calvin's Doctrine of the Church*; Richard, *The Spirituality of John Calvin*; Wallace, *Calvin's Doctrine of the Christian Life*.

제5장에서는 이런 연구를 기반으로 구속에서 자연의 역할에 대한 칼빈의 이해를 살펴보고자 한다. 이번 장에서 지금까지 논의한 자연과 자연 질서의 모든 요소가 창조 세계의 구원에 관한 칼빈의 진술 안에서 논리적 결론에 이르는 것을 보게 될 것이다.

칼빈은 하나님이 모든 창조 세계, 즉 우주, 인간 본성, 역사를 되찾고 계심을 주장한다. 이 구속의 활동은 창조 세계를 그것의 원래 목적, 즉 하나님의 찬양과 영광으로 회복한다. 이런 견해를 지지하면서, 칼빈은 창조 세계의 근본적이며 깨어지지 않는 지속성, 세상 질서의 회복, 그리고 자연의 계시적 기능의 재확립을 주장한다.

이번 장에서는 먼저 구속에서 우주의 역할을 검토하고, 그런 후 성화에서 인간 본성의 활동을 살펴볼 것이다. 마지막으로, 역사의 통일과 하나님의 점진적 질서의 회복을 이루기 위한 인간의 기여에 관해 분석할 것이다.

1. 구속에서 우주의 역할

칼빈은 로마서 8:20의 전통적 주석에 동의하여, 우주는 인간의 죄로 부패되었으며 갱신과 회복이 필요하다고 주장한다. 모든 피조물은 본성적으로 자신을 보존하려는 경향이 있지만, "모든 피조물은 자연의 목적에 상반되게 고통당하며" 썩어짐의 대상이 되었다.[4]

칼빈은 모든 곳에 만연한 죄의 영향을 보여 주기 위해, 지금 하늘은 파멸을 향해 기울어져 있고 미래의 갱신을 기다린다고 주장한다.[5] 모든 피조물은 타락으로 말미암아 갱신이 필요하게 되었으며, "세상의 모든 체계는

---

4 Comm. on Rom. 8:20, *Commentarius*, 174.
5 Comm. on Heb. 1:10, CO 55:18; Comm. on Ps. 102.26, CO 32:72-73.

그 끝을 재촉하고 있다."⁶

칼빈은 로마서 8:20을 해설하면서, 이런 모욕을 당한 창조 세계가 지금 희망 가운데 부활을 기다린다고 설명한다. 우주에서 훼손되지 않은 부분은 한 군데도 없기 때문에, 이 세상 안의 모든 것은 부활의 소망을 간절히 기다리고 있다.

실제로 창조 세계가 유지될 수 있는 것은 그 희망이 있기에 가능하다.

> 일정한 괘도 안의 태양, 달, 별의 신속함, 과일들을 생산하는 지구의 지속적 순종, 공기의 끊임없는 움직임, 흘러가기 위해 준비된 물의 힘은 모두 희망에서 온 것이다. 하나님은 각자에게 적합한 임무를 명하셨지만, 하나님의 뜻을 수행할 정확한 명령을 그냥 주지 않으셨다. 그러나 동시에 갱신의 소망을 내면에 심으셨다.
>
> 만약 그들이 다른 곳에서 주어지는 감추어진 안정으로 태어나지 않았다면, 아담의 타락 후에 뒤따른 죄의 서글픈 확산 속에서 세상의 전체 조직과 모든 부분은 매 순간 와해될 것이다.
>
> 그러므로 피조물들을 허영심의 주체로 만드는 것이 하나님의 뜻이었기 때문에, 많은 피조물이 다른 길로 자연스럽게 기울어진다. 그러나 그들은 하나님의 명령에 순종한다. 왜냐하면, 하나님은 더 나은 상황에 대한 소망을 그들에게 주셨기 때문이다. 그들은 이 소망으로 살아가며, 약속된 회복이 그들에게 나타날 때까지, 그들의 연기된 소망을 기다린다.⁷

칼빈은 우주가 지금 파멸을 향해 기울어져 있으며 미래의 갱신과 회복을 기다린다고 보았다.

---

6 Comm. on Ps. 102:26, CO 32:73.
7 Comm. on Rom. 8:20, *Commentarius*, 173.

그들이 지금 파멸을 향해 기울어져 있다는 것을 제외하면, 그 갱신이 약속하는 목적은 무엇이며, 고생하는 자들처럼 하늘이 기다리는 것은 무엇인가?"**8**

칼빈은 급진적 개혁자들이 종말을 기다리며 마지막 날을 계산하는 것에 반대해 마지막 심판의 날을 예측하는 것을 거부했다.**9** 칼빈은 또한 회복될 우주의 본성에 대한 사변을 경고했다. 동물, 식물, 광물의 미래의 완전함에 대해 지나친 호기심으로 질문하는 것은 유용하지도 않고 "합법적"(lawful)이지도 않다.

만약 우리가 이런 사변에게 고삐를 맡긴다면, 결국 그것들은 우리를 어디로 끌고 갈 것인가?

칼빈은 모든 피조물이 완전한 구조와 질서로 변화될 것이기에 "기형 또는 덧없는 모습은 보이지 않을 것이다"라는 교리에 만족할 것을 독자들에게 권고한다.**10**

칼빈이 종말론적 사변에 치우치지 않도록 경고하면서도, 그가 '사변적' 내용을 강조한 점은 주목할 필요가 있다. 그것은 우주가 정화될 것이며 파괴되지 않는다는 점이다.

칼빈의 주장은 베드로후서 3:10의 "하늘이 큰 소리로 떠나가고 모든 물질이 뜨거운 불에 풀어지고"라는 구절과 상반되는 것처럼 보인다.

그러나 칼빈은 급진적 개혁자들과 자유주의자들의 영적 종말론에 반대해, 하나님은 창조 세계를 버리지 않으셨다고 주장한다. 오히려 하나님은 창조 세계의 원래 물질을 갱신하실 것이다.

---

8 Comm. on Heb. 1:10, CO 55:18.
9 급진적 개혁자들 사이의 종말론적 관심은 다음을 참조하라. Williams, *The Radical Reformation*, esp. 857-862.
10 Comm. on Rom. 8:21, *Commentarius*, 174-175.

칼빈은 단지 하늘과 땅의 "부패한 것들"만이 불에 의해 정화되고 녹을 것이라고 보았다.[11] 그는 고린도전서 15:28을 해설하면서, "하나님이 모든 것 안에 모든 것이 되실 것이라는 점에서, 모든 것은 사라지고 무로 와해 될 것"으로 상상하는 자들의 의견을 거부한다.[12] 바울의 말은 모든 것이

---

[11] Comm. on II Peter 3:10, CO 55:476. See also Quistorp, *Calvin's Doctrine of the Last Things*, 181-186. 루터는 세상의 마지막에 창조 세계는 완전히 파괴될 것으로 믿었지만, 대조적으로 칼빈은 세상의 회복과 갱신을 이야기했다고 리처드는 주장한다. *The Spirituality of John Calvin*, 175. 루터의 종말론과 창조 세계에 대한 진술은 칼빈의 진술보다 더욱 극적이며 혼란스럽다. 칼빈과 다르게, 루터는 세상의 종말이 임박한 것과 다가오는 심판의 징후들을 자주 언급한다. (Comm. on II Peter 3:10, WA 14.66; sermon on Matt. 24:32-33, WA 47:621,623). 그는 현재의 창조 세계가 완전히 용해하고 파괴될 마지막 대화재에 대해 묘사한다. (*Disputation on Justification*, WA 39.85; Comm. on II Peter 3:10, WA 14.66).
그럼에도 루터는 창조 세계가 변형되어 갱신될 것이라고 주장한다. 비록 루터는 칼빈만큼 질서의 개념을 강조하지 않았지만, 미래의 창조 세계는 헛되지 않을 것이라고 묘사하며, 태양, 달, 별은 갱신될 것이라고 설명한다. 그때에는 산들과 "해로운 피조물들"은 존재하지 않을 것이다. (Comm. on Rom 8:21, WA 56.373; Comm. on Is. 65:17, WA 312.562; Comm. on Ps. 8:3_4 WA 45.211-212). 『사람에 관한 논쟁』(*Disputation Concerning Man*)에서 루터는 현재 창조 세계의 "단순한 물질"은 미래의 영광스러운 형태가 될 것이라고 언급한다. 루터의 사상에서 이 주제에 관한 가장 광범위한 진술은 다음의 글에서 볼 수 있다. Paul Althaus, *Die letzen Dinge* (Gütersloh: Bertelsmann, 1933), 351ff.

[12] Comm. on I Cor. 15:28, CO 49:549-550. 칼빈은 자유주의자들의 영적 종말론에 반대해 다음과 같이 기록했다. "사도의 증언(히 11:40)에 따라, 모든 거룩한 선조와 예언자 그리고 하나님도 우리를 기다리고 있음을 확신하자. 그들은 하나님이 예비하신 영광의 면류관을 아직 받지 않았다. 그것은 바울이 말한 것처럼(롬 8:19 이하), 우리 모두가 면류관을 함께 받도록 하기 위함이다. 그들은 원래의 상태로 돌아가며, 우리의 죄로 인한 현재의 속박에서 벗어나기 위해 우리는 구속의 그날을 기다린다." CO 7:225.
칼빈이 이사야 65:17과 마태복음 24:35을 우주의 용해로 보는 견해를 거부한 것은 주목할 필요가 있다. 칼빈은 이사야 65:17이 단지 "이전의 시간"은 잊혀질 것임을 가르친다고 생각했다. 마태복음 24:35은 이 세상의 변화와 불안정한 경험적인 증거를 가지고 우리가 그리스도의 말씀을 판단해서는 안 된다고 가르친다. 필그람 마르펙(Pilgram Marpeck)은 이 논쟁에서 칼빈의 직접적 자료의 출처는 아니지만, 다음 본문은 칼빈이 반대했던 견해를 분명히 보여 준다고 주장한다. "시간은 존재하기를 멈출 것이다. (영원히 지속되도록 창조되지 않았던) 태양, 달, 별, 시간 안에서 사람들의 유익을 위해 존재하는 모든 것은 영원히 존재해야 하는 것을 위해 존재하기를 멈추어야 한다. (사람들과 천사들은 하나님께로 들려 올려지며 하나님이 그들 안에 계실 것이다.) 시간과 동물, 새, 물고기, 빛, 낮과 같은 시간적 피조물들에 대한 필요는 없어질 것이다. 영원 안에서

그들의 시작이며 마침이 되시는 하나님께로 되돌아가게 된다는 것을 의미한다고 보았다.

또한, 미래 세계에 관한 칼빈의 보기 드문 해설에서, 그는 이레니우스의 가르침을 반복하여 말한다.

> 세계의 요소들에 관해 나는 오직 한 가지만 말할 것이다. 요소들은 새로운 본질(quality)을 받기 위해 불탈 것이지만 그들의 실체(substance)는 그대로 남아 있을 것이다.[13]

그러므로 칼빈은 심판의 불이 창조 세계를 멸망시키지 않을 것이며, 오히려 원래의 오래된 실체를 정화할 것이라고 보았다. 칼빈은 이런 주장을 통해 하나님을 원래의 창조 세계에 대해 신실하신 분으로 묘사한다. 하나님이 우주를 존재하게 하신 것처럼, 가까이에서 자연의 힘을 다스리고 억제하신다. 또한, 하나님은 같은 방식으로 원래의 실체를 갱신하고 변형되게 하실 것이다.

2. 인간 본성의 구속

물론 칼빈은 인간의 갱신과 성화에 주된 관심이 있었다. 우주의 개혁은 선택받은 자들의 갱신을 뒤따를 것이라고 강조한다. 창조 세계와 인간의

시간은 멈출 것이며 하나님 자신이 낮과 빛이 될 것이다. 어둠과 밤은 빛, 성육신한 말씀, 그리고 성령에게서 추방되어, 창조의 빛이 결코 보이지 않는 곳으로 가버릴 것이다. 그곳에는 오직 지옥 같은 영원한 죽음의 불이 영원한 고통 위에 드리울 것이다. …"
(From "Concerning the Love of God in Christ," cited in *The Writings of Pilgram Marpeck*, tr. William and Walter Klassen (Scottdale, PA: Herald, 1978), 536.)

[13] Comm. on II Peter 3:10, CO 55:476. Cf. Comm. on Ps. 102:26, CO 32:72-73.

하나 됨은 타락과 창조 세계의 회복에서 명확하다. 아담의 타락으로 우주가 무질서하게 된 것처럼, 우주는 인간의 갱신 이후에 회복될 것이다.

지금은 부패의 대상인 피조물들은 하나님의 아들들이 전적으로 회복될 때까지 새롭게 될 수 없다. 피조물들이 갱신을 추구하는 동안, 그들은 하늘 왕국이 나타나기를 기대한다.[14]

칼빈에게 인간의 갱신은 인간 본성의 모든 영역인 몸, 마음, 의지를 포함한다. 이 갱신에 관한 칼빈의 모든 논의에서 우주에 대한 견해와 같은 원리가 나타난다. 하나님에 의해 창조된 원래의 자연은 되돌려지고 정결하게 되어 변형될 것이다. 이런 본문 속에서 자연의 인내 또는 지속과 함께 칼빈의 관심이 다시 표면에 떠오르는 것을 볼 수 있다.

칼빈은 인간의 구속을 우주의 회복과 유사하게 묘사한다. 마일스(Miles)가 바르게 주장한 것같이, 몸은 부패와 죽음에의 복종으로 나머지 피조세계와 함께 죄의 심판에 처하게 된다고 보았다.[15]

칼빈에 따르면, 몸은 아담의 범죄의 희생물이며, 그것의 원래 본성과는 다르게 질병, 부패, 죽음으로 고통당하고 있다. 그러나 몸은 영혼의 갱신을 뒤따르는 회복의 약속을 우주와 함께 가지고 있다. 그러나 영혼과 달리 몸은 먼저 육체적 죽음의 지배를 받아야 한다. 죽음은 영혼과 몸의 분리이다. 칼빈은 영혼이 "불멸하여" 의식적 평화의 상태에 있는 동안, 몸은 부활의 날까지 "잠잘 것"이라고 주장한다.[16]

그럼에도 몸은 우주처럼 완전한 파멸로 고통당하지 않는다. 고린도전서 15:53("이 썩을 것이 반드시 썩지 아니할 것을 입겠고 이 죽을 것이 죽지 아니함을 입으리로다")를 해설하면서, 칼빈은 "우리가 지금 가지고 있는 동일한 육체"

---

14 Comm. on Rom. 8:20, *Commentarius*, 174. See also: Comm. on Is. 65:17, CO 37:429; Comm. on Harmony of the Gospels, CO 45:245.

15 Margaret Miles, "Theology, Anthropology, and the Human Body in Calvin's *Institutes of the Christian Religion*," Harvard Theological Review 74 (July 1981):303-323.

16 *Inst*. III.25.6; *Psychopannychia*, CO 5:188.

로 다시 일어날 것을 믿는다.[17]

칼빈은 바울의 주장이 우리에게 새로운 몸이 주어질 것이라고 상상하는 "저 광신도들"의 오류를 뒤집는다고 단언한다. 이와 관련하여 칼빈은 랠리우스 소시누스(Laelius Socinus)를 가장 많이 언급한다. 고린도전서에 관한 그의 해설이 출판된 지 몇 년 지난 1549년에 칼빈과 소시누스는 육체의 부활을 포함한 많은 주제에 관한 편지를 주고받았다.

소시누스는 1549년 7월 26일의 편지에서, 우리가 지금 가지고 있는 몸이 부활할 때 다시 회복될 것인가에 관해 칼빈에게 질문했다. 소시누스는 몸의 부활에 대한 성경의 약속과 관련해 다음과 같이 주장한다.

> 신체적 용어들을 사용하여 우리가 감각적으로 쉽게 이해할 수 있도록 의도된 것에 불과하다. 말하자면 형언할 수 없는 복뿐만 아니라 우리 자신에 관해서도 그러하다. 만약 그렇지 않다면, 우리가 더 완전한 빛으로 진정 육체로 계신 그리스도 안에서 하나님을 직접 분명하게 볼 수 있을 때까지, 우리는 그분을 보거나 이해할 수 없을 것이다.

그런 다음 소시누스는 신적 심판과 부활 또는 몸의 부활이 언제 일어날 것인지 칼빈에게 질문함으로 편지를 맺었다.

> 내가 오해하지 않았다면, 우리는 몸의 질적 변화가 아니라 몸의 변형을 기대해야 한다. 그리고 몸의 오래된 성막으로 되돌아가는 것이 아니라, 영혼의 어떤 종류의 소멸을 기대해야 한다.[18]

---

17 Comm. on I Cor. 15:53, CO 49:563. See also: Quistorp, *Calvin's Doctrine of the Last Things*. 133-142; James M. Stayer, *Anabaptists and the Sword* (Manhattan, KS: Coronado, 1976).

18 『기독교 강요』에서의 주장은 칼빈의 소시누스(Socinus)에 대한 논박에서 이끌어진 것임을 다음에서 알 수 있다. CO 13:272-274, 307-311, 336-340. See also OS

칼빈은 이런 금지된 사변으로 이끌리는 것을 거절했으며, 그의 이전 편지에서 볼 수 있는 부활에 관한 논의를 언급했다. 칼빈은 편지와 『기독교 강요』에서 몸의 실체(substance)가 아니라 단지 몸의 본질(quality)이 변형될 것이라고 주장한다. 실체는 남아 있지만, 본질은 변형될 것이다.[19] 그런데도 하나님이 되찾으시고 갱신하실 것은 원래 창조된 몸임을 칼빈은 분명히 한다.

칼빈은 다니엘 12:2의 주해에서 다음과 같이 소시누스에게 답했다.

> 하나님은 사람들을 형성하기 위해 네 개의 요소에서 새 물질들을 불러일으키는 것이 아니라, 죽은 사람들을 무덤에서 부르신다.[20]
> 만약 죽음이 사람의 타락에 그 기원을 두는 돌발적인 것이었다면, 그리스도께서 가지고 오신 회복은 반드시 죽기 시작한 자신의 동일한 몸에 일어날 것이다.[21]

그러나 칼빈은 "신음하고 있는" 창조 세계에 대한 묘사와는 대조적으로, 몸이 단지 기다리기만 하는 수동적 상태에 있지 않다고 묘사한다. 비록 이 생명 안에서도 몸은 죽게 되지만, 영혼과 함께 몸도 점진적으로 정화되어야 하고 그리스도께 드려져야 한다. 칼빈은 인간의 몸이 하나님의 영광을 위해 섬겨야 할 운명이기 때문에 술 취함, 우상 숭배, 그리고 불륜에 빠져서는 안 된다고 설교한다.

IV:443-444.
19　Comm. on I Cor. 15:39, CO 49:547-548; *Inst.* III.25.8.
20　*Inst.* III.25.7.
21　Ibid.

다시 자신을 부정하게 만들어서는 안 된다. 기독교인들은 깨끗이 씻겨졌기 때문에, 자신을 다른 오물로 더럽혀서는 안 된다. 오히려 기독교인들은 순결을 추구하고 진정한 거룩 안에 늘 거하며 이전 생활의 더럽고 악한 것들을 혐오해야 한다.[22]

칼빈은 바울이 교인들에게 거룩함을 추구하고, 우리 몸의 보존을 포함하는 순결한 생활을 추구하도록 권면한 것을 독자들에게 상기시킨다.

> 우리가 순결로 부르심을 받았다는 것을 보여 주었으므로 이 순결은 몸과 영혼 모두에 명백한 것임을 그는 덧붙여 말한다. … 하나님은 우리를 더러움에서 깨끗하게 하시는데, 하나님만이 증인이 되실 수 있는 우리의 내면뿐 아니라, 사람들의 감각의 대상이 되는 우리의 외적 부분도 깨끗하게 하신다. 바울이 말한 것처럼, "우리는 하나님이 보시기에 순결한 양심을 가져야 할 뿐 아니라, 우리의 전체 몸과 모든 구성 요소를 하나님께 성별하여 어떤 부분에서도 불순한 것들이 보이게 해서는 안 될 것이다."[23]

하나님의 형상의 주된 자리는 영혼 안에 있기에, 마음과 의지는 성화의 주된 대상이다. 웰리스와 리처드가 보여 준 것처럼, 칼빈은 성화를 영혼 안에서 질서의 점진적 회복으로 정의 내린다.[24] 칼빈은 이 회복이 골로새서 3:10에 묘사된 하나님의 형상의 갱신이라고 주장한다. 타락에서 무질서하게 된 영혼은 그리스도의 사역으로 질서로 회복된다. 이 회복은 영혼의 원래 정직과 온전함을 재건하는 것이다.

---

22 Comm. on I Cor. 6:11, CO 49:395.
23 Comm. on II Cor. 7:1, CO 50:54.
24 Wallace, *Calvin's Doctrine of the Christian Life*, 106-107; Richard, *The Spirituality of John Calvin*, 111-116.

그러나 칼빈은 성화를 아담이 창조될 때의 원래 형상의 회복으로만 묘사하는 것은 아니다. 리처드 프린스가 보여 준 것처럼, 칼빈은 아담을 능가하는 그리스도에게까지의 변형에 관해 말한다.[25]

칼빈은 고린도전서 15:44-50 주해에서, 성화의 삶은 아담이 아니라 그리스도의 우월한 형상으로 우리를 "갱신한다"는 점을 분명히 한다.

> 요컨대, 그리스도를 통해 우리가 획득한 상황은 첫 번째 사람의 운명보다 훨씬 우월하다. 왜냐하면, 살아 있는 영혼이 그의 이름과 그의 후손들의 이름 안에서 아담에게 수여되었지만, 그리스도는 우리를 위해 생명이신 성령을 주셨다. … 모든 사람은 첫 번째 사람 안에서 창조되었다.
> 하나님이 모두에게 주기로 결심하신 것은 무엇이나 한 남자에게 주셨다. 아담은 타락으로 말미암아 자신뿐 아니라 그에게 속한 자들까지 파멸로 이끌었다. 아담은 자신과 함께 그들 모두를 이끌었다. 그리스도는 파멸에서 우리의 본성을 회복하기 위해 오셨으며, 우리의 본성을 더 나은 상태로 이끌어 올리신다.[26]

성화의 과정을 설명하기 위해 칼빈은 성도들이 "옛사람을 벗는다", "새로운 피조물이 된다", "옛 자아를 십자가에 못 박는다"라는 바울의 표현을 설명한다. 칼빈은 하나님의 자녀가 되기 위해 우리가 가진 모든 것을 없애

---

[25] Richard Prins, "The Image of God in Adam and the Restoration of Man in Jesus Christ. A Study in John Calvin," *Scottish Theological Journal* 25 (1972):32-44. 프린스는 『기독교강요』 I.15.4.에서 칼빈의 인간 회복의 발전에 관한 추론에서의 모순은 그의 방법론에서 기인한다고 주장한다. 프린스는 거기에서 칼빈이 부패한 형상의 갱신 또는 회복에서 형상에 관한 내용을 이끌어 간다고 주장한다. 그러나 칼빈은 결코 그 방법론을 엄격하게 따르지 않았다. 프린스가 보여 주듯이, 칼빈은 생명을 주시는 성령을 결코 아담에게 돌리지 않았다. 결론적으로 고린도전서 15:45의 해설에서, 인간의 갱신은 아담의 원래의 창조를 넘어선다.

[26] Comm. on I Cor. 15:46, CO 49:559-560.

야 하며 우리의 공통된 본성이 죽어야 한다고 진술한다.[27]

칼빈은 고린도후서 3:11, 에베소서 4:23, 골로새서 3:10의 도움을 받아 이 부분을 설명한다. 이 모든 구절은 인간의 갱신을 묘사한다. 성화에 대한 칼빈의 이해는 구속에 대한 그의 일반적 견해의 연장이다. 즉, 아무것도 잃어버리지 않았다. 결론적으로 성화의 과정은 인간 본성의 유지와 변형 둘 다의 과정이다. 원래의 자연적 능력들은 타락 이후에도 남아 있으며 그 능력들은 거룩함의 추구에서 활발하게 기능한다.

인간 본성에서 분리할 수 없는 의지는 남아 있으며, 인간 본성의 갱신에 적극적으로 한 몫의 역할을 한다고 칼빈은 집요하게 주장한다. 죄로 인해 의지가 완전히 없어지지 않은 것처럼, 회복의 삶에서 성령의 활동으로 말미암아 의지가 멈추지 않는다. 의지의 본질적 활동은 거룩을 향한 점진적 변형과 과정을 특징으로 하는 몸부림에서 분명하게 나타난다.

칼빈은 칭의를 향한 어떤 걸음도 타락한 인간 본성의 결과로 돌리기를 원하지 않았으나 의지의 지속적 존재와 기능을 보호하기 위해 노력한다. 칼빈의 이런 분투는 은혜의 회심 또는 은혜의 삶에서 "협력적 은혜"(cooperative grace)의 개념을 반대하는 논쟁에서 분명히 나타난다. 성령이 의지를 먼저 움직여야 선한 것을 행할 수 있으며, 이 은혜는 거부할 수 없다.

> 만약 우리가 자신의 의지나 성취로 무언가를 요구한다면 주님의 것을 강탈하는 것과 같다. 만약 하나님이 우리의 약한 의지를 도우신다면, 무언가 우리에게 남아 있는 것이다. 하나님이 의지를 만드신다고 말할 때, 그 안에 선한 것들은 무엇이나 우리 밖에 있다.
> 의지가 선한 것을 마음에 품는 것과 선한 것을 향한 질투로 기울어지는 것, 그리고 선한 일을 하기 위해 일어나 그것을 추구하며 움직이는 것은 주님이

---

27 *Inst*. III.3.8-9. See also Comm. on Rom. 6:6, *Commentarius*, 123-124.

행하신 것이다. 선택, 열정, 노력이 흔들리지 않고 성취하기 위해 더 나아가는 것은 주님의 행하심이다. 마지막으로, 그런 사람은 선한 것들을 향해 나아가며 끝까지 인내한다.[28]

이런 진술은 불가피하게 수동성에 대한 의심을 불러온다. 인간 본성이 은혜에만 의존하고, 인간의 의지는 돌의 수준으로 축소되었는가?

칼빈은 우리가 짐승이 되지 않았다고 주장하면서도, 우리를 무생물처럼 보이게 한다. 은혜가 의지의 활동을 제거하지 않았음을 칼빈이 대답하리라 생각했기 때문에, 그의 반대자들은 이런 함의를 놓치지 않았다.

> 우리가 사람을 돌처럼 만든다고 그들이 비방하고 순전한 은혜를 제외하면 사람들에게 선한 것은 아무것도 없다고 우리가 가르칠 때, 오히려 그들은 부끄러운 행동을 한다. 우리는 본성이 의지를 가진다는 것은 인정하지만, 죄의 부패로 의지가 악하게 된 것같이, 하나님에 의해 의지가 갱신될 때 선하게 바뀌기 시작한다고 주장한다. 사람이 의도하지 않고도 선한 것을 한다고 말할 수 없지만, 오직 그의 성향이 하나님의 성령에 의해 다스려질 때 선한 일을 할 수 있다.[29]

칼빈은 성령이 인간 의지의 선천적 활동적 본성을 제거하거나 유예하지 않으신다고 조심스럽게 주장한다.

> 인간의 행위는 성령의 움직임에 의해 제거되지 않는다. 왜냐하면, 선을 열망하도록 지시된 의지는 본성이기 때문이다.[30]

---

28 *Inst*. II.3.9, cf. II.3.13.
29 Comm. on Phil. 2:13, CO 52:32.
30 *Inst*. II.5.14.

칼빈은 언제나처럼 아우구스티누스의 권위에 의지하여 "은혜는 의지를 파괴하지 않고 오히려 회복한다"고 주장한다.[31] 인간은 의지가 있는 존재로 남아 있으며 결코 강요되거나 외부의 힘을 따라가지 않는다.

칼빈이 주장했듯이, "우리가 가진 것은 마음과 의지이며 또한 우리가 가진 것은 선을 향해 하나님이 방향 지어 주신 분투이다."[32]

그는 에스겔 36:26을 해설하면서 다음과 같이 말한다.

> 나는 의지가 없어졌다고 말하지만, 그것이 의지인 한 그렇지 않다. 사람이 회심(conversion)할 때 원래의 본성에 속한 것은 전체가 남아 있다. 그것이 다시 창조되었다는 것은 의지가 지금 막 존재하기 시작했다는 의미가 아니다. 그것은 악한 의지에서 선한 의지로 바뀌었다는 의미이다.[33]

칼빈은 이 거룩한 의지가 순결과 거룩의 추구를 위해 요청되며 하나님의 의지와 완전한 일치에 이르게 된다고 주장한다. 신적 의지의 표현인 율법에 대한 지식은 마음을 관통하여 신자들이 그리스도를 본받아 그들의 생활을 구현할 수 있게 한다. 율법은 기독교인들이 그들의 삶을 통해 분투해야 할 목표를 가리킨다. 그래서 "모든 생애는 경주이다."[34]

그러나 삶의 순결은 오직 점진적으로 얻을 수 있다. 거룩은 새롭게 방향 지어진 인간 의지의 지속적 분투로 날마다 적극적으로 추구된다. 그들은 완전함과는 너무 거리가 멀기에, "비록 악에 얽매이지만, 꾸준히 전진하면서 악과 싸워야 한다"고 칼빈은 독자들에게 상기시킨다.

31　Ibid., II.5.15. 인용은 다음 책에서 가져왔다. *De gratia et libero arbitrio* XX.41.
32　*Inst.* II.5.15.
33　Ibid., II.3.6: "내가 그 의지가 지워진다고 말하는 것은 의지에만 국한된 것은 아니다. 왜냐하면, 사람이 회심할 때 처음 본성에 속한 것은 그대로 남아 있기 때문이다. 또한, 나는 의지가 새롭게 창조된다고 말한다. 이것은 의지가 존재하기 시작한다는 의미가 아니라, 악한 의지가 선한 의지로 바뀌었음을 의미한다."
34　Ibid., II.7.13.

'성장', '투쟁', '전투', '분투'에 대한 생각은 영적 삶에 대한 칼빈의 견해를 지배한다.[35] 신자들은 주님의 날까지 순결을 유지하기 위해 담대하게 분투해야 한다.[36] 완전함은 신자들이 생애를 통해 "분투하고 투쟁해야" 할 목표이다.[37]

칼빈은 성도들이 "지속적 노력으로" 목표를 열망하도록 권면한다.[38] 각 사람은 "자신의 작은 능력치에 따라 진행해야 하며 우리가 시작한 여행에 동참해야 한다."[39] 칼빈은 "주님의 길에서 멈춤 없는 전진"을 우리가 이루어야 한다고 말한다.[40] 성화된 삶에 대한 이런 설명은 부활의 삶 안에서 자연적이지만 새롭게 방향 지어진 의지의 활동을 칼빈이 추정하고 있음을 보여 준다.

마음 또한 갱신되어야 한다. 칼빈에 따르면, 이 갱신은 믿음을 통해 성취된다. 믿음에 대한 칼빈의 이해는 구속에서 자연적 마음의 지속과 활동을 분명하게 한다.

> 그런 후에 다양한 관점 안에서, 믿음은 우리의 회복의 한 부분이며, 하나님 왕국 안으로 들어가기 위한 출입구이다. 하나님은 믿음을 통해 우리를 그분의 자녀들로 여기신다. 성령에 의한 마음의 조명으로 우리는 갱신될 수 있다. ... "[41]

칼빈은 순결과 거룩을 향한 권면에서 의지의 결정 또는 더 낮은 욕구의 열정뿐 아니라 마음도 언급한다. '이성', '지식', '분별'은 그의 성화 교리의 모든 측면에서 믿음으로 새롭게 된 생활 안에 있는 요소임을 보여 준다.

---

[35] See also Richard, *The Spirituality of John Calvin*, 108ff.
[36] *Inst*. III.6.3.
[37] Ibid., III.6.5.
[38] Ibid.
[39] Ibid.
[40] Ibid.
[41] Comm. on John 1:13, CO 47:13.

칼빈은 마음이 "치료되어야 하며 새로운 본성을 입어야 한다"고 말한다.[42] 칼빈이 진술한 것처럼, 우리는 "마음에서 시작하여 전적으로 갱신되어야 하며, 마음은 가장 고귀하고 탁월한 것으로 드러난다."[43]

마음의 갱신은 잘 배울 수 있는 상태(docilitas)가 되도록 그리스도께 항복함으로 시작된다. 칼빈이 미로에 비유한 타락한 자연적 마음은 우상을 만드는 공장이며 제어가 안 되는 말(horse)이다. 마음은 율법의 "굴레"로 꼼짝 못 하게 된다.[44] 이 항복과 억제는 기독교인들이 그들 자신의 지혜, 조언, 욕구를 버리고 성령의 인도를 받을 수 있게 한다.

> '이 세상에서 어리석은 자'는 자신의 방식을 포기하는 자다. 마치 눈을 감고서 주님이 인도하시도록 자신을 주님께 내어 맡기는 자다. 자신에 대한 확신이 부족하여 전적으로 주님을 의지하는 자다. 모든 지혜의 근거를 주님께 두는 자다. 자신을 항복하여 하나님께 순종하는 온순한 자다. 우리의 생각은 이런 방식으로 비워져 하나님의 의지가 우리를 다스리게 해야 한다. 우리 자신의 생각을 비우고 하나님의 지혜로 가득 채워질 수 있도록 해야 한다.[45]

다시 한번 이런 진술은 인간의 본성을 소용없거나 소극적으로 만드는 것처럼 보인다. 그러나 자기 부인에 대한 칼빈의 가르침은 신도들의 마음을 소극적으로 만들지 않는다. 왜냐하면, 하나님의 형상 회복은 새로워진 마음과 하나님에 관한 지식의 증가로 구성되기 때문이다.

---

42 *Inst*. II.1.9. See also: *Inst*. II.2.2; Comm. on Rom. 12:2, *Commentarius*, 266; Comm. on Col. 1:9, CO 52:81
43 Comm. on Eph. 4:23, CO 51:208.
44 *Inst*. II.7.11-12, II.8.5-7. See also: Wallace, *Calvin's Doctrine of the Christian Life*, 141-145.
45 Comm. on I Cor. 3:18, CO 49:359.

마음의 진보에 대한 칼빈의 관심은 스콜라주의의 "약한" 믿음 또는 "비효과적인" 믿음에 대한 비판에서 분명히 드러난다. 이런 비판은 마음의 수동성과 항복의 개념을 겨냥한다. 칼빈은 마음의 수동성과 항복의 개념을 스콜라주의의 "암묵적 믿음"(implicit faith)의 개념과 연관시킨다.[46]

> 만약 당신이 교회의 가르침에 감정적으로 순종하기만 하고 아무것도 이해하려 하지 않는 믿음을 가져도 괜찮은가?[47]

---

[46] 칼빈이 II.2.2와 III.2.8에서 비판한 "암묵적 믿음" 또는 "미숙한 믿음"에 관한 정의는 Lombard, Sent. III. dist. XXIII-XXV에서 볼 수 있다. 중세 신학자들은 믿음의 내용을 가리키는 주관적 신앙(*fides quae creditur*)과 믿음의 행위를 가리키는 객관적 신앙(*fides qua creditur*)을 구분한다. (dist. XXIII.3). 기독교인은 그가 아직 완전히 이해하지 못한 신적 권위에 근거해서 암묵적으로 믿도록 기대된다. 롬바드(Lombard)는 이 암묵적 믿음을 『단순한 믿음에 관해』(*De fide simplicium*, dist. XXV.2)에서 언급한다.
S.T. II. Iae.2.5-8에서 기독교인들은 믿음의 조항들을 명시적으로(explicitly) 믿도록 요구되지만, 다른 것을 암묵적으로 믿는다고 토마스 아퀴나스는 주장한다. 더욱이 천사들이 사람들보다 더 완전한 신적 지식을 가지고 있듯이, 다른 사람들을 가르치는 직무를 맡은 높은 계층의 사람들은 믿어야 되는 것에 관해 더 완전하고 명시적인 지식을 가지고 있음이 틀림없다. 그러므로 명시적 믿음은 모든 사람에게 똑같이 요구되지는 않는다. (II. IIae.2.6.obj.1). 『진리론』(*De veritate*) XIV.11을 참조하라. 그러나 토마스 아퀴나스는 은혜가 계시된 것처럼, 모든 신자는 신조, 성육신, 수난, 부활 등의 조항들에 관한 명시적 믿음을 가져야 한다고 주장한다.
칼빈은 사도레토에게 보내는 편지에서 암묵적 믿음을 비판했다. 칼빈이 믿음에 대해 이야기할 때, 그는 단지 믿음 또는 사랑의 주입이 없는 마음의 동의를 의미한 것이라고 사도레토는 추정했다. 사도레토에게 이 믿음은 단지 하나님께로 향하는 "첫 번째 접근"이지만, 구원을 위해 충분하지 않다. 더욱이 사도레토는 기독교인들이 많은 것을 이해하지 못한다고 주장했다. 진정한 종교에 대한 심판은 다양하다. 불명확한 것들에 관해서 기독교인들은 교회의 가르침을 따라야 한다. 왜냐하면, 성령이 교회를 진리 안에 보존하시기 때문이다. 교회는 심각한 교리적 오류에 빠질 수 없으므로 성도는 암묵적으로 교회의 판단을 믿을 수 있다. 칼빈은 이런 암묵적 순종은 "나태한 신학"이며 신자들을 마귀와의 영적 전투를 위해 준비시키지 않고 내버려 두는 것이라고 답했다. 여기에서 다시 칼빈은 마음과 의지가 전투를 위해 적극적으로 준비되어야 하는 기독교인의 적극성을 강조했다. 이 편지들은 CO 5:365-416에서 볼 수 있다.

[47] *Inst*. III..2.2. See also: Edward Dowey, *The Knowledge of God in Calvin's Theology* (New Columbia U. Press), 167-172. 비록 칼빈은 암묵적 믿음의 개념을 비판했지만, 그는 그것의 존재는 인정했다. 칼빈은 『기독교 강요』 III.2.4-5에서 우리가 이 세상에서 이방인들처럼 거주하는 한, "암묵적 믿음이 있음"을 인정했다. 믿음을 위한 준비 또는 믿

칼빈은 이런 수동성을 반복적으로 거부한다. 만약 믿음이 단지 성경의 진리에 대한 일반적 동의로 구성된다면, 당신은 정말 아무것도 알고자 하지 않거나 더 깊은 이해를 위해 노력하지 않을 것이다. 칼빈은 결론적으로 "믿음은 무지가 아니라 지식에 기초한다"고 주장한다.[48]

칼빈은 믿음이 항상 오류와 불신앙에 의해 둘러싸인다는 것을 알았다. 그러나 "높은 지혜"는 "차분하고 겸손하게 전진하며 더욱 분투하게 한다."[49] 마음의 순종은 지식의 점진적 진보의 시작에 불과하다. 칼빈은 마음의 지속적 갱신과 진보가 우리를 하나님께 더 가까이 데려간다고 생각한다. "하나님의 지식에 의해 조명된 마음은 처음에는 많은 무지로 싸여 있지만, 이 무지는 점차 없어진다."[50]

칼빈은 하나님에 대한 지식의 증가는 삼중적이라고 설명한다.

첫째, 인간의 삶을 향한 하나님의 뜻에 관한 지식의 증가
둘째, 구원의 확신
셋째, 자연을 통해 하나님을 볼 수 있는 능력의 회복

칼빈은 "배우려는 마음"은 점점 더 깊은 하나님의 뜻에 대한 지식으로 향한다고 주장한다. 성령의 조명과 "율법의 제3의 사용"(third use of the Law)은 마음의 갱신에 관한 칼빈의 묘사에서 중심에 자리한다. 성령은 마음을

음의 시작에 관한 알맞은 묘사로서 칼빈은 그 용어를 기꺼이 인정했다. 그러나 칼빈은 그 용어에서 암시되는 수동성과 게으름의 제안을 염려했으며, 지식 또는 이해에서 지속적 성장을 요구하는 믿음을 강조했다. 칼빈에 따르면, 로마서 10:10은 이해하지 못하는 것을 암시적으로 믿는 것으로는 충분하지 않다고 가르친다. 믿음은 "우리의 의로움이 의지하는 하나님의 선하심에 대한 분명한 인식을 요구한다."

48　*Inst*. III.2.2.
49　Ibid., III.2.4.
50　Ibid., III.2.19.

조명하여 성경의 권위와 의미를 확신하게 하는 "내면의 교사"이다.[51]

특히, 율법은 성화의 삶을 위해 하나님의 뜻을 더욱 분명히 알 수 있는 지식을 제공한다.[52] 기독교인들에게 "율법은 주님의 뜻의 본질을 매일 더 철저하게 배울 수 있는 최고의 도구이다. 칼빈은 성도들이 율법으로 하나님의 뜻을 간구하고 더욱 확실히 알게 된다"라고 가르친다.[53]

마음은 아직 충분히 갱신되지 않았으며 여전히 무모한 사변에 쉽게 빠져, 새롭고 불법한 예배의 방편들을 만들어 내기 때문에, 믿는 자들은 조심해야 하며 "하나님의 율법 밖에서 방황해서는 안 된다."[54]

칼빈은 신적 율법의 지식에서 '성장', '발전', '진보'의 개념을 종종 극찬한다. 인간의 마음은 지적으로 불완전하므로 매일의 배움이 필요하다.

---

51 Ibid., III.1.4. 성령에 의한 마음의 조명에 관한 칼빈의 진술은 16세기의 확실성에 대한 해석학적 위기를 반영한다. 이 위기에 대한 논의는 이 연구의 범위를 넘어서는 것이지만 종교개혁 연구자들에 의해 더 심화된 분석이 필요하다. 간단히 말해 가톨릭, 개신교, 급진주의 모두는 성경을 정확하게 해석하지 못한다고 서로를 비판했다. 존 에크(John Eck)와 같은 신학자들은 해석에 관한 최종 권위의 불확실성은 루터 신학의 주요한 약점이 된다고 치밀하게 분석했다. 결론적으로 그는 교회, 공의회, 사도의 권위에 관해 그의 책 *Enchiridion Locorum Communium*에서 여러 장을 할애했다. 그런 후에 그는 성경에 관한 논의를 계속했다. 성령의 사역에 대한 칼빈의 강조는 해석의 확실성을 보장하는 권위의 근거에 대한 그의 탐구를 잘 보여 준다. 권위와 해석에서 이 위기의 몇 가지 측면은 다음의 연구자들에 의해 논의되고 있다. Karl Heim, *Das Gewissheitsproblem in der systematischen Theologie bis zu Schleiermacher* (Leipzig: J.C. Hinrichs, 1911), 220ff.; Richard Popkins, *The History of Skepticism from Erasmus to Descartes* (New York: Humanities, 1964), 1-43. A brief discussion may also be found in Jeffrey Stout, *Flight from Authority* (Notre Dame: U. of Notre Dame Press, 1981), 41-47.

52 "매우 질서 있는 삶"을 위한 수단으로 율법의 제3의 사용에 관해 다음을 참조하라. (*vitae bene compositae*), see also: John Hesselink, "Christ, the Law, and the Christian: An Unexplored Aspect of the Third Use of the Law in Calvin's Theology," in *Reformatio Perennis*, ed. B.A. Gerrish and Robert Benedetto (Pittsburg: Pickwick, 1981), 11-26.

53 *Inst.* II.7.12.

54 Ibid., II.8.5.

율법 안에서 매일의 가르침으로 하나님의 순전한 지식을 향한 진전이 불필요할 만큼 충분한 지혜를 가진 사람은 없다.⁵⁵

칼빈은 성도들의 마음이 무엇을 하고 무엇을 피해야 할지 판단하게 하는 "분별의 영"으로 깨우쳐진다고 주장한다.⁵⁶

칼빈은 이런 논의에서, 기독교인들은 자연법 또는 자연의 명령으로 부과된 지식과 수치에 의해 야기된 단순한 제약 너머로 나아간다고 주장한다. 부흥의 삶 안에서, 기독교인들은 적극적으로 배우고 분별하며 선한 것들을 추구한다고 칼빈은 설명한다.

특히, 칼빈은 인간 마음의 갱신을 구원의 확실성과 결부시킨다. 하나님의 자비에 대한 지식은 단지 인식적인 믿음이 아니라, 신도들의 마음을 관통하여 그들이 확신하고 확인할 수 있도록 만드는 믿음이다. 칼빈은 믿음에 관한 잘 알려진 설명에서 다음과 같이 말한다.

> 믿음은 의심스럽고 변화하는 의견에 만족하는 것이 아니다. 마찬가지로 믿음은 애매하고 혼란스러운 개념에 만족하는 것이 아니다. 믿음은 사람들이 경험하고 증명된 것에서 무엇인가를 배우고자 열망하는 것처럼 완전하고 확고한 확실성을 필요로 한다.⁵⁷

칼빈에 따르면, 갱신된 마음은 "의심을 넘어" 하나님의 자비와 선하심으로 "좋으신 아버지" 되신 하나님을 더 분명하게 인식하게 한다. 신자들

---

55 Ibid., II.7.12.
56 Comm. on I Cor. 2:15, CO 49:345.
57 *Inst*. III.2.15; Comm. on John 1:13, CO 47:12. Cf. Peter Brunner, *Vom Glauben bei Calvin* (Tübingen: J.B.C. Mohr, 1925); Dowey, *The Knowledge of God in the Theology of John Calvin*, 24-30; Walter E. Stuermann, *A Critical Study of Calvin's Concept of Faith* (Ann Arbor, MI: Edwards Brothers, 1952), 62-123; Krusche, *Das Wirken des Heiligen Geistes nach Calvin*, 259ff.

은 "하나님의 자녀가 된 것"을 알기에 그들을 향한 하나님의 사랑과 뜻을 더 이상 의심하지 않는다. 심지어 그들은 인내 중에서도 의심하지 않는다.[58] 정화된 마음의 인식에서 가능한 이런 확실성은 믿는 자들이 하나님을 "아바 아버지"라 부를 수 있게 한다.

믿음의 확실성은 불완전하며 현실의 생활에서 공격받는다는 칼빈의 인식 안에서 성장의 실재가 다시 표면에 떠오른다. 칼빈은 마음이 구원에 대한 의심으로 지속적 몸부림 안에 항상 휘말린다고 설명한다.[59] 칼빈은 유혹을 우리를 구원하시는 하나님의 자비와 뜻에 대한 의심과 동일한 것으로 본다. 칼빈은 사탄이 우리가 구원받지 못했으며 하나님은 자비롭지 않다는 의심으로 우리에게 도발한다고 가르친다.

> 분명히 믿음은 확실하고 확신되어야 한다고 우리가 가르치지만, 근심으로 공격받지 않는 그런 확실성은 상상할 수 없다. 신자들은 자신의 불신앙과 영속적 갈등에 있다고 말할 수 있다.[60]

신자들은 "자신의 연약함과 싸워야" 하며, "믿음을 향해 나아가야" 하고 자신의 의심과 불확신의 자리에서 "일어나야" 한다.[61] 칼빈은 신자들이 두려움과 믿음 사이에서 정신적, 영적 갈등을 경험하고 있음을 알고 있었다. "두려움과 믿음이 같은 마음 안에 거할 수 있는가?"

이런 질문에서 이 갈등은 범례로 드러난다.[62] 영적 전쟁에 대한 칼빈의 생각은 교회를 향한 사탄의 공격에 대한 천사의 방어뿐 아니라 점진적으로 조명되고 갱신된 마음의 내면적 갈등을 포함한다.

---

58 *Inst*. III.2.14-15, III.2.38.
59 Ibid., III.2.16-23.
60 Ibid., III.2.17.
61 Ibid., III.2.17-20.
62 Ibid., III.2.23.

칼빈은 믿음과 의심 사이의 이 투쟁을 현재의 삶을 특징짓는 기독교인들이 치르는 전쟁의 한 부분으로 인식한다. 갱신된 마음은 사탄에 의해 부추겨지는 의심과의 전쟁에 이끌린다. 다시 칼빈은 의심과 불신앙에 대항하는 매일의 싸움을 묘사하기 위해 군대 형상의 개념을 사용한다. 이 싸움은 마음에서 점진적으로 사탄의 두려움을 내어 쫓는다.

> 이런 공격을 견디기 위해 믿음은 무장되어야 하며 주님의 말씀으로 강하게 되어야 한다. 하나님이 우리에게 호의적이지 않고 오히려 우리의 적대자가 되었다고 제안하는 여러 종류의 유혹으로 공격하는 곳 어디서나 우리는 괴로워진다. 그러나 하나님의 처벌은 분노가 아니라 사랑으로 말미암은 것이기에, 그분은 여전히 자비롭다고 응답해야 한다. … 불신앙은 신도들의 마음을 쥐고 흔드는 정도가 아니라 그들을 공격한다.
>
> 바울의 가르침과 같이, 믿음은 우리의 방패 역할을 한다. … 그러므로 믿음이 흔들릴 때는 창의 맹렬한 공격을 받은 강한 군사가 그의 발을 움직여 조금 뒤로 물러나는 것과 같다. 믿음이 부상당했을 때는 창의 추진력에 의해 어느 순간 방패가 깨어진 것과 같다. 그러나 방패가 완전히 뚫린 것은 아니다.[63]

마지막으로, 칼빈은 갱신된 마음 안에 자연을 통해 하나님을 바라보는 관상(contemplation)에 대해 논의한다. 칼빈의 신학에서 하나님의 형상 회복은 자연이 계시적 기능을 되찾도록 허용한다. (우상 숭배에 빠지지 않고) 자연을 연구하는 능력은 회복된 형상의 유익한 한 부분이다. 도위(Dowey)와 브루너(Brunner)가 주장한 것처럼, 성경에 의해 굴레 씌워진 마음은 다시 "자연의 책"을 읽을 수 있다.[64] 타락한 자연적 마음은 단지 자연의 빛에 의해

---

[63] Ibid., III.2.21.
[64] Ibid., I.VI.1-4, I.X.1-3; Dowey, *The Knowledge of God in Calvin's Theology*, 131ff. See

방향 지어지며, 천문학과 다른 과학 분야의 "하위 영역의 연구"에서 상당한 능력을 보인다.

성경은 과학적 방식으로 자연을 더 알 수 있도록 도와주지는 않는다. 성경은 단지 자연에 대한 관상이 다시 타당한 종교적 활동이 될 수 있도록 돕는다. 그것으로 인해 인식에 대한 원래의 질서가 회복되지 않는다. 성경은 죄에 의해 야기된 지적 실패를 교정하는 안경과 같은 기능을 계속해야 한다.[65]

영혼 안의 질서가 점진적으로 회복될 때, 마음은 여전히 자연 안에 있는 질서와 아름다움을 다시 인식하며 이 "극장"을 하나님께로 돌릴 수 있다.

독자들은 칼빈의 욥기서 설교와 시편에 대한 해설에서, 칼빈이 성경의 안경을 적용하는 것을 볼 수 있다. 칼빈은 자연 앞에서 인간이 용납될 수 없다고 주장하면서도 하나님의 위엄, 영광, 지혜, 능력을 묘사하기 위해 자연의 경이로움을 언급하는 것에 자유롭다. 우주는 칼빈에게 계시의 지속적인 원천 같은 인상을 준다.

> 지저귀는 작은 새들은 하나님을 노래하고 있다. 짐승들은 그분을 향해 부르짖는다. 우주의 요소들은 하나님을 경외한다. 산들은 그분의 이름을 메아리친다. 물결과 샘들은 하나님을 쳐다본다. 식물들과 꽃들은 그분을 찬양한다. 우리는 하나님을 찾으려고 애쓰거나 멀리에서 그분을 찾을 필요가 없다. 우리 안에 거하시는 그분의 능력으로 유지되고 보존된다면 각 사람은 자신 안에서 하나님을 발견한다.[66]

---

    also Paul Wernle. *Der evangelische Glaube nach Hauptschriften der Reformatoren* (Tübingen: Mohr, 1919), III:175; Brunner, *Nature and Grace, in Natural Theology*. 39.

65   *Inst.* 1.6.1-4; Argument to Genesis, CO 23:10.
66   *Praefationes bibliis gallicis Petri Roberti Olivetani*, CO 9.791

칼빈의 글에는 자연에서 가지고 온 예시와 견해가 가득 차 있다. 인간의 세대와 모성(motherhood)은 하나님의 지혜로운 섭리의 예이다. 다양한 종류의 동물과 날씨의 변화에서 발견되는 우주의 다양성은 하나님이 우주의 창조자, 통치자, 보존자임을 드러내는 증표와 이미지이다.[67]

(이런 실례들이 나오는) 욥기에서 회오리바람의 연설은 칼빈에게 장엄한 자연신학이다(theology of nature). 하나님은 이 연설에서 눈에 보이는 창조 세계의 놀라움을 통해 그의 장엄한 자연을 욥에게 보여 주신다.

욥기 1장에서 볼 수 있는 것처럼, 지구 중심적 세계관은 하나님의 섭리와 능력에 대한 칼빈의 묘사에 아주 유용하다. 하나님은 엄청난 무게의 지구를 안정되게 유지하시며 지구 둘레에 있는 별들의 공전을 인도하고 물을 억제하신다. 이 모든 것은 하나님의 지속적 현존, 지혜, 능력, 그리고 인류를 위한 돌봄을 보여 준다.[68] 칼빈은 스스로 자연 질서에 의지할 뿐 아니라 회중들과 독자들에게도 그렇게 하라고 분명하게 권면한다.

> 하나님이 말씀으로 자신을 우리에게 선포하시는 것은 사실이기에, 우리는 변명할 수 없다. 만약 우리가 하나님의 사역 안에서 그분을 생각하지 않는다면, 아무 증거 없이 하나님을 그곳에 두는 것과 같다. 사도 바울이 사도행전 14장과 17장에서 자연 질서에 관해 말하듯이, 자연은 그 안에서 하나님을 볼 수 있게 하는 우리를 위한 거울이다. 이어서 바울은 하나님이 태양을 빛나게 하시며, 비를 내리시며, 다양한 계절을 보내시며, 땅이 과일을 맺게 하신다는 믿음을 분명하게 표현한다.

---

67 Comm. on Ps. 18:8, CO 31:174; sermon on Job 39:22-35.
68 Comm. on Ps. 75:3, 89:36. CO 31:701-702, 825: Comm. on Ps. 103:1, 136:4, 148:3, CO 2:13, 364, 433; sermon on Job 38:4-11, CO 35:366ff.; sermon on Eph. 2:11-13, CO 51:385ff.

하나님은 특별한 이유 없이 이곳을 떠나지 않으신다. 이 모든 것은 하나님이 당신의 사건과 말씀을 변론하시는 것과 같다. 그러나 사람들은 하나님의 영광과 위엄을 알지 못하며, 하나님이 창조 세계를 그분의 손으로 다스리신다는 것을 알지 못한다. 사람들은 자신의 무지를 핑계 대지 못할 것이다. 자연 질서를 통해, 그들은 모든 것을 배치하신 유일하신 창조자가 계심을 인식하게 될 것이다. 우리의 눈을 열면 하나님의 위대하심을 보여 주는 증거들을 볼 수 있을 것이다. 결국 우리를 보호하시는 하나님께 영광을 돌릴 수 있도록 우리는 배우게 될 것이다.[69]

물론 하나님의 자연은 인간의 이성과 이해를 초월한다. 하나님은 자연 질서 안에서 우리를 위해 자신을 적응하며(accommodated) 맞춰 주시기 때문에, 자연은 하나님을 발견하는 것에서 우리를 멀어지게 하지 않는다.

칼빈은 시편 104편 해설에서, 우리가 하나님을 찾기 위해 "구름 위로 올라갈" 필요가 없다고 가르친다. 왜냐하면, 하나님은 "세상의 구조 안에서 우리를 만나시며 모든 곳에서 자신을 우리에게 보이시고 가장 선명한 광경들 안에서 자신을 드러내시기 때문이다."[70]

칼빈의 성경에 대한 견해는 성경에서 하나님에 대한 이해와 평행을 이룬다. 하나님은 우리의 유익을 위해 세상의 구조 또는 자연의 예복(robe)으로 옷 입으신다. 언어와 우주는 그분의 창조 세계가 눈멀지 않게 하려고 하나님이 자신의 위엄을 가리시는 수단이다. 그러므로 칼빈 사상의 반사변적 경향은 자연에 대한 관상을 금하지 않는다.

---

69 Sermon on Job 5:8-10, CO 33:237. 욥기 12:7-16에 관한 설교는 다음을 참조하라. CO 33:569; sermon on Job 10:1-11, CO 34:63-76; sermon on Job 31:5-8, CO 34:645; sermon on Job 39:22-35, CO 35:430; sermon on Job 40:7-19, CO 35:452.
70 Comm. on Ps. 104:3, CO 32:85-86.

죄가 이성에 미친 영향은 영혼이 다시 새로워질 때 점진적으로 교정된다. 그래서 우주는 "무대", "극장", "책"으로서 기능할 수 있으며, 믿는 자들은 자연을 통해 그들의 창조자에 관해 배우도록 격려받는다.

3 역사와 사회의 구속

칼빈은 하나님이 우주와 인간 본성뿐 아니라 역사도 되찾고 계신다고 믿는다. 그가 말하는 갱신 또는 "재구성"(reconstitution)에는 사회와 역사의 질서 회복도 포함된다. 전 포괄적인 하나님의 구원에 관한 성격은 성경의 통일성, 세계의 질서로의 점진적 회복, 그리고 사회 회복을 위한 신자들의 기여에 관한 칼빈의 진술에서 분명히 드러난다.

칼빈은 구약성경과 신약성경의 관계에 대한 가르침에서, 재세례파가 신약성경보다 구약성경에 더 낮은 권위를 부여하는 경향에 반대한다.[71]

재세례파들에 따르면, 구약성경의 배경이 된 시기는 기독교인들이 활동했던 시기 또는 신약성경이 기록된 시기와 많이 다르다. 결론적으로 재세례주의 신학은 할례 의식을 가지고 있는 유대 종교와 달리 세례와 엄격한 치리를 행하는 교회 사이의 불연속성(discontinuity)을 강조한다.

칼빈은 이 불연속성의 견해에 반대하면서, 두 언약 사이의 통일성과 유사성을 강조한다.

---

71 칼빈과 재세례파 사이의 이 논쟁에 관해 다음을 참조하라. Willem Balke, *Calvin and the Anabaptist Radicals,* 309-313. 발케(Balke)가 지적한 것처럼, 스투페리흐(Stupperich)는 모든 재세례주의자가 대체로 신약성경만을 지향하지 않았음을 보여 준다. R. Stupperich, *Die Schriften Bernhard Rothmanns* (Münster: Aschendorffsche Verlagsbuchhandlung, 1970). 뮌스터(Münster) 지역의 재세례파는 또 다른 예외의 경우이다. See also: Williams, *The Radical Reformation,* 304ff.; John C. Wenger, "The Biblicism of the Anabaptist," in *The Recovery of the Anabaptist Vision,* ed. G. F. Hershberger (Scottdale, PA: Herald, 1951), 167ff.

모든 족장과 맺었던 언약은 우리가 가진 언약의 본질과 실재에서 너무나 비슷해 이 둘은 실제로 하나이며 같은 것이다. 그러나 두 언약은 분여(dispensation) 방식에서 다르다.[72]

칼빈의 이런 주장의 중요성은 역사에 대한 함축된 견해에 나타난다. 칼빈은 재세례주의의 교회 밖 세상에서의 분리에 반대했으며, 또한 그들이 과거를 거부하는 것에 대해서도 반대했다. 칼빈은 재세례주의의 세상에 대한 거부를 창조 세계에 대한 거부로 이해했다. 두 개의 성경은 하나님의 구원 계획 안에서 연대기적 위치에 따라 구별할 수 있다. 구약성경은 신약성경 안에서 성취될 "증거" 또는 "약속"이다.[73]

구약의 율법 아래에 있던 자들은 이 땅에서의 삶과 기쁨에 한정된 약속이 아니라 신약의 교인들처럼 영원한 생명의 똑같은 약속을 공유하고 있었다.

아담, 아벨, 노아, 아브라함, 다른 족장들은 말씀의 조명을 통해 하나님과 함께 머무를 수 있었다. 그러므로 그들은 의심의 여지없이 하나님의 영원한 왕국으로 들어갔을 것이라고 나는 확신한다. 그들이 소유한 것은 영원한 생명의 복 없이는 불가능한 하나님께로의 진정한 참여이다.[74]

에스겔 16:61 해설에서, 그리스도는 그가 전에 이스라엘과 맺었던 동일한 언약을 단지 갱신하고 회복하실 뿐이다. 이어지는 본문에서 칼빈은

---

[72] *Inst.* II. 10.2. 구약성경과 신약성경 사이의 관계에 대한 칼빈의 견해는 다음을 참조하라. H.H. Wolf, *Die Einheit des Bundes. Das Verhältnis von Altem und Neuem Testament bei Calvin* (Neukirchen, Kreis Moers: Verlag der Buchhandlung des Erziehungsvereins, 1958); Wendel, *Calvin, The Origins and Development of His Religious Thought*, 208-214; Milner, *Calvin's Doctrine of the Church*, 71-98. See also: T.H.L. Parker, *Calvin's Old Testament Commentaries* (Edinburgh: T&T Clark, 1986), 42-82.
[73] *Inst.* II.9.1-II.10.23.
[74] Ibid., II.10.7.

에스겔 16장의 약속과 예레미야 31:31-33의 새 언약의 뿌리를 하나님의 영속적인 하나의 언약에 두었다. 이 본문은 역사에서 하나님의 전 포괄적인 구원 계획의 변치 않는 역사적 통일성을 보전하기 위한 칼빈의 결의를 보여 준다.

> 하나님이 "내가 언약을 세우리라"고 말씀하실 때, 우리는 이것을 "나는 언약을 다시 세울 것이다. 또는 이전 언약의 조건(in integrum)을 회복할 것이다"라는 의미로 설명할 수 있다. 신약성경은 구약성경 위에 세워졌다는 사실에서만 신약성경은 구약성경과 구별될 수 있다. 그러므로 아브라함은 모든 믿는 자의 조상이다. 우리의 안전은 다른 곳이 아닌, 하나님이 아브라함과 세우셨던 언약 안에서 찾을 수 있다. 그 후에 같은 언약이 모세의 손에 의해 인정받았다. 그 차이는 예레미야 31:32에서 간추려진다.
> 고대의 계약은 사람의 실수로 폐기될 수 있기 때문에 더 나은 개선책을 필요로 한다. 이 개선책은 두 가지 측면에서 볼 수 있다. 즉, 하나님이 인간의 죄악을 덮으시고 그분의 율법을 그들의 마음에 새기시는 것이다. 그것은 아브라함의 시대에도 행해졌다. 아브라함은 하나님을 믿었으며, 그 믿음은 항상 성령의 선물이었다. 그러므로 하나님은 그분의 언약을 아브라함의 마음에 새기신 것이다. … 예레미야가 지적한 그 차이는 진정 사실이며, 새 언약은 실체는 같지만 형태에서는 구별되는 옛 언약에서 이어진 것이다.[75]

구약성경과 신약성경의 근본적 통일성에 대한 칼빈의 주장은 섭리와 구원에 대한 그의 견해와 분리되지 않는다. 칼빈은 하나님의 구원 대상은 재림 때에 창조 세계를 포함한다고 보았다. 하나님의 창조와 사역의 영역인 모든 역사는 하나님의 구원 계획 아래에서 펼쳐진다. 칼빈의 신학에는 역

---

[75] Comm. on Ezekiel 16:61, CO 40:395-396.

사에 대한 "이레니우스적" 이해가 존재한다. 하나님은 창조 세계와 역사 전체를 되찾으시며 갱신하시고 "재정리하신다"(recapitulating).

칼빈이 세상의 복원 또는 "회복"을 창조 질서로의 회복으로 본 것은 놀랍지 않다.[76] 동시에 하나님의 형상 회복을 통해 하나님은 역사와 "사람들의 일들"을 질서로 회복하신다. 모든 일은 타락으로 "왜곡되고" "혼란스럽게" 되었기 때문에, 구속의 사역은 세상을 원래의 질서로 데리고 간다.

칼빈의 신학에서 이 질서의 회복은 지금 그리스도의 사역을 통해 서서히 성취되고 있다. 칼빈은 그리스도를 모든 것을 질서로 회복하시는 분으로 강조한다. 이사야 65:25을 해설하면서 칼빈은 다음과 같이 말한다.

> 그리스도의 직무는 모든 것을 원래의 상태와 질서로 되돌리는 것이기 때문에, 예언자는 지금 인간의 역사 안에 존재하는 혼돈과 파멸이 그리스도의 오심으로 제거될 것이라고 선포한다. 그때 부패는 사라지고 세상은 첫 번째의 기원으로(*priman originem*) 돌아갈 것이다.[77]

물론 이 질서의 회복은 완전하지 않으며, 점진적으로 완성될 것이다. 때때로 성경의 본문들은 칼빈이 세상의 회복을 과거시제로 묘사하게 했다. 칼빈은 에베소서 1:10을 설명하면서 "모든 것은 회복되었다." 또는 "그리스도의 다시 오심으로 정해진 질서로 되돌려졌다"라고 말한다.[78] 칼빈은 하나님이 속죄를 통해 "전에는 흩어졌던 모든 것을 모으셨으며 그런 후에 세상은 어느 정도 변했음"을 믿었다.[79] 칼빈은 비록 그리스도께서 질서로의 회복을 시작하셨지만, 세상은 완전한 회복을 기다리고 있다고 주장한다.

---

76 세상에서 질서의 회복 기관으로써의 교회는 다음을 참조하라. Milner, *Calvin's Doctrine of the Church*, 46-70.
77 Comm. on Is. 65:25, CO 37:434.
78 Comm. on Eph. 1:10, CO 51:151; sermon on Eph. 3:9-12, CO 51:466.
79 Sermon on Eph. 3:9-16, CO 51:466.

그리스도는 그분의 죽음을 통해 모든 것을 이미 회복하셨다. 그러나 그 영향력은 완전히 드러나지 않았다. 왜냐하면, 회복은 완성으로 가는 과정에 있기 때문이다. 우리가 죄의 짐 아래에서 아직 신음하고 있는 한, 우리의 구속 역시 완성으로 가는 과정 중에 있다. 그리스도의 왕국이 이미 시작되었지만, 그것의 완성은 마지막 날까지 연기되었다. 그래서 그것의 유익은 일부분만 보인다. 비록 현재 우리는 세상에서 많은 혼란을 보고 있지만, 그리스도께서 어느 날 오셔서 모든 것을 이전의 상태로(in integrum) 회복하실 것을 믿는 믿음으로 힘을 얻고 부흥으로 나아가자.[80]

칼빈은 "심판"을 "비난"으로 해석하기를 거부하며, 마지막 심판을 그리스도에 의해 시작된 질서의 최종적 회복으로 간주하기를 선호한다.

어떤 사람들은 '심판'이라는 단어를 '개혁'으로 이해하고, 다른 사람들은 '비난'으로 이해한다. 나는 세상이 '적법한 질서'(legitimum ordinem)로 회복되어야 함을 표현하는 전자의 의견에 동의한다. '심판'으로 번역되는 '미쉬파트'라는 단어는 바르게 질서 잡힌 구조를 의미한다. 비록 그리스도께서 하나님의 왕국을 이미 세우기 시작하셨지만, 그리스도 밖의 세상에는 여전히 혼돈이 존재함을 우리는 알고 있다. 그리스도의 죽음은 올바르게 질서 잡힌 상태(status rite compositi)와 세상의 온전한 회복을 향한 진정한 시작이다.[81]

칼빈의 사상에서 역사와 사회 질서의 회복은 우주의 회복과 같이 선택받은 자들의 갱신과 불가분으로 연결되어 있다. 그러나 우주의 회복과는 다르게 선택받은 자들의 노력과 활동은 세상 질서의 회복에 직접적으로 기여한다.

---

80   Comm. on Acts 3:21, CO 48:72-73.
81   Comm. on John 12:31, CO 47:293; Richard, *The Spirituality of John Calvin*, 175.

기독교인들은 세상에서 질서 있는 삶으로 부르심을 받았다. 성도들은 사회의 생존을 보장할 뿐 아니라 하나님의 영광과 교회의 발전을 위해 부르심을 받았다. 리처드가 주장한 것처럼, 경건한 기독교인은 하나님의 질서 안에서 자신의 자리를 가지며 질서 있는 삶을 산다.[82]

이 질서 있는 삶은 세상 질서의 점진적 회복에 기여한다. 기독교인들은 이 단어의 가장 완전한 의미에서 다시 자연법을 따라 살아간다. 칼빈은 신자들이 자연법 또는 "자연 질서"(ordre de nature)를 지킨다고 보았다. 그것이 부여하는 억제와 수치 또는 그것이 보장하는 생존을 위한 단순한 필요 때문이 아니다.

택함 받은 자들은 하나님의 법과 자연법을 사랑하는 마음으로 지킨다. 왜냐하면, 이런 삶이 하나님의 뜻과 영광을 드러내기 때문이다. 택함을 받은 자들은 자연 질서, 하나님의 계시의 법, 그리고 그리스도의 삶에서 분명하게 나타난 일관성을 이해한다.[83]

그들은 "본성을 따라" 신중하게 살아간다. 왜냐하면, 그들은 창조자가 의도한 본성으로 돌아오고 있기 때문이다. 이 원래의 본성은 기독교인들의 모든 지적, 사회적 활동이 그들의 원래 목표, 즉 하나님을 찬양하도록 새롭게 방향 지어졌다. 인간의 지식은 "그리스도께 종속"될 때 좋은 것으로 인식된다. 지식의 기반이 그리스도가 되지 않을 때, 그것은 무익하며 우상 숭배로 기울어진다.[84]

바울은 지식을 비난하지 않았으며, "회의적이고 항상 확신이 없는 의심이 많은 사람이 되지 말라고 권고한 것을 칼빈은 인용한다. 우리가 무엇을

---

82 Richard, *The Spirituality of John Calvin*, 114.
83 See also Wallace, *Calvin's Doctrine of the Christian Life*, 141ff. 웰리스(Wallace)는 자연법의 가르침과 유용성에 대한 칼빈의 긍정적인 평가를 보여 주는 많은 본문을 인용한다. 그러나 웰리스는 자연법의 "부정적" 기능을 간과하는 경향이 있다. 예를 들어, 자연법이 수치를 야기해 사회가 혼돈에 빠지는 것에서 막는 것을 들 수 있다. 기독교인의 삶에 대한 칼빈의 묘사들 가운데 하나는 산상설교의 해설에서 볼 수 있다.
84 Comm. on I Cor. 8:2, CO 49:429; *Inst*. II.2.4.

알고 있지만 이해하지 못한 상태로 그럴듯한 일을 하는 척하는 거짓된 가짜 겸손을 바울은 찬성하지 않는다."[85] 바울은 하나님과 그분의 피조물 사이의 원래의 '관계' 즉 의존과 감사의 관계를 언급한다. 칼빈은 바울이 모든 지식의 원천을 지식의 기원인 창조자에게 돌리도록 교인들을 가르친다고 이해한다.

칼빈은 인간의 지식은 "재정리되었을" 뿐 아니라, 기독교인들의 활동 역시 하나님에 의해 되찾아진다고 주장한다. 칼빈의 사상에서, 교회의 질서 있는 생활은 자연법에 의해 부과된 악의 억제를 포함하며, 그 너머로 나아가도록 돕는 사회적 차원과 교회적 차원을 지니고 있다. 박애와 정의의 삶은 사회가 질서로 회복되어 하나님을 찬양할 수 있도록 돕는다.

"미래의 삶에 대한 묵상"은 뒤로 물러나는 것이 아니라 이웃을 향해 도움을 주는 결과로 나타나는 자기 포기를 요구한다.

그리스도를 본받는 것은 고립된 개인의 추구가 아니라 사회의 질서화, 이웃에 대한 봉사와 사랑의 삶, 정의의 회복, 그리고 가난의 극복이다.[86] 설교를 통한 박애와 정의의 권면, 산상설교의 해설, 그리고 초기 교회 법령들의 제공은 사회의 회복에 기여하는 성화된 삶의 사회적 차원에 관심을 가진 칼빈이 보여 준 몇 가지 표시에 불과하다.

궁극적으로 세상 안에 질서를 유지하고 발전시킨 사회의 제도들은 폐기될 것이다. 칼빈은 그리스도, 천사 또는 사회 제도를 통하지 않는 하나님이 직접 다스리시는 강압적이지 않고 자발적인 조화로운 미래의 삶을 마음속에 그린다.[87] 결국, 우리는 그때 하나님의 "얼굴을 마주하여" 볼 것이

---

85 Comm. on I Cor. 8:2, CO 49:429.
86 See Wallace, *Calvin's Doctrine of the Christian Life*, 107ff. See also: André Biéler. *La pensée économique et sociale de Calvin*, 246-269, 306ff., 436ff.
87 퀴스토르프가 보여 주듯이, 그리스도께서 모든 원수를 이겨 승리자가 되시면, 칼빈은 그리스도께서 교회를 하나님의 정부로 회복하실 것이라고 믿었다. see: Comm. on I Cor. 5:21, Quistorp, *Calvin's Doctrine of the Last Things*, 165-171.

기 때문에 이차적 수단들은 필요하지 않을 것이다.

칼빈은 고린도전서 15:24을 다음과 같이 설명한다.

> 세상의 끝이 있는 것처럼, 모든 정부, 치안판사, 법규, 규정, 직급, 그리고 명령의 모든 것도 끝이 날 것이다. 종과 주인, 왕과 농부들, 치안판사와 시민들 사이의 구분은 더 이상 존재하지 않을 것이다. 하늘의 모든 천사의 권위와 교회의 직책과 우월성도 끝이 날 것이다. 하나님은 사람들과 천사들의 손이 아니라, 자신의 능력과 주권을 직접 시행하실 것이다.[88]

세상에 존재하는 질서와 억제의 방편들은 하나님에 의해 정해진 것이지만, 그것은 자신의 소멸을 목표로 한다. 심지어 천사들의 역할도 끝이 날 것이다. 천사, 주교, 교사, 예언자들이 그들의 직무에서 물러나 더 이상 다스리지 않게 될 것이며 "모든 것은 그들의 시작과 끝이 되시는 하나님께 되돌려질 것이다."[89]

칼빈은 이것을 종말론적 목표로 보았다. 하나님이 직접 다스리는 시간까지, 기독교인들은 세상에서 섬김을 위해 부르심을 받았다.

칼빈의 사상 안에는 힘의 방출이 있다. 칼빈의 예정, 구원의 확실성, 영적 전투, 성화의 교리들은 바깥세상을 향하도록 기독교인들을 이끈다. 선택받은 자들은 이웃의 유익, 교회의 발전, 사회의 회복을 위해 창조 세계로 향한다. 질서, 청지기, 봉사, 박애, 평등, 정의 등의 개념들은 칼빈의 윤리를 지배한다. 이런 개념들은 칼빈이 적극적이고 질서 있으며 성화된 성도의 생활을 높이 평가함을 보여 준다.

---

[88] Comm. on I Cor. 15:24, CO 49:547. See also *Inst*. IV.21.1.
[89] Comm. on I Cor. 15:24, CO 49:547. 그러나 천사들은 그들의 탁월함을 유지할 것이라고 칼빈은 명시한다.

4. 결론

1) 구속에서 창조 세계의 역할에 대한 칼빈의 이해를 지배하는 것은 창조의 원래 목적을 이루고자 하시는 하나님의 신실하심에 대한 믿음이다

칼빈의 신학에서 하나님은 모든 피조물인 우주, 인간 본성, 사회를 되찾으신다. 이 구속의 활동에 관한 그의 논의에서, 우리는 마니교도들과 도나투스주의자들에 대한 칼빈의 비판이 사실임을 볼 수 있다. 칼빈은 창조가 악한 것이며, 죄의 원인이 되며, 또한 거부되어야 한다는 개념을 물리쳤다. 칼빈은 재세례파 운동에서 마니교와 도나투스파의 견해가 반복되는 것을 자주 보았다.

칼빈은 재세례파의 세례에 관한 견해뿐 아니라 그들의 교회론도 비판한다. 칼빈은 재세례파가 창조의 질서와 하나님과의 관계성을 근본적으로 오해하고 있다는 확신에서 논쟁을 벌였다. 이런 오해를 바로잡기 위한 시도에서, 하나님의 사랑과 구속의 대상인 창조 질서는 기피되어서는 안 된다고 칼빈은 주장한다.

이 논쟁적이고 신학적인 맥락은 퀴스토르프(Quistorp)가 칼빈의 신학에서 감지했던 긴장을 설명하는 것을 돕는다.

퀴스토르프는 보이는 모든 실재를 포함하는 그리스도의 재림과 하나님의 왕국에 관한 성경적 메시지에 대한 칼빈의 충성과 구원의 희망을 영성화하고 개인화하는 그의 경향성 사이에 긴장이 흐른다고 주장한다. 퀴스토르프는 칼빈이 천국의 삶을 죽음으로 말미암는 불멸하는 영혼의 해방과 함께 시작하는 것으로 이해했다고 주장한다. 결론적으로 칼빈은 새로운

창조 세계를 "단지 가끔" 언급했다고 퀴스토르프는 주장한다.[90]

칼빈의 사상에서 이 긴장은 잘 나타난다. 만약 불멸하는 영혼이 이미 하나님 앞에서 기쁨을 누리고 있다면, 왜 몸의 부활과 창조 세계의 갱신이 필요한지 이해하는 것은 다소 어렵다. (그러나 이 비판은 영혼의 자연적 불멸을 수용하는 기독교 전통의 한 부분을 지향하고 있다.) 그럼에도 우주와 몸의 갱신에 대한 칼빈의 강조는 창조 세계에 대한 그의 견해에서 근본적인 논쟁점이다.

칼빈이 물질적 창조 세계의 갱신을 주장했을 때, 그의 관심은 주로 영혼의 불멸에 관한 논쟁에 있지 않았다. 오히려 칼빈은 하나님의 원래 창조의 선함을 변호했다. 칼빈은 또한 개인의 구원이 궁극적 목표가 아님을 인식했다. (영혼을 포함한) 모든 피조물은 그 자신의 구원을 위해 존재하는 것이 아니라 하나님의 영광을 나타내기 위해 존재한다.

결론적으로 세상의 회복에서 칼빈의 하나님은 우주와 인간 본성의 원래 물질을 보존하신다. 그렇기에 창조에서 하나님의 목적은 실패로 드러나지 않을 것이다. 로마서 8:20의 주석에 근거해, 지금 무질서에 놓여 있는 창조 세계는 버려지지 않을 것이며, 더욱이 그것의 원래 물질은 질서 있게 회복될 것이라고 칼빈은 강조한다.

---

90 Quistorp, *Calvin's Doctrine of the Last Things*, 193. 퀴스토르프는 다음과 같은 결론을 내린다. " … 칼빈의 사실에 의거한 희망에 바탕을 둔 거룩한 성경에 대한 가르침, 특히 육체적 부활의 영향으로 칼빈 종말론의 영성화 경향이 지속적으로 중단되고 바로잡혔다. 비록 칼빈 종말론의 성경적 특징은 그의 사상의 다른 측면으로 인해 심하게 위협받았지만, 전반적으로 보편적 부활을 지향하는 칼빈의 종말론과 그의 신학적 성향은 성경적 특징을 유지한다"(195).

2) 칼빈은 로마서 8:20에 근거하여, 자연의 회복은 피조물의 머리인 인간의 회복을 뒤따른다고 주장한다

성화의 삶은 영혼 안에서 하나님의 형상 회복이다. 성화는 인간의 본성을 새롭게 한다. 칼빈에 따르면, 원래의 마음과 의지는 유지되고 자신의 변형에 활발하게 참여한다.

의지는 하나님의 율법과 일치될 것이며 마음은 하나님에 대한 지식, 구원의 확신, 그리고 자연에 대한 회복된 관상(contemplation)이 증대됨에 따라 새로워질 것이다. 마음은 회복된 상태에서 자신에 대한 지배력을 갖게 되고 생명을 주시는 성령을 받으며 받은 은사들을 하나님께 돌린다.

그렇게 함으로써 하나님 형상의 관계적 성격은 회복될 것이다. 비록 칼빈은 죄의 영향을 인식하지 못한 철학자들을 비판했지만, 거룩한 목적을 위해 그들의 견해를 채택했다.

그의 생각이 순수하고 거룩하지 않다면, 그의 감정이 모두 명예롭고 질서 있지 않다면, 그리고 그의 몸의 힘과 노력을 오직 선한 일에만 헌신하지 않는다면, 어떻게 전인이 온전하다 할 수 있는가?

그 철학자들은 이해의 능력이 여교사(mistress)와 같다고 생각한다. 반면 감정은 명령을 수행하는 수단이며 몸은 순종이 준비되게 한다. 우리는 지금 모든 것이 얼마나 잘 맞는지 본다. 하나님에 의해 승인된 것 이외의 어떤 것도 마음으로 생각하지 않고, 다른 어떤 것도 마음으로 갈망하지 않고, 다른 어떤 것도 몸으로 행하지 않는다면, 그 사람은 순수하고 온전하다 할 수 있다.[91]

91　Comm. on I Thess. 5:23, CO 52:179.

3) 영혼의 점진적인 내적 회복은 신도들이 자연을 바라봄으로써 다시 하나님에 대한 더 풍성한 지식을 발견할 수 있게 한다

이 기독교 자연신학(theology of nature)은 영혼 안에서의 성화되고 회복된 질서에 관한 칼빈의 이해와 분리될 수 없다. 자연 안에서 하나님을 인지할 수 있는 갱신된 능력은 회복된 내적 질서에 의존한다. 구원받은 눈 또는 새로워진 영혼만이 우주에 있는 질서를 창조자에게서 찾을 수 있다. 영혼의 회복으로 인해 자연은 다시 하나님의 원래 목적을 위해 섬길 수 있다. 자연은 모든 피조물의 창조주를 찬양하며 신적 위엄을 인간에게 나타낸다.

4) 역사의 질서를 고찰하는 것은 그렇게 단순하지 않다

여기에서 칼빈의 독자들은 주의를 기울여야 한다. 칼빈은 역사의 무질서는 자연의 무질서보다 더욱 섭리적 견해를 방해한다고 주장한다. 왜냐하면, 역사의 영역에서 질서의 회복은 오직 그리스도에 의해 시작되었기 때문이다.

칼빈은 역사의 사건들 안에서 섭리는 경험적 교리가 아니라고 경고한다. 칼빈은 『기독교 강요』에서 세상의 사건들이 우리의 눈에 우연한 것처럼 보이는 것을 인정한다. 왜냐하면, 모든 사건의 "질서, 합리성, 필요"는 하나님의 계획 안에 숨겨져 있고 "인간의 관점에서 잘 이해되지 않기 때문이다."[92]

칼빈은 욥기서 설교에서 자연과 역사를 구별 짓는다. 자연은 하나님의 권능을 나타내지만, 인간의 사건들(특별히 욥의 삶) 안에서의 섭리는 땅의 역사의 혼돈과 소동 뒤에 종종 숨겨져 있다.[93] 따라서 칼빈은 역사에 대한 고찰

---

[92] Inst. I. 16.9.
[93] 이 주제는 욥기서 설교에 흐르고 있다. See, for example, sermon on Job 8:1-6, CO

에서는 모호한 입장을 취한다. 한편으로 칼빈은 말을 아끼면서 섭리를 신뢰하도록 경험적 증거에 의지하지 말라고 경고한다.

결국, 의로운 자들이 고통당하는 동안 악한 자들은 종종 번성한다. 그러나 칼빈은 역사 안에서 하나님의 일하심을 때때로 고찰하도록 성도들을 격려한다. 비록 하나님의 사역(*opera Dei*)은 종종 우리의 이해를 초월하지만, 칼빈은 이런 경우에도 하나님의 일하심을 강조하고 싶어 한다.

그럼에도 신자들은 하나님의 역사적 섭리의 "극장" 안에서 하나님을 찾아야 한다. 종종 그런 권고는 "혁명"과 세계의 매일의 변화가 아니라, 에베소서 3:9-12 설교에서처럼 하나님의 구원 계획의 "신비"를 말하는 것이었다.

> 하나님의 일을 찾기 위해 마음을 전적으로 기울이는 사람들은 지혜롭다. 하나님은 세상을 극장처럼 만드셨다. 이 세상을 통해 그분의 선하심, 의, 능력, 지혜를 볼 수 있다. 이 두 가지의 일 사이에는 약간의 모순이 있는 것처럼 보인다. 우리는 하나님의 일을 생각하면서 부지런해야 하고 주의를 기울여야 한다. 우리의 마음은 그것을 생각할 때 압도당한다. 이것에 답하는 것은 매우 쉽다.
>
> 만약 우리가 하나님이 우리에게 드러내기로 의도하신 것만을 진지하게 알고자 갈망한다면, 우리는 충분히 이해할 수 있고, 하나님이 그분의 일을 통해 우리에게 가르치기로 의도하신 것을 바르게 인식할 수 있다. 그것은 우리가 하나님께로 나아가며, 우리의 모든 신뢰를 그분께 두고 그분을 어떻게 부를지 알며, 선과 악 사이를 분별하고 그분의 뜻을 따라 걷는 것이다.

33:373; sermon on Job 9:23-28. CO 33:447: sermon on Job 27:5-8, CO 34:462; sermon on Job 34:10-15, CO 35:146; sermon on Job 35:8-11, CO 35:231; sermon on Job 40:7-19, CO 35:458.

욥기 26장에서, 만약 우리가 하나님의 길을 조금만 알 수 있다면, 우리는 아주 많은 것을 할 수 있다고 가르친다. 우리는 단지 하나님의 일에 대한 윤곽을 생각하는 것으로 하나님의 지혜, 의, 능력, 선을 맛볼 수 있다. 만약 우리가 그것들의 깊이를 헤아리기 위해 아래의 영역으로 내려간다면, 우리는 거기에서 이미 언급한 신비를 발견할 것이다. 그 신비는 우리의 이해를 사로잡을 것이다.[94]

그러나 칼빈은 하나님의 섭리에 대한 우리의 시야를 흐리게 하거나 불명료하게 하는 베일의 역할을 하는 섭리의 불가해성(inscrutability)을 강조한다.[95] 칼빈에게 섭리는 오직 믿음의 "망루"에서 가장 명료하게 볼 수 있다.

5) 역사적 질서의 점진적 회복은 "하나님이 모든 것 안의 모든 것이 되실 때" 오직 다가오는 세상에서 완성될 것이다

그동안 영혼 안의 내적 질서의 회복은 주변 세계에 영향을 미칠 것이다. 칼빈은 하나님이 창조 세계를 되찾으실 때, 기독교인들의 사회 활동과 교회 활동을 사용하실 것이라고 주장한다. 칼빈이 재세례파의 도나투스주의적 경향을 비판할 때, 그의 교회론과 영성은 고립주의(isolationism)에 반대한다. 교회는 어둡고 위험한 창조 세계 한가운데에서 순전한 몸(pure body)이 아니다.

칼빈의 비관적, 부정적, 금욕적 태도가 이 땅에서의 경험을 평가 절하했다는 슐츠의 주장은 도메규, 웰리스, 리처드와 같은 학자들에 의해 틀렸음이

---

94 Sermon on Eph. 3:9-12, CO 51:462-463.
95 *Inst.* I.16.9, 1.17.1-2. Charles Trinkaus, "Renaissance Problems in Calvin's Theology," *Studies in the Renaissance*, ed. W. Peery, I:65.

입증되었다. 이 모두는 현재의 삶에 대한 칼빈의 관심과 감사를 보여 준다.[96]

칼빈의 "활동가적"(activist) 경건은 그의 창조신학 전체의 관점에서 보아야 한다. 창조의 회복은 모든 생명을 다시 새롭게 한다. 그러므로 그들의 지식과 의지를 그리스도께 굴복한 후, 선택받은 자들은 교회 공동의 발전과 이웃들의 선을 위해 교회 밖으로 나가도록 격려 받는다. 이런 질서 있는 외부 활동은 성화와 세상 질서의 회복에 기여한다.

칼빈은 위협적인 세상에서 고립된 교회를 받아들이지 않고, 교회를 우주와 사회의 회복을 이끄는 기관으로 본다.

---

[96] Martin Schulze, *Meditatio futurae vitae, Ihr Begriff und ihre herrschende Stellung im System Calvins* (Leipzig, 1901); idem, *Calvins Jenseitschristentum in seinem Verhältnis zu den religiösen Schriften des Erasmus* (Görlitz, 1902); Doumergue, *Jean Calvin-Les hommes et les choses de son temps* IV:309-314; Wallace, *Calvin's Doctrine of the Christian Life*, 130ff.; Richard, *The Spirituality of John Calvin*, 174ff.

제6장

결론

칼빈은 창조에 관한 '사변적' 질문들을 거부하고, 16세기의 도전들에 대해 기독교 전통의 연속선상에서 창조에 관한 정통적(orthodox) 가르침을 옹호했다. 칼빈은 창세기 1:1과 집회서 18:1에 대한 아우구스티누스의 주해를 비판하고 무로부터의 창조교리를 주장했다. 그는 아리스토텔레스주의, 아베로에스주의, 쾌락주의, 스토아주의의 영향에 반대해 하나님의 주권을 옹호했으며, 자연과 역사의 현세적 영역 안에서 하나님의 직접 다스리심을 포함하는 섭리교리를 주장했다.

칼빈은 범신론의 위험을 인식하여 자유주의자들을 반대했으며, 천사와 악마의 실재를 옹호했다. 죽음 이후 영혼의 상태에 대한 16세기의 논쟁 한 가운데에서, 칼빈은 영혼불멸의 교리를 재차 주장했다. 마지막으로, 재세례파의 도나티스주의적 경향을 반대했으며, 역사에서 하나님 섭리의 지속, 정부의 일에 대한 성도들의 참여, 그리고 세상에서의 교회 활동을 옹호했다.

이런 논의를 통해 칼빈은 창조와 구원에 대해 본질적으로 이레니우스적 전망을 형성했다. 하나님은 자연과 역사의 하나님이시며, 그분의 피조물을 되찾으시기에 원래의 실체는 어떤 것도 잃거나 파괴되지 않을 것이라고 그는 주장했다.

칼빈은 창조에 대한 관심을 동료 개혁자들과 나누었다. 모든 종교개혁 신학에서 창조 질서에 관한 관심이 중요한 특징임을 간과하고 현재의 논의만으로 결론지어서는 안 된다. 개혁자들의 하나님은 역사를 인도하시며, "그의 손으로 하시는 일"에 진실하시며, 창조 세계 안에서 당신의 목적에 신실하신 분이다.

루터, 츠빙글리, 멜랑히톤의 창조신학의 일반적 특징들에 대한 간략한 연구는 이들의 공통된 관심을 보여 줄 것이며, 칼빈에 의해 강조되었던 특징들과의 비교에 활용될 수 있을 것이다.

칼빈과 이전의 전통과 동일하게, 루터는 타락이 창조 질서의 이해에 결정적임을 주장했다. 루터는 인간과 창조 사이의 관계를 우주에 대한 죄의 영향을 강조함으로써 설명했다.

루터는 타락 전의 세계는 완전함과 조화로 특징지어진다고 주장했다. 원래의 창조 세계는 오늘날 우리가 보는 세계와는 달리 공기는 더 맑았고 태양의 빛은 더 밝았으며 모든 식물은 풍성했다. 해로운 해충과 사나운 짐승들은 존재하지 않았으며, 아담과 하와는 자연과 완전한 조화 속에서 살았다.[1]

루터는 그들의 완전함을 하나님, 사회, 자연에 대한 완전한 지식의 관점에서 규명했다. 아담은 완전한 철학자, 법학자, "의사"(medicus)였다고 루터는 설명했다. 아담이 하나님을 알았던 것같이, 아담은 그가 다스리는 자연에 대한 완전하고 즉각적인 지식을 소유했다. 또한, 그는 사회를 어떻게 구성해야 하는지, 인간관계를 어떻게 다스려야 하는지에 대한 완전한 지식을 소유하고 있었다.[2]

루터에 따르면, 아담과 하와 안에 창조된 하나님의 형상은 그들이 창조 세계를 이해하고 자연 안에서 하나님의 계시를 통해 그분을 아는 것이 가

---

1 Luther, Lectures on Genesis 1:26, 3:17; WA 42.50.35, 153.5-35. 이 주제에 관한 이전의 해설은 다음을 참조하라. Arnold Williams, *The Common Expositor: An Account of the Commentaries on Genesis*.
2 Herbert Olsson, *Schöpfung, Vernunft und Gesetz in Luthers Theologie* (Uppsala: Appelbergs Boktryckeri, 1971), 256-269.

능하도록 했다. 하나님은 말씀(창세기 2:16에서 주신 율법)과 자연 현상을 통해 자신을 드러내신다고 루터는 주장했다. 하나님에 대한 지식과 자연에 대한 지식은 불가분의 관계에 있었다.

> 창조 세계에 대한 모든 지식은 반드시 하나님에 대한 지식을 뒤따른다. 하나님에 대한 지식이 완전한 곳에는 하위의 다른 영역의 지식 역시 필연적으로 완전하다.[3]

이 조화와 기쁨의 상태는 타락으로 인해 극적으로 변했다. 인간들은 원래의 하나님 형상을 잃었을 뿐만 아니라 창조 세계에 대한 지식도 잃어버렸다. 그들이 타락하기 전에는 자연을 지배했지만, 지금은 그것의 흔적만 남아 있다.

루터는 현재 인간은 충성의 대상을 하나님에게서 피조세계로 옮겼다고 주장한다. 타락한 남자들과 여자들은 하나님 한 분보다는 자신과 피조물을 더 신뢰한다. 인류는 창조 세계를 통해 하나님에 대한 지식을 더 이상 발견할 수 없다. 오히려 그들은 창조 세계 자체를 경배하고 의지한다.[4]

루터는 로마서와 창세기의 전통적 주해와 일관된 방식을 사용하여 아담의 죄가 자연에 대한 점진적 부패의 결과를 가져왔다고 설명했다. 세상 안으로 죄가 들어온 후 땅은 저주받았으며 식물들은 열매를 맺지 않게 되었다. 가시, 엉겅퀴, 해충이 나타났으며, 동물들은 사나워졌다. "심지어 해와 달은 마치 상복을 입은 것처럼 보인다."[5]

죄가 더해짐에 따라, 하나님의 지속적 처벌이 땅에 대한 원래의 저주에 더해지면서, 자연은 장시간 지속적으로 악화되었다. 루터는 홍수 후에 산

---

3 Luther, Lectures on Genesis 3:1, WA 42.50.35ff. Cf. WA 42.90.10-30. 106.5-35.
4 Luther, Comm. on Romans, WA 56.372.3.
5 Luther, Lectures on Genesis 2:8, WA 42.68.35.

이 생겨났으며, 산을 죄에 대한 하나님의 처벌의 표시라고 믿었다.[6] 그에 따르면, 지금의 피조물들은 신적 분노의 "설교" 또는 설교자가 되었다. 그러나 이성과 지각에 대한 죄의 영향력 때문에, 우리는 이 분노의 설교를 이해할 수 없다.[7]

마저리 니콜슨(Marjorie Nicolson)과 조지 윌리엄스(George Williams)는 창조 세계에 대한 저주와 자연의 지속적 부패에 대한 루터의 진술들을 분석했다.[8] 그러나 루터 사상의 이런 측면이 하나님의 선하심, 사랑, 능력이 여전

---

[6] Marjorie Nicolson, *Mountain Gloom and Mountain Glory* (Ithaca: Cornell U. Press. 1959), 100-104.

[7] Luther, Lectures on Genesis 3:18, WA 42.156.5ff.

[8] Nicolson, *Mountain Gloom and Mountain Glory*, 96-104; George H. Williams. "Christian Attitudes Toward Nature," *Christian Scholars Review* 2/1 (Fall 1971):3-35 and 2/2 (Spring 1972):112-126. 니콜슨과 윌리엄스 두 사람은 창조 세계의 저주에 관한 칼빈의 주장을 완화시킨다. 루터와 비교해 볼 때, 칼빈은 자연에 대해 더 긍정적인 견해를 가지고 있었다고 그들은 주장한다. 니콜슨은 지구가 원래의 형태가 아님을 칼빈이 알고 있었다고 인정하지만, 자연이 인간의 죄를 반영한다는 칼빈의 생각은 거부한다. 윌리엄스는 아우구스티누스와 칼빈의 더 긍정적인 견해들을 크리소스토무스와 루터의 부정적인 견해와 대조한다. 니콜슨과 윌리엄스는 창세기 2:20에 관한 칼빈의 해석을 인용한다. "그럼에도 그것은 태초에 창조되었던 바로 그 땅임을 나는 말하지 않을 수 없다."
그러나 두 저자는 칼빈의 진술을 문맥에서 벗어나게 한다. 창세기 2:10의 낙원의 지형을 언급하면서, 칼빈은 문제와 마주하게 된다. "유프라테스와 티그리스의 수원지들은 서로 멀리 떨어진 것처럼 보인다. 어떤 사람은 지구의 표면이 폭우의 파괴로 인해 바뀌었다고 말함으로써 이 문제에서 벗어나려 한다. 강들의 경로는 어지럽게 되어 바뀌었기에, 그것들의 수원지들은 다른 어딘가로 이동되었다고 상상할 수 있다. 그러나 이런 해결책은 결코 용납될 수 없다. 지구가 저주받은 시간 이후 원래의 아름다움이 끔찍한 오염의 상태와 저주받은 상태로 바뀌었고, 그 후에도 폭우로 인해 많은 지역이 초토화되었음을 나는 인정한다. 그럼에도 그것은 태초에 창조되었던 동일한 지구였음을 나는 말한다." (CO 23:40) 니콜슨과 윌리엄스에 의해 인용된 진술에서, 칼빈은 단지 지구의 지형을 언급하고 있는 것이며, 타락 후 지구의 속성 또는 외형을 언급하는 것은 아니다. 비록 지구의 지형은 그대로 남아 있는 것이 사실이지만, 자연 그 자체는 인간의 죄를 반영한다.
이 연구의 첫 번째 장이 보여 준 것처럼, 칼빈은 루터처럼 지구가 죄로 인한 무질서로 저주받았다고 믿었다. 우주의 아름다움은 지속되었지만, 죄의 저주는 자연을 통해 전파되었다. 우주의 아름다움은 여전히 하나님의 속성을 드러내지만, 타락은 이 변화된 "하나님의 영광의 극장" 안에 지금 드러나고 있다. 더욱이 니콜슨이 창세기 3:18에 관한 칼빈의 해석을 인용한 부분에서, 칼빈에 관한 그의 논지는 모순되는 것처럼 보인다. 여기에서 칼빈은 인간 악의 증가로 하나님의 남아 있는 복들이 점차적으로 감소되

히 창조 세계 안에 비추고 있다는 그의 믿음에 그늘을 드리우게 해서는 안 된다. 하인리히 본캄(Heinrich Bornkamm)과 베르너 엘레르트(Werner Elert)는 자연 안에서 하나님의 위대하고 놀라운 일들에 관한 루터의 많은 진술과 자연의 형상에 대한 루터의 광범위한 사용을 연구했다.[9]

루터는 하나님이 말씀을 통해 모든 피조물을 존재하게 하셨고, 하나님은 지금 모든 창조 세계를 계속 유지하고 보존하며 통치하고 일하신다고 믿었다. 루터는 자신을 종종 범신론자처럼 보이게 할 정도로, 모든 나뭇잎, 바위, 나무, 동물, 구름, 그리고 창조 세계의 영역 안에서 하나님의 현존을 칼빈보다 훨씬 더 극적으로 강조했다.

루터는 모든 피조물을 하나님이 그 아래에 자신을 숨겨 일하시는 "가면"(larvae)이라고 주장했다. 인간들은 벌거벗은 하나님(Deus nudus)을 알 수 없다. 그들은 하나님의 일과 그분의 말씀 안에서만 하나님을 발견할 수 있다.[10]

루터와 칼빈은 피조물을 이해하기 위해서는 하나님과 바른 관계 안에 있어야 한다고 주장한다. 타락 후 인간은 자연을 바라보며 하나님의 자비나 분노를 이해할 수 없다. 구원받지 못한 마음이 자연에서 하나님을 찾으면 오히려 우상 숭배의 결과로 이어진다. 오직 하나님과 바른 관계 안에 있는 자들만이 창조 세계 안에서 하나님의 일을 공부하고, 묵상하며, 찾아낼 수 있다.

더욱이 이 발견은 하나님의 일들을 현재 우리에게 설명해 주는 하나님의 말씀을 필요로 한다. 비록 타락한 인간이 양심, 자연법의 지식, 사회를 조정하는 능력을 보유하고 있지만, 타락 이전 세계의 특징적 모습인 하나

고 손상된다는 것에 동의했다. 칼빈은 낮시 시간이 계속됨으로 말미암는 지구의 "닳진"(exhaustion) 이론을 거부했다.

9 Heinrich Bornkamm, *Luther and the Old Testament*, tr. Eric and Ruth Gritsch (Philadelphia: Fortress, 1969), 57-64; idem, *Luther's World of Thought*, tr. H. Bertram (St. Louis: Concordia, 1965), 431-462. Werner Elert, *The Structure of Lutheranism*, 2 vols., tr. Walter A. Hansen (St. Louis: Concordia, 1962), 1:431-462.

10 Herbert Olsson, *Schöpfung, Vernunft und Gesetz in Luthers Theologie*, 369-375, 393-397.

님, 자연, 사회에 대한 완벽하고 즉각적인 지식은 잃어버렸다. 인류는 지금 하나님의 말씀에 반응하며 믿음 안에서 일한다.[11]

츠빙글리의 자연에 대한 논의는 루터와 칼빈보다 다소 덜 광범위하다. 그럼에도 섭리교리, 우주의 영역, 자연적 이성과 이방인들의 지혜의 기능에 적극적인 관심을 나타냈다. 지면의 제약으로 인해 그의 설교『섭리에 관하여』(De providentia)에서 발견되는 섭리와 이차적 원인에 대한 진술들만 논하고자 한다.

츠빙글리는 섭리에 관한 논의를 통해 세상이 존재할 수 있도록 지지하고 보존하며 아주 가까이에서 모든 피조물을 다스리시는, 세상에 아주 가까이 계신 하나님을 묘사한다. 하나님은 결코 중단하거나 쉬거나 능력이 약해지지 않고 계속 움직이며 모든 피조물을 이끄신다.

더욱이 츠빙글리의 우주는 이런 하나님을 필요로 한다. 혼돈에 의해 위협받는 취약한 우주에 대한 칼빈의 묘사는 츠빙글리에 의해 예상되었다. 그러나 츠빙글리는 자연과 하나님에 대한 고대의 일치에 더 공감한다. 츠빙글리는 자연의 힘을 사실상 하나님이라고 보는 플리니(Pliny)의 진술을 옹호하면서 다음과 같이 주장한다.

> 플리니가 자연이라고 부르는 것을 우리는 신이라 부른다.
> 이런 광대한 힘을 가진 자연은 무엇인가?
> 무신론 철학자들의 습관을 따라 그는 개별적인 각각의 자연을 말하는가?
> 누가 매우 다른 사물들 사이의 조화와 평화를 이룰 수 있는가?
> 누가 사물들이 무질서한 혼돈 속으로 떨어지는 것을 막을 수 있는가?
> 특히, 사람들뿐 아니라 구성 요소들 역시 서로에게 너무 배타적이어서, 중립적 조정관을 통해서도 조화를 이룰 수 없다. 예를 들면 당신은 불과 물이

---

11 Bornkamm, *Luther and the Old Testament*, 60ff. See also WA 38.53.15ff., WA 31.1.407.28ff., WA 31.1.447.15ff.

함께 작동하도록 하지는 못할 것이다. 플리니가 자연을 개별적인 자연적 특성을 의미하는 것으로 보았을 때, 모든 것이 혼돈 속으로 빠짐을 우리는 볼 수 있다. 모든 것은 반대 성향의 것에 대해 아주 배타적이어서, 외부의 힘 없이는 그 어떤 것도 존재하지 못한다. …
심지어 원래의 요소들은 본질적으로 스스로 결합하여 하나가 될 수 없다. … 두 개의 물질이 결합하여 제3의 물질이 나타날 수 없다. 왜냐하면, 물질들의 속성들이 너무나 배타적이어서 외부의 어떤 강한 힘이 아니고서는 서로 다른 것을 받아들일 수 없기 때문이다. 플리니는 물질을 움직이고 결합하며 분리하는 힘을 자연으로 이해한 것처럼 보인다.
그 힘이 하나님이 아니면 무엇인가?[12]

츠빙글리는 창조 세계에 대한 하나님의 직접 다스림을 강조했기에 이차적 인과관계의 실제와 기능은 잃어버리게 되었다.

이차적 인과관계는 적합한 원인으로 불리지 않는다.[13]

츠빙글리는 모든 것에 대한 단 하나의 유일한 원인만이 존재하기 때문에, 모든 다른 수단과 도구는 단지 환유(metonymy, 역자주-어떤 낱말 대신에 그것을 연상시키는 다른 낱말을 쓰는 비유)로 불린다고 보았다.

---

12 Zwingli, *De providentia* CR 93 (*Huldreich Zwinglis sämtliche Werke*) VI:83–97. English translation: Zwingli, *On Providence and Other Essays*, tr., Samuel Macauley Jackson (Durham, NC: Labyrinth, 1983), 146–147.
13 Zwingli. *De providentia,* CR 93:83: "Causas secundas iniuria causas vocari; quod methodus est ad providentiae cognitionem." See also CR 93:111. 섭리와 지리적 주장에 관한 츠빙글리의 논문에 대한 철저한 논의는 다음을 참조하라. Manfred Büttner. *Die Geographia generalis vor Varenius* (Weisbaden: Franz Steiner. 1973), pp_85–113; idem, *Regiert Gott die Welt?* (Stuttgart: Calwer Verlag, 1975), 23ff.

다른 것들은 진정한 원인이 아니기 때문에 최고 주권자만이 진정한 지배자 또는 기능공의 망치가 될 수 있다. 하나님은 자연 안에서 유일한 유효한 힘이다.

> 태양과 별들은 하나님께만 속한다. 그분은 별들 안에 계신다. 오히려 별들이 하나님 안에 있다고 볼 수 있다. 별들은 자신의 본질, 능력, 활동이 아니라 하나님의 것을 지닌다.[14]

츠빙글리는 하나님이 천사를 포함한 창조 세계를 그의 "도구"로 사용하심을 인정하지만, 진정한 원인은 오직 하나님뿐이라고 강조한다.[15]

츠빙글리는 하나님이 직접 다스리고 유지하시는 우주는 그분을 필요로 한다고 주장한다. 하나님이 세상을 창조하신 것과 같이, 세상은 "하나님 안에 그리고 하나님에 의해" 유지된다. 만약 하나님의 존재가 사라진다면, "모든 물질, 육체, 별, 땅, 바다, 간단히 말해 우주의 모든 구조는 순식간에 붕괴되어 무로 떨어질 것이다."[16]

츠빙글리는 우주 안에 있는 어떤 것도 이 신적 섭리에서 벗어나거나 피해 갈 수 없다고 주장한다. 신적 속성들이 모든 것을 포괄하는 섭리의 능력을 보증한다. 만약 하나님의 지식 또는 능력에서 벗어난 것이 있다고 주장한다면, 하나님은 전지전능한 분이 되지 못할 것이다.[17] 가난, 질병, 무

---

14   Zwingli, *De providentia* CR 93:112, Jackson transl., 156.
15   Zwingli, *De providentia*, CR 93:111-115. 츠빙글리는 모든 것이 음식, 공기, 태양, 물의 요소들에 의해 보존된다고 주장한다. 그런데도 이런 것들은 본질상 "생명 없이" 하나님에 의해 사용된다. 그래서 이것들은 원인이라기보다는 도구로 불리는 것이 훨씬 더 타당하다. "덧붙여 말한다면, 신적 도구들은 원래 영혼을 가지고 있지 않지만, 그것들을 통해 그리고 그것들로부터 하나님의 은혜와 먹을 것이 주어진다. 따라서 우리는 그것들을 최초의 원인이라기보다는 도구라고 부른다." 113.
16   Zwingli, *De providentia*, CR 93:99.
17   Ibid. CR 93:224.

자녀, 모든 사건도 하나님의 섭리 결과로 보아야 한다.

츠빙글리는 모든 사건의 원인으로서의 섭리에 대한 바른 인식은 불행의 한가운데에서 성도들을 위로한다고 주장한다.[18] 모든 사건이 섭리에서 비롯되었음을 아는 것은 성도가 세상의 사건들을 하나님의 관점으로 바라볼 수 있게 한다.

> 우리가 습관적으로 운명이라 부르는 것들은 너무 변동이 심하고 불안정하여 고정되어 있지 않지만, 만약 우리가 마음의 균형을 잃지 않고, 우리의 모든 노력을 유지하여 그것들에 휩쓸리지 않는다면 … 이런 불행에서 우리를 강하게 하고 섭리를 바라보게 하는 것은 무엇인가?
> 섭리는 '담대한 마음을 지닌 사람에게 발생한 일이 우연이 아님을 깨닫게 한다. 그 일들은 일어났어야 했다. 만약 그렇지 않았다면, 그 일들은 일어나지 않았을 것'이다.[19]

츠빙글리와 칼빈 사이에는 많은 차이점이 있지만, 그들은 우주, 강한 섭리교리의 필요성, 그리고 모든 사건을 하나님께 돌림으로써 믿는 자들이 위안을 얻을 것이라는 확신은 공통적으로 지니고 있었다.

섭리와 자연 질서에 관한 적극적이고 지속적인 관심을 보여 준 세 번째 개혁자는 필립 멜랑히톤이다. 칼빈과 동일하게 멜랑히톤은 쾌락주의와 스토아주의 철학자들의 재유행에 반대하여 하나님과 창조 세계의 관계에 대한 자신의 견해를 피력했다. 멜랑히톤은 우연과 행운의 쾌락주의 개념들에 반대하면서 자연의 질서 있는 규칙성을 제시했다. 멜랑히톤은 하나님이 우주와 사회에서 질서를 창조하시고 유지하시는 질서 있는 분이라고 주장한다.[20]

---

18 Ibid.
19 Ibid., Jackson transl. 229.
20 Rolf Bernard Huschke, *Melanchthons Lehre vom Ordo politicus* (Gütersloh: Gerd Mohn.

멜랑히톤은 "자연 안의 물질에서 발생하는 영속적 질서는 불가능하다고 보았다. … 그러므로 자연은 우연에 의해 존재하게 된 것이 아니라 질서를 이해하는 어떤 마음에서 발생했다."[21] 멜랑히톤은 스토아주의에 반대해, 하나님은 모든 존재 가운데 가장 자유로우시며 이차적 인과관계의 영역에서 독립적인 분이라고 주장한다. 하나님은 세상에 대해 초월하시지만, 세상 안의 질서는 섭리로 다스리신다.[22]

멜랑히톤은 타락 후 인간 본성의 지속적 기능과 제한된 온전성에 대해 큰 관심을 가지고 있었다. 그는 타락에 따른 죄악 된 본성에 대한 개신교의 강조가 인간을 소극적으로 만든다는 비판을 민감하게 인식했고, 비록 타락 이후 인간은 약하게 되었지만, 이 땅의 영역에서 놀랍게 기능하고 있는 의지와 자연적 이성 또는 "자연적 빛"을 여전히 보유하고 있다고 주장한다.[23]

1960) 휴쉬케(Huschke)는 멜랑히톤의 글에서 발견되는 질서의 개념에 대한 진술들과 다른 의미들을 열거한다. 질서의 개념은 특히 다음 논문들 안에서 중요하다. *Initia doctrinae physicae* and *Loci praecipui theologici*, 1559.

21 Melanchthon, *Loci praecipui theologici*, 1559, MW II/I:220-221. On Melanchthon's doctrine of providence see also Büttner, *Regiert Gott die Welt?*, 50ff.; idem, *Die Geographia generalis vor Varenius*, 113ff.

22 *Loci praecipui theologici*, 1559, MW II/:215-219, 222. 창조에 대한 주제는 『논제들』(*Loci*)의 이어지는 판들에서 점진적으로 중요해졌다. 1521년 판에서, 멜라노몬(Melanomon)은 성 바울을 따를 것이며 "하나님", "하나님의 일치와 삼위일체", "창조의 신비"와 같은 주제들에 관한 사변은 거부할 것이라고 주장했다. 1535년 판에서 그가 전에 "스콜라 철학적"이라고 분류한 이와 같은 주제들을 논의했다. 그는 무로부터의 창조(*creatio ex nihilo*)교리와 하나님에 의한 세상의 영속적 유지와 보존을 가르쳤다. 그는 쾌락주의자들을 무신론자들이라고 불렀다. 왜냐하면, 그들은 창조 안에서 하나님의 흔적에 대한 연구로 그들을 이끄는 자연철학을 타락시켰기 때문이다.

1543년부터 『창조에 관하여』(*De creatione*)라는 책의 내용은 스토아주의와 쾌락주의에 반대하는 논쟁으로 구성되었다. 멜랑히톤은 스토아 철학에 반대해 하나님이 이차적 인과관계에 독립적인 자유로운 대리자(agent)로 남아 계심을 주장했다. 쾌락주의자들에 반대해, 멜랑히톤은 우연이나 물질에서 질서가 생겨날 수 있다는 주장은 가능하지 않다고 보았다.

23 Melanchthon, *Loci praecipui theologici*, 1559, MWII/1:238, 313ff.; *Liber de anima* CR 13:150; *Initia doctrinae physicae*, CR 13:181. See also. *Erotemata dialectica*, CR 13:649;

멜랑히톤은 이 자연적 빛과 마음에 있는 "지식"(notitiae)이 학문에서 확신의 근거가 되며 자연법, 도덕, 측량, 질서, 수 등에 관한 사람의 타고난 지식에서 명백히 드러난다고 주장한다.

> 자연법(lex naturae)은 창조 질서의 한 부분이다. 자연적 이성은 자연법의 내용을 잘 인식하고 그 가르침과 일치하도록 인간관계에 질서를 부여한다.[24]

멜랑히톤은 사람이 창조 세계 안에서 신적 속성을 분별할 수 있도록 하나님이 자연적 빛을 창조하셨다고 보았다. 세상은 "쇠락해 가지만" 세상을 잠식하는 쇠락이 창조 세계가 하나님의 증거가 되는 것을 막지 못한다.[25]

하나님은 그분의 속성의 흔적들을 창조 세계 안에 새기셨다. 이 하나님의 흔적(vestigia Dei)은 자연 안에서 질서로 구성되며, 하나님의 존재를 증거하는 기능을 한다. 날, 계절, 연(年), 별, 심지어 출산과 정부 역시 하나님의 질서의 증거들이며 연구와 관상(contemplation)의 대상이 된다.[26]

자연적 이성은 물리 또는 자연철학의 연구에 적합하다. 이 학문들은 자연 안에 새겨져 있는 질서를 연구한다. 천문학, 의학, 산수, 기하학은 창조 세계 안에 있는 하나님의 지혜를 고찰하기 위해 디자인된 하나님의 선물들이다.

위의 연구는 칼빈의 동료 개혁자들이 많은 점에서 칼빈의 창조론에 동의했음을 보여 준다. 우주에서 죄의 급격한 영향, 우주의 연약함, 섭리에 대한 바른 교리의 필요성, 창조 세계와 인간 이성에 남아 있는 온전성, 그

Scholia Epistulam Pauli ad Colossenses, MW IV:230ff.
24 On Melanchthon's doctrine of natural law see Bauer, "Melanchthons Naturrechtslehre."
25 Robert Stupperich, "The Development of Melanchthon's Theological-Philosophical World-View," *Lutheran World* 7 (1960):168-180. See also *Loci praecipui theologici*, 1559, MW II/1:214ff.; *De astronomia et geographia*, CR 11:292,297; *Initia doctrinae physicae* CR 13:189.
26 Melanchthon, *Loci praecipui theologici*, 1559, MW II/I:221-223. See also: *Oratio de Aristotele*, MW III:133-134; *Initia doctrinae physicae*, CR 13:181,189,198.

리고 자연 질서와 아름다움에서 드러나는 하나님의 계시 등은 16세기 종교개혁 신학에 나타난 주제들이다.

이 연구는 어떤 관심들이 창조 세계에 대한 칼빈의 이해를 지배하는지 그리고 그의 사상 안에서 창조 질서가 신학적으로 어떻게 기능하는지를 보여주기 위해 시도되었다.

칼빈 신학의 연구자들은 칼빈이 사도레토(Sadoleto)에 반대해 기독교인의 주된 관심이 개인의 영혼 구원이 아니라 하나님의 영광이 되어야 한다는 그의 주장을 결코 망각해서는 안 된다고 보았다.[27] 칼빈의 사상에서 죄의 심각성, 믿음에 의한 칭의, 그리고 구원의 확실성을 축소함 없이, 하나님의 영광이 개인을 넘어 확장되며 창조 세계의 모든 측면을 포괄한다는 것을 칼빈이 알고 있었음을 반드시 기억해야 한다.

하나님은 세상을 그분의 영광의 극장으로 창조하셨다. 비록 인간은 창조의 머리지만 인간이 창조 세계의 전부는 결코 아니다. 별들의 질서 있는 경로에서부터 정부의 제한적 안정성까지, 하나님의 속성과 영광은 창조 세계의 모든 부분에서 드러난다. '세상'이 어둠의 영역이 되었다는 것은 창조 세계가 하나님의 거울과 극장이라는 하나님의 목적이 뒤집혔다는 것을 의미하기에 교회에 맞지 않는 주장이다.

이 땅의 영역에 대한 참여를 거부하는 것과 자연에 대한 사색을 게을리하는 것은 하나님의 창조 질서에 대한 그분의 헌신, 목적, 다스림을 이해하는 것에서 실패한 것이다.

마지막으로, 칼빈의 전망을 인간 본성의 전적 부패, 믿음에 의한 칭의, 그리고 자연의 비판적 기능에 제한하는 것은 칼빈이 그의 글에서 거부했던 사고방식을 그에게 강요하는 것과 같다. 칼빈은 인류가 하나님의 권능, 지혜, 영광을 드러내고 반영하는 창조 세계의 질서에 속해 있다고 보았다.

---

27 Letter to Sadoleto, CO 5:368.

모든 피조물이 하나님의 자연과 그분의 목적에 관한 칼빈의 이해에 중요한 역할을 한다.

우리가 살펴보았듯이, 칼빈의 진술에서 자연의 영역에 관한 주제의 반복을 통해 창조의 모든 것을 포괄하는 전망에 대한 표현을 찾을 수 있다. 그의 모든 논의의 중심은 창조 세계 안에서 질서가 계속된다는 경이로움이다. 죄는 아름답지만 깨어지기 쉬운 창조 세계를 전멸시키지 않았다.

태양과 별들은 여전히 지구 주변에서 질서 있게 운행되고, 물은 (일반적으로) 자신의 경계 안에 머물러 있고, 지구는 자신의 자리에 매달려 있다. 도시와 정부는 계속 존속되며 인류의 생존을 위해 필요한 질서와 정의는 유지되고 있다.

칼빈은 자연의 질서, 안정, 지속은 그 자체로 충분하지 않다고 보았다. 이 실재들은 하나님의 능력, 불변, 신실함, 신뢰 등을 보여 준다. 하나님의 능력 있는 굴레의 억제가 없다면, 격노한 물이 해변을 덮치는 것처럼, 마귀와 그의 군대가 사회를 장악할 것이다. 결론적으로 자연의 생존과 지속은 창조 세계를 향한 하나님의 속성과 헌신을 보여 준다.

또한, 칼빈은 인간 본성의 지속을 의식하고 있었다. 사람들은 인간으로 남았고, 그들을 짐승들과 구분하는 의지와 이성을 소유하고 있다. 타락 후 이성과 의지는 죄, 은혜, 사회의 보존 안에서 활발하게 남아 있다.

"하나님 앞에서" 인간 본성은 전적으로 부패했으나, 악의 의지적 근원이 타락한 영혼에 남아 있는 자연적 선물들을 못 보도록 인간을 눈멀게 하지 않았다. 이것은 칼빈의 타협하지 않는 주장이었다. 질서를 향한 통찰, 자연법, 자연의 명령, 학문과 과학, 시민 삶의 보존 등은 인간 본성이 이 땅의 영역에서 계속 능력 있게 기능하고 있다는 증거이다.

칼빈은 하나님이 모든 지식의 기원이기 때문에, 이방인들의 지혜는 자연의 연구와 사회를 다스리기 위한 도움으로 정당하게 평가될 수 있다고 믿었다.

칼빈은 이 땅의 영역 안에서 인간에게 남아 있는 온전히 기능하는 자연적 선물들을 인식했을 뿐 아니라, 이 낮은 영역은 신자들이 활동해야 하는 알맞은 영역이라고 주장한다.

기독교인들은 그들의 마음을 그리스도께 드려야 하지만, 모든 자연적 지식을 십자가에 못 박지 않았다. 그런 후 그들은 세상 안에서 그들의 지식을 사용한다. 미래의 삶에 대한 묵상이나 칼빈 사상의 "영적 경향성"은 그를 자연 질서에서 분리주의로 이끌지 않았다. 신자들은 그들이 소명을 받은 대로 적극적으로 활동한다. 더욱이 창조 세계는 필요뿐 아니라 "기쁨과 즐거움을 위해" 사용되어야 한다.

> 풀, 나무, 과일은 그것의 다양한 용도 이외에, 모양의 아름다움과 향기의 즐거움을 지니고 있다. 그렇지 않다면 선지자는 이것들을 하나님이 주신 혜택 가운데 하나로 헤아리지 못했을 것이다.
> "사람의 마음을 기쁘게 하는 포도주와 삶을 윤택하게 하는 기름과 …" 주님이 우리 눈을 사로잡는 놀라운 아름다움으로 꽃들을 옷 입히지 않으시고, 우리의 후각에 퍼지는 달콤한 향기를 꽃들에 주시지 않았다면, 우리의 눈이 그 아름다움에 사로잡히거나 그 향기의 달콤함에 우리의 후각이 끌릴 수 있을까?
> 주님께서 그 빛깔들을 다른 색보다 더 사랑스럽게 구별하지 않으셨던가?
> 주님께서 금, 은, 상아, 대리석을 다른 금속이나 돌보다 더 값지게 하는 사랑스러움을 부여하지 않으셨던가?
> 요컨대, 주님께서 많은 것을 필요한 용도 이외의 다른 것으로 우리가 보기에 더욱 매력적으로 만들지 않으셨던가?[28]

---

[28] *Inst.* III.10.2. See also Comm. on Gen. 4:20, CO 23:99-100.

칼빈은 창조의 영역을 기독교인들이 바르게 즐길 수 있을 뿐 아니라, 그 안에서 행하고, 공부하고, 많은 재능과 능력을 행사할 수 있는 정당한 영역이라고 믿었다. 교회는 교인들을 하나님이 창조하신 세상에서 멀리 떨어져 있게 하려고 그들을 부른 것이 아니다.

이 모든 가르침은 하나님이 여전히 그의 창조 세계에 대해 진실하시며 그분이 하시는 일을 통해 계속 기쁨을 가지신다는 확신에 근거한다. 칼빈의 신학은 역사를 구원(salvation-history)하는 신학이다.

기독교는 창조와 함께 시작하고, 하나님과 이스라엘 사이의 언약 이야기이며, 모든 사람을 포괄하는 그리스도 안에서의 언약의 갱신이다. 하나님은 우주와 인간의 역사 안에서 그분의 피조물을 다스리신다. 이처럼 칼빈의 하나님은 택한 자들의 구원을 확보하실 뿐 아니라 그분의 피조물의 모든 측면을 되찾으신다.

비록 칼빈은 시간의 마지막에 관해 사변적으로 생각하는 것을 좋아하지 않았지만, 마지막 심판의 불은 우주를 "정화할 것"이지 파괴하지는 않을 것이라고 주장한다. 결론적으로, 우리의 몸과 창조 세계의 동일한 물질은 남아 있을 것이며 회복될 것이라고 주장한다. 칼빈은 믿음 안에서 인간 본성의 원초적인 모든 것은 성화의 과정을 통해 남아 있게 될 것이라고 표현한다. 칼빈은 자연의 지속을 거부하는 것은 마니교도가 되는 것과 같다고 보았다.

마지막으로, 인간 본성의 점진적 회복은 "자연신학"(natural theology)에 관한 칼빈의 다양한 진술 안에 전제되었다. 인간의 영혼이 점진적으로 하나님의 형상의 특성인 원래의 질서로 회복되는 (그리고 훨씬 능가하는) 것처럼, 신자들은 원래 의도된 활동으로 되돌아간다. 그것은 자연의 책에 쓰인 눈에 보이는 세상의 장엄함에서 드러나는 하나님의 계시를 보는 것이다. 죄로 인해 야기된 인식의 단절이 성령과 성경을 통해 치료되기 때문에, 자연은 신적 영광의 거울, 그림, 극장으로서의 계시적 기능을 되찾는다.

그런데도 신자들에게 남아 있는 죄성과 세상의 불완전함은 이 마지막 회복의 완전성을 여전히 제한한다. 그래서 성경의 굴레를 통해 마음에 울타리를 계속 쳐야 한다. 그리고 자연은 죄로 말미암아 야기된 무질서로 여전히 고통을 당하고 있다.

"기독교 자연신학"의 주된 문제는 바르트와 브루너 사이에서 논쟁이 된 "접촉점"이 아니다. 칼빈은 성령과 성경의 사역이 죄의 지적 영향을 바로잡아 신자를 성경의 경계 안에 머무르게 한다고 강조한다. 대부분의 칼빈 연구자들은 브루너, 토렌스, 글뢰에, 두이, 파커 등에 동의하여 칼빈이 자연에 대한 경건한 관상을 허용한다고 본다.[29]

그러나 문제는 구속이 자연과 역사에서 질서를 아직 회복하지 않았다는 칼빈의 진술이다. 신도들은 인간의 죄로 말미암아 야기된 혼란과 부패로 고통당하는 자연을 바라보면서 하나님의 손길을 묵상할 수 있다.

칼빈은 욥기서 설교에서, 역사의 영역에 남아 있는 무질서가 현재 시간에서 섭리를 경험적 실제로 항상 인식할 수 없게 막는 "구름"과 같은 역할을 한다고 설명한다. 그런데도 칼빈은 섭리가 하나님의 영광, 능력, 지혜, 선하심의 현재 경험적 계시로서의 자연을 보전한다고 믿는다. 타락 후 무질서의 침투에도 불구하고 하나님은 그분의 창조 세계에 대해 신실하게 남아 계시며, 창조 세계는 하나님의 속성을 반영한다.

> 비록 하나님의 복이 주님의 속죄만큼 순수하고 분명하게 인간에게 드러나지 않지만, 창조 세계는 그 자체로 존재하고 있기에, 다윗은 "이 땅은 하나님의 자비로 가득 차 있습니다"라고 진심으로 노래했다.[30]

---

29 Brunner, *Nature and Grace*; Torrance, *Calvin's Doctrine of Man*; Gloede, *Theologia naturalis bei Calvin*; Dowey, *The Knowledge of God in Calvin's Theology*; Parker, *The Doctrine of the Knowledge of God in Calvin's Theology* (Grand Rapids: Eerdmans, 1959), 49.

30 Comm. on Gen. 3:17, CO 23:73.

우리가 살펴본 것처럼, 칼빈은 이 창조 세계가 기독교인의 활동 무대와 관상의 영역으로 기능 한다고 믿는다. 칼빈에게 구원의 필요는 신자들이 자신의 상황만을 분석하도록 내버려 두지 않는다. 믿음에 의한 칭의와 예정은 신자들의 힘이 바깥세상으로 표출되도록 이끈다.

　그리스도와의 연합을 통해 경험된 구원의 확신은 기독교인들이 창조 세계 안에서 그들을 둘러싸고 있는 자연의 책을 바라보도록 할 뿐 아니라 마귀와 싸우도록 한다. 기독교인들은 사회 질서를 바로잡고, 교회를 세우며, 사탄과 싸우고, 자연을 연구하는 데 적극적이어야 한다. 왜냐하면, 이 세상이 구원과 완성을 제공할 수 있기 때문이 아니라, 이런 활동이 하나님의 창조 질서 안에서 하나님의 영광을 드러내기 때문이다.

색인

ㄱ

가이우스(Gaius) 193, 194, 198, 201
가족주의자(Familists) 67
결정주의(determinism) 199
결혼 201, 227, 228
게르손(Jean Gerson) 127
공산주의 232
교황 레오(Leo) 10세 158
교회 33, 43, 46, 60, 67, 76, 92, 96, 99, 114, 119, 125, 133, 134, 137, 145, 192, 214, 217, 219, 221, 235, 239, 245, 261, 265, 270, 275, 276, 278, 283
구원 32, 40, 45, 60, 78, 112, 126, 134, 143, 167, 186, 217, 235, 245, 261, 264, 270, 272, 277, 281, 285, 296, 299, 301
궤변론자들(Sophists) 39, 63, 71, 75
그라티아누스(Gratian) 195, 198
그리스도 42, 43, 45, 120, 129, 133, 137, 139, 141, 144, 165, 166, 169, 170, 215, 217, 220, 238, 252, 253, 255, 258, 260, 271, 273, 275, 276, 278, 281, 298, 301
글뢰데(Gloede) 148, 223
금욕주의(asceticism) 33
기에르케(Otto von Gierke) 198
길슨(Gilson) 53

끌레르보의 버나드(Bernard of Clairvaux) 116

ㄴ

남은 부분(remnant) 149, 180, 187, 189, 190, 191, 192, 226
네프(Christian Neff) 160
니싸의 그레고리 116
니젤(Wilhelm Niesel) 71, 114, 148, 166, 172
니케아 회의 115
니콜슨(Marjorie Nicolson) 288

ㄷ

다니엘 141, 213
다소의 디오도르(Diodore of Tarsus) 44
다일리(Pierre d'Ailly) 60
다키아의 보에티우스(Boethius of Dacia) 55
데모크리투스(Democritus) 87
도나투스주의(Donatism) 245, 278
도덕법 195, 200, 226
도시국가(state) 194
돌렛(Etienne Dolet) 39, 74, 159, 163
동물 51, 82, 92, 95, 101, 156, 179, 188, 194, 197, 207, 209, 211, 213, 222, 248, 268, 287

두메르그(Emile Doumergue) 107
두헴(Pierre Duhem) 82

ㄹ

라블레(Francois Rabelais) 39, 65, 74, 159, 161, 163
라오디게아 회의 125
라이스윅의 헤르만(Herman of Rijswijk) 166
라테란 회의 117, 158
라트너(Joseph Ratner) 78
락탄티우스(Lactantius) 44, 75, 193
랑(August Lang) 204
레서프(August Lecerf) 107
로마의 에기디우스(Giles of Rome) 82
로욜라의 이그나티우스(Ignatius of Loyola) 127
로이주의자들(Loists) 166
로젠(Edward Rosen) 78, 79
로틴(Lottin) 198
롬바드(Peter Lombard) 95, 116, 177, 179, 261
루터 67, 75, 113, 128, 166, 183, 234, 235, 249, 263, 286, 288, 289
리라의 니콜라스(Nicholas of Lyra) 82
리츨(Albrecht Ritschl) 42
린하드(Marc Lienhard) 73, 74
릴의 앨런(Alan of Lille) 175

ㅁ

마니교(Manichees) 33, 50, 62, 130, 169, 278, 299
마르펙(Pilgram Marpeck) 249
마음 62, 76, 92, 120, 138, 150, 151, 154, 162, 173, 175, 180, 185, 188, 191, 201, 226, 234, 236, 237, 241, 251, 254, 256, 258, 260, 262, 264, 267, 272, 276, 280, 282, 289, 293, 295, 298, 300
마이모니데스(Maimonides) 57
마일스(Margaret Miles) 251
마허니(Edward Mahoney) 25
맥네일(John McNeill) 200
맥코우프(Michael McKeough) 53
메난드로스(Menander) 241
메이저(John Major) 199
멜랑히톤 77, 98, 102, 163, 170, 188, 205, 234, 236, 237, 241, 244, 286, 294, 293, 295
몸(body) 32, 88, 97, 101, 116, 117, 155, 157, 161, 163, 165, 167, 175, 187, 190, 245, 251, 253, 279, 283
뫼르베크의 윌리엄(William of Moerbeke) 172
무로부터의 창조(creatio ex nihilo) 32, 35, 44, 56, 59, 61, 166, 294
물 60, 81-91, 95, 214, 268
믿음 36, 49, 55, 64, 73, 82, 90, 102, 113, 136, 158, 170, 179, 188, 203, 217, 234, 245, 259, 261, 262, 264, 265, 266, 272, 283
밀너(Benjamin Charles Milner) 36
밀레투스의 탈레스(Thales of Miletus) 87

ㅂ

바르트(Barth) 71, 72, 148, 172, 186, 300
바빙크(Herman Bavinck) 210
바울 48, 128, 139, 182, 202, 237, 241, 249, 254, 266, 275
바질(Basil) 44, 84 88, 116, 119
발라(Lorenzo Valla) 75
발케(Willem Balke) 219, 270
배틀즈(Battles) 160, 161, 172
성 버나드 126, 178, 184
범신론(pantheism) 65, 69, 130, 163, 169, 285
베네딕트 12세 156
보나벤트라 55
보에티우스 153
보하텍(Josef Bohatec) 35, 42, 70, 72, 73, 98, 159, 184, 201, 205, 215, 216, 217, 225
본캄(Heinrich Bornkamm) 289
부데(Guillaume Budé) 64
부서(Martin Bucer) 74, 184
부쏜(Henri Busson) 39, 159, 163
부활 160, 165, 167, 190, 245, 247, 251, 252, 279
불멸 149, 152, 154, 156, 158, 159, 161, 164, 167, 171, 174
브라방의 시거(Siger of Brabant) 54, 154
브루너(Emil Brunner) 148, 150, 186, 205, 266, 300
빌라노바누스(Arnaldus Villanovanus) 74, 159

ㅅ

사도레토(Sadoleto) 161, 261, 296
사도 바울 223, 268
사랑 64, 150, 152, 174, 179, 182, 189, 203, 207, 209, 211, 240, 243, 261, 265, 266, 275, 276, 278, 288
사탄 45, 68, 95, 117, 118, 133, 135, 136, 184, 265, 301
샤이베(Max Scheibe) 70
새틀러(Michael Sattler) 216
생젤레이(Mellin de Saint-Gelays) 97
성 겔트루드(Gertrude) 127
성경 33, 37, 45, 48, 50, 52, 61, 77, 84, 102, 128, 131, 164, 168, 181, 195, 200, 228, 230, 252, 263, 266, 267, 269, 270, 272, 279, 299
성 미치틸드(Mechtilde) 127
성화 170, 234, 245, 250, 254, 256, 259, 263, 276, 280, 299
세네카 38, 43, 64, 78, 110, 172, 231
세르베투스(Michael Servetus) 161, 163, 169, 170
세빌레의 이시도르(Isidore of Seville) 194, 198
소시니안주의자들(Socianians) 163
솔리냑(A. Solignac) 50
슈바이처(Alexander Schweizer) 42
슐라트하임 고백서(Schleitheim Confession) 165
슐츠(Martin Schulze) 283
스콜라주의 64, 72, 116, 125, 150, 176, 177, 191, 200, 236, 261

스타인메츠(David C. Steinmetz) 33
리샤르 스토페르(Richard Stauffer) 35,
    104, 114, 143, 148
스투페리흐(Robert Stupperich) 270
스트롤(Henri Strohl) 70
스틴버겐(Fernand van Steenberghen)
    153
시간 51, 54, 61, 62, 78, 117, 120, 128,
    195, 207, 229, 249, 277, 288, 299
시베르그(Reinhold Seeberg) 42
심플리시안(Simplician) 182
십계명 200, 202, 203, 221, 242

ㅇ

아가서 184
아가스(P. Agaesse) 50
아낙사고라스(Anaxagoras) 87
아낙시만드로스(Anaximander) 87
아낙시메네스(Anaximenes) 87
아담 91, 96, 118, 171, 173, 174, 176,
    179, 181, 207, 211, 247, 251,
    255, 271, 286
아리스토텔레스 54, 55, 64, 71, 87, 89,
    153, 154, 159, 167, 169, 172,
    173, 176, 199, 215, 227, 231
아리스토텔레스주의 153, 155, 156,
    162, 167
아베로에스주의(Latin Averroism) 54,
    56, 59, 67, 73, 76, 109, 152, 156,
    159, 160, 166, 285
아브라함 48, 271, 272
아우구스티누스 23, 32, 44, 49, 50, 51,
    54, 57, 61, 78, 84, 95, 109, 117,
    119, 125, 150, 170, 174, 177,
    178, 182, 207, 229, 258, 285
아퀴나스(Thomas Acquinas) 44, 55, 56,
    57, 58, 82, 96, 109, 116, 117, 118,
    119, 121, 122, 124, 151, 152,
    154, 195, 196, 197, 198, 199, 261
아풀레이우스(Lucius Apuleius) 222
아프로디시아스의 알렉산더
    (Alexander of Aphrodisias) 153
악 45, 47, 64, 68, 94, 98, 101, 108, 130,
    136, 166-185, 202, 206, 214,
    217, 219, 222, 224, 226, 230,
    237, 254, 258, 276, 282, 288, 297
안디옥의 데오빌로(Theophilus of
    Antioch) 44
안디옥의 이그나티우스(Ignatius) 143
안셀름(Anselm) 119
알렉산드리아의 클레멘트(Clement of
    Alexandria) 116, 119, 123
알버트 대왕(Albert the Great) 122
알비파(Albigensians) 117
암브로스 88, 116, 119
양심 32, 38, 175, 187, 188, 190, 192,
    205, 214, 219, 225, 232, 243,
    254, 289
양심법 226
에노의 퀸틴(Quintin of Hainaut) 66
에크(John Eck) 263
엘레르트(Werner Elert) 289
역사 45, 46, 48, 49, 52, 54, 76, 93, 95,
    99, 100, 102, 103, 105, 110
영혼 32, 36, 40, 72, 102, 116, 124, 130,

139, 148-191, 201, 203, 220,
222, 225, 251, 254, 267, 278,
281, 285, 296, 299
오리겐(Origen) 44, 116, 123, 125
오버진의 윌리엄(William of Auvergne)
81
오시안더(Osiander) 161, 169, 170
오캄(Occam) 199, 200
오클레이(Francis Oakley) 199, 200, 204
요한 21세 155
요한 22세 156
우상 숭배 114, 125, 138, 146, 180, 191,
253, 266, 275, 289
우주론 76, 79, 87, 110
울피안(Ulpian) 193, 194, 197, 201
워필드(Benjamin Warfield) 113, 114
웰레스(Ronald S. Wallace) 245
위 디오니시우스(Pseudo-Dionysius)
78, 117, 121, 122, 128
윌리엄스(George Williams) 66, 160,
163, 166, 288
윌슨-카스트너(Wilson-Kastner) 170
유대인들 123
유명론(nominalism) 59, 60, 199, 204
유세비우스 116, 125
율법 42, 124, 201, 204, 225, 236, 258,
260, 262, 271, 280
은혜 42, 60, 99, 118, 119, 128, 141, 145,
151, 170, 177, 178, 179, 181,
182, 256, 257, 258, 261
의 145, 170, 235
의지 55, 58, 60, 66, 70, 73, 81, 95, 96,
105, 107, 122, 126, 136, 141,

149, 152, 154, 155, 171, 172,
174, 178, 179, 180-190, 198,
204, 215, 227, 234, 235, 251,
254, 256, 257, 258, 259, 260,
261, 280, 284
의지주의자 전통 199
이노센트(Innocent) 3세 33
이차적 인과관계(secondary causality)
22, 39, 68, 96, 98, 207, 291, 294
인간 본성 37, 148, 152, 197, 246, 294
인류 32, 45, 116, 152, 194, 268, 287
인문주의 64, 159

ㅈ

자연 32, 33, 34, 37, 40, 43, 47, 52, 53,
54, 60, 63, 65, 66, 68, 69, 71, 73,
75, 76, 77, 130, 137, 157, 174,
175, 188, 230, 245, 246, 250,
251, 262, 266, 268, 269, 270,
280, 285, 286, 287, 288, 289, 290
자연법(*lex naturae*) 32, 34, 38, 96, 111,
176, 192-206, 225-234, 242,
264, 275, 289, 295, 297
자연신 281
자연신학(natural theology) 34, 149, 191,
205, 268, 299, 300
자유 59, 60, 70, 76, 110, 150, 179, 181,
183, 184, 194, 199, 219, 220
자유심령 형제단(Brethren of the Free
Spirit) 67
자유주의자들 39, 40, 63, 66, 67, 69, 70,
96, 114, 130, 161, 163, 166, 248,

249, 285
잔타(Leontine Zanta) 64
재세례파 39, 40, 160, 163, 165, 166, 215, 216, 217, 219, 220, 221, 224, 238, 239, 240, 285
재세례파(Anabaptists) 35
전능 39, 53, 59, 60, 67, 71, 106, 115, 136, 199, 292
정부 38, 93, 111, 205, 210, 214, 215, 216, 219, 220, 221, 222, 225, 226, 230, 231, 232, 236, 237, 238, 239, 240, 243, 277, 285, 295, 296, 297
정신(Spirit) 67
정의 106, 107, 142, 179, 201, 202, 203, 204, 230, 232, 235, 236, 239, 240, 242, 276, 277
제롬 123
죄 32, 40, 46, 67, 68, 92, 94, 96, 98, 116, 118, 119, 130, 131, 142, 150, 152, 164, 176, 179, 180, 181, 182, 183, 184, 185, 186, 187, 191, 193, 203, 206, 207, 211, 214, 215, 217, 218, 221, 224, 229, 237, 243, 244, 246, 247, 249, 251, 256, 257, 267, 270, 274, 278, 280, 286, 287, 288, 295, 296, 297, 299, 300
지식 33, 43, 49, 51, 55, 57, 59, 78, 98, 120, 121, 122, 125, 139, 143, 149, 152, 153, 154, 157, 162, 166, 171, 172, 173, 175, 176, 180, 182, 188, 189, 191, 197,

202, 203, 211, 231, 237, 242, 244, 258, 259, 260, 261, 262, 263, 264, 275, 276, 280, 281, 284, 286, 287, 289, 290, 292, 295, 297, 298
지혜 37, 49, 80, 81, 100, 106, 107, 187, 207, 226, 230, 232, 241, 260, 262, 264, 267, 268, 282, 283, 295, 296, 297, 300
질서 35, 36, 37, 41, 43, 44, 46, 47, 48, 51, 53, 57, 60, 61, 66, 68, 70, 73, 76, 77, 78, 79, 80, 81, 86, 89, 91, 92, 93, 94, 95, 98, 99, 100, 103, 104, 105, 106, 108, 110, 111, 122, 128, 141, 152, 157, 173, 174, 175, 176, 179, 185, 186, 187, 191, 196, 200, 206, 207, 208, 210, 211, 212, 214-244

ㅊ

찰스 홀(Charles Hall) 134
창조자 33, 39, 88, 109, 131, 137, 166, 170, 173, 174, 180, 191, 208, 211, 268, 269, 270, 275, 276, 281
천사 32, 34, 37, 40, 49, 54, 58, 78, 111, 112-147, 151, 170, 188, 192, 249, 261, 265, 276, 277, 285, 292
천사장 미가엘(Michael) 126, 134
초자연적 선물 32, 150, 152, 179, 234
츠빙글리 72, 73, 75, 286, 290, 292, 293
칭의 33, 60, 170, 217, 234, 235, 236, 237, 256, 296, 301

ㅋ

카르투지오수도회의 디오니시우스 127
카이퍼(Abraham Kuyper) 210
카타리(Cathari) 33
코트네이(William J. Courtenay) 60
코페르니쿠스 78
콜로폰의 크세노파네스(Xenophanes of Colophon) 87
콜프하우스(Wilhelm Kolfhaus) 114
쾌락주의(Epicuean) 39, 63, 64, 70-76, 109, 159, 237, 285, 293, 294
크리소스토무스(Chrysostom) 44 47, 48, 49, 78, 84, 111, 120, 143
크리스텔러(Paul Oskar Kristeller) 158
키케로(Cicero) 65, 75, 78, 110, 193, 203, 205, 223, 231
킬와디(Robert Kilwardy) 154

ㅌ

타락 32, 36, 37, 46, 81, 91-95, 100, 105, 110, 117, 118, 119, 131, 132-138, 142-152, 171-188, 191, 206-219, 221, 225, 234, 235, 236, 237, 242, 243, 246, 247, 251, 253, 254, 255, 256, 260, 266, 273, 286, 287, 288, 289, 294, 297, 300
터툴리안 119, 120
테미스투스(Themistius) 172
템피어(Stephen Tempier) 59, 155
토렌스(Torrance) 148
트라울러(John Tauler) 127
트린카우스(Charles Trinkaus) 94
특별한 일에 대한 지식 55

ㅍ

파티(Charles Partee) 71, 72
페브레(Lucien Febvre) 74
페타우(Denis Petau) 116
폼포나찌(Pietro Pomponazzi) 222
프류스팅크(Loy Pruystinck) 166
프리드만(Friedman) 170
프린스(Richard Prins) 255
플라톤 79, 144, 171, 172, 176, 222, 231
플리니(Pliny) 290, 291

ㅎ

하나님의 법 120, 226, 229, 275
하나님의 형상(imago Dei) 36, 45, 148-191, 208, 209, 226, 243, 244, 286, 299
합리주의(rationalism) 35, 39, 72, 73
현실주의(realism) 219, 244
홀(Charles Hall) 114
회의주의(Skepticism) 74
휘쉬케(Rolf Bernard Huschke) 294
힐러리(Arthur Hilary) 116